高等学校交通运输与工程类专业教材建设委员会规划教材

桥 梁 抗 震

Seismic Design of Bridges

（第三版）

叶爱君　管仲国　**编著**
范立础　**主审**

人民交通出版社股份有限公司

北京

内 容 提 要

本书为高等学校交通运输与工程类专业教材建设委员会规划教材。全书以通俗易懂的语言,并借助大量的插图,系统地介绍了桥梁抗震的基础知识、桥梁抗震设计方法和具体过程,是桥梁抗震的入门用书。本书既有实用性,又有先进性。内容包括:地震概述、桥梁震害、桥梁抗震概论、桥梁结构地震反应分析、桥梁延性抗震设计,以及桥梁减隔震设计。

本书除作为高等学校道路桥梁与渡河工程专业和土木工程专业桥梁工程方向教学用书外,也可供桥梁工程技术人员学习参考。

图书在版编目(CIP)数据

桥梁抗震 / 叶爱君,管仲国编著. — 3 版. — 北京:
人民交通出版社股份有限公司, 2017.2
高等学校交通运输与工程类专业规划教材
ISBN 978-7-114-12468-6

Ⅰ.①桥… Ⅱ.①叶… ②管… Ⅲ.①桥梁工程—防
震设计—高等学校—教材 Ⅳ.①U442.5

中国版本图书馆 CIP 数据核字(2017)第 034193 号

高等学校交通运输与工程类专业教材建设委员会规划教材
Qiaoliang Kangzhen

书　　　名:	**桥梁抗震(第三版)**
著 作 者:	叶爱君　管仲国
责任编辑:	李　喆
出版发行:	人民交通出版社股份有限公司
地　　　址:	(100011)北京市朝阳区安定门外外馆斜街 3 号
网　　　址:	http://www.ccpcl.com.cn
销售电话:	(010)59757973
总 经 销:	人民交通出版社发行部
经　　　销:	各地新华书店
印　　　刷:	北京印匠彩色印刷有限公司
开　　　本:	787×1092　1/16
印　　　张:	12.25
字　　　数:	288 千
版　　　次:	2002 年 9 月第 1 版　2011 年 9 月第 2 版　2017 年 3 月第 3 版
印　　　次:	2023 年 12 月　第 6 次印刷　总第 16 次印刷
书　　　号:	ISBN 978-7-114-12468-6
定　　　价:	26.00 元

(有印刷、装订质量问题的图书由本公司负责调换)

高等学校交通运输与工程（道路、桥梁、隧道与交通工程）教材建设委员会

第三版前言

我国是地震多发国家。2008 年汶川地震以来,我国进入新的地震活跃期,地震频发,抗震形势严峻。而随着我国经济社会的发展,全社会对建设工程地震安全性提出了更高的要求,抗震减灾工作日益受到重视。2015 年 5 月 15 日,最新规范《中国地震动参数区划图》(GB 18306—2015)发布,并于 2016 年 6 月 1 日起正式实施。新一代区划图对全国设防参数整体上进行了适当的提高,意味着对建设工程的抗震设防能力与水平提出了更高的要求。

桥梁工程作为交通网络的枢纽工程,其抗震性能关系到整个交通生命线的畅通与否,进而直接影响抗震救灾和灾后重建工作的大局。因此,桥梁工程的抗震水平也需要不断提高。我国《公路桥梁抗震设计细则》(JTG/T B02-01—2008)和《城市桥梁抗震设计规范》(CJJ 166—2011)分别于 2008 年和 2011 年编制出版,目前已相继开始修订。2014 年编制出版的《城市轨道交通结构抗震设计规范》(GB 50909—2014)也给出了城市轨道交通桥梁的抗震设计规定。这些抗震设计规范的编制或修订,对广大桥梁工程师的抗震设计相关知识和水平提出了更高的要求。

在这样的背景下,为了保持教材的先进性,对本教材进行了修订。在这次修订中,没有改变教材的总体框架结构,除了反映最新研究成果和规范的新内容外,更加注重强化教材的实用性。全书共分 6 章。第 1 章简要介绍了一些关于地震的基本知识;第2章详细介绍并分析了桥梁的震害,总结了震害教训,本次修订中特别将大跨度桥梁的震害归为一类进行了介绍分析;第3章论述了桥梁的抗震设防标准和设计流程,阐明地震动输入的选择和抗震概念设计,本次修订的重点是地震动输入和结构抗震体系部分;第4章系统介绍了桥梁结构地震反应分析的理论和实用方法,本次修订的重点是动力计算模型和反应谱分析部分;第5章详细阐述了桥梁延性抗震设计的基本原理和方法,并通过实例详细介绍设计与分析的全过程,本次修订的重点是加强和完善算例部分;第6章介绍了减隔震技术的原理、装置、应用和设计原则,并通过实例展示其设计全过程,本次修订的重点是钢阻尼器和算例部分。

全书由叶爱君、管仲国编著,范立础主审。在这次修订中,同济大学桥梁抗震研究室的硕士研究生周连绪、王泽罡参与了本书部分算例及图文编写工作。在此,编者特别表示感谢。

由于编写者水平有限,教材中不可避免有谬误之处,敬请读者批评指正。

编　者

同济大学桥梁工程系

2016 年 10 月

第二版前言

近几年来,国内外地震频发,地震损失惨重。我国的地震形势亦十分严峻,2008年5月12日发生的汶川大地震,造成了非常巨大的人员伤亡和经济损失,举世震惊。桥梁工程,作为震区交通线的枢纽工程,其抗震性能关系到抗震救灾工作的大局,受到极大的关注。震后,工程师和学者们纷纷对桥梁震害进行了认真系统的调查分析,得到了不少宝贵资料。

另一方面,我国《公路桥梁抗震设计细则》(JTG/T B02-01—2008)和《城市桥梁抗震设计规范》(CJJ 166—2011)相继制定,与《公路工程抗震设计规范》(JTJ 004—89)相比,这两本规范在设计理念和设计方法上有非常大的进步,要求广大桥梁工程师必须具备更多的抗震设计相关知识。

作为桥梁抗震设计的入门用书,理应反映相关研究的最新成果,保持其先进性特点。因此,在人民交通出版社的大力支持下,对本教材进行了修订。在这次修订中,除了纳入一些新的桥梁震害资料外,着重结合新颁布的两本规范,详细阐述了桥梁抗震设计方法和具体过程,并提供了三座桥梁的抗震设计实例。

全书共有6章。第1章简要地介绍一些关于地震的基本知识;第2章详细介绍并分析桥梁的震害,总结震害教训;第3章论述桥梁的抗震设防标准和设计流程,并介绍了地震动输入的选择和抗震概念设计;第4章系统介绍了桥梁结构地震反应分析的理论和实用方法;第5章介绍了桥梁延性抗震设计的基本原理和方法,并通过两个实例介绍其详细设计过程;第6章介绍了减隔震技术的原理、装置、应用和设计原则,并以实际桥梁为例介绍其设计过程。

全书由叶爱君、管仲国编写,范立础主审。桥梁抗震研究室的硕士研究生何健和汤虎参与了本书算例的编写工作,博士研究生赫中营,硕士研究生王晓伟、沈星参与了本书部分插图绘制和文字校对工作。江苏省地震工程研究院杨伟林院长、上海市政工程设计研究总院(集团)有限公司袁建兵教授级高工对书稿的编写提出了很好的建议。对这些帮助,编者在此特别表示感谢。

由于编写者水平有限,教材中不可避免有谬误之处,敬请读者批评指正。

作　者

同济大学桥梁工程系

2011 年 6 月

第一版前言

最近20余年的地震灾害表明,现代化城市随着人口的大量聚集和经济的高速发展,对交通线的依赖性将越来越强,一旦地震使交通线遭到破坏,可能导致的生命财产以及间接经济损失也将会越来越巨大。多次破坏性地震一再显示了桥梁工程遭到破坏的严重后果,也一再显示了对桥梁工程进行正确抗震设计的重要性。

自1976年唐山地震以后,桥梁抗震工作在我国也日益受到重视。近几年,又相继颁布并开始实施《防震减灾法》和《中国地震动参数区划图》,更是将一般建设工程的抗震设防纳入了法制化、标准化管理的轨道。目前,我国的铁路工程和公路工程抗震设计规范正在重新修订,而城市桥梁抗震设计规范也正在编制。这些规范相继修订或编制之后,我国的桥梁抗震设计水平将会上一个台阶,当然,对广大桥梁工程师也会提出更高的要求。

本书作为桥梁抗震的入门用书,就是为顺应这一形势而编的。全书本着循序渐进的学习方法,以通俗易懂的语言,并借助大量的插图,系统地介绍桥梁抗震的基础知识、桥梁抗震设计方法和具体过程。本书注重实用性,同时也力求反映桥梁抗震研究的最新成果。

全书共有七章。第一章简要地介绍一些关于地震的基本知识;第二章详细介绍并分析桥梁的震害;第三章概括论述桥梁抗震的原则、计算理论和一般要求;第四章介绍桥梁抗震设计的具体流程;第五章系统地介绍桥梁延性抗震设计的基本原理和方法;第六章简单介绍减隔震技术的原理、装置、应用和设计原则;第七章为一座四跨连续梁桥的抗震设计实例。最后,简单介绍桥梁抗震设计方法的发展趋势,包括基于性能的抗震设计思想和基于位移的抗震设计方法。

全书由叶爱君编写,范立础审定。同济大学桥梁抗震研究室的胡世德教授、李建中教授、王君杰教授和王志强博士,福州大学的卓卫东副教授,以及上海市政设计研究院的袁建兵、黄虹两位国家一级注册结构工程师等对本书的编写提供了很多帮助,特此致谢。

由于编写者水平有限,书中不可避免有谬误之处,敬请读者批评指正。

编　者
同济大学桥梁工程系
2002 年 5 月

目录
CONTENTS

第 1 章

地震概述

　　地球表面无时无刻不在振动,就像人的脉搏一样,只要人活着,脉搏就永远跳动。地球也有像脉搏那样连续不断的振动,称为脉动。脉动以周期相近、振幅变化不大的波动形式出现。然而有时地球表面会突然发生快速的颤动,这就是地震。强烈的地震会引起山崩地裂,河川倒流,房屋倒塌,电力中断,给人类带来巨大的灾难。

　　因此,地震是威胁人类的一种突如其来的自然灾害,人类必须和这种自然灾害进行斗争,即抗震。为了有效地进行抗震,工程技术人员就有必要对地震有一定的了解。为此,本章先简要介绍一些关于地震的基本知识。

1.1　地震的基本知识

　　地震是地壳运动的一种表现,与地质构造有密切的关系。实际上,地球上每天都在发生地震。据统计,全世界每年大约发生 500 万次地震,但绝大多数是小地震,只有 1% 的地震是人们可以感觉到的,至于能造成破坏性灾害的地震则为数更少,平均每年十几次。

1.1.1　地球构造

为了初步了解地震发生和发展的规律,首先需要了解地球的构造。

地球是一个外形略呈梨形的椭球体,平均半径约6 400km。地球的内部构造,与鸡蛋十分相似,由地表至核心可分为性质不同的三层,如图1.1所示。最外层是相当薄的地壳,平均厚度为30km,只占地球体积的0.5%;其下为地幔,厚约2 900km,约占地球总体积的83.3%;地壳与地幔的分界面称为莫霍面,是一个地震波传播速度急剧变化的不连续面;最里面的部分称为地核,半径约3 470km。

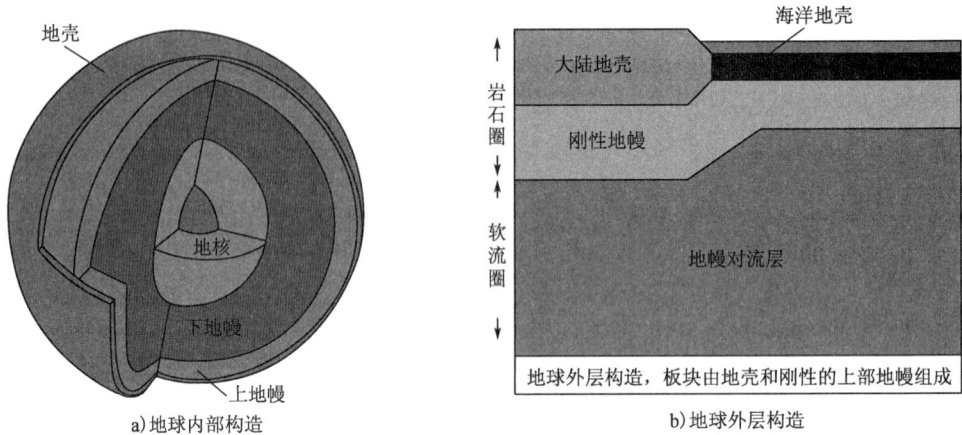

a)地球内部构造   b)地球外层构造

图1.1　地球构造示意图

地壳由物理力学性质很不均匀的岩石组成,其厚度也很不均匀,高山或高原处厚度可达60~80km,而在深海底只有5~8km。世界上绝大多数的地震都发生在地壳这一层内。

一般认为,地幔主要由质地非常坚硬、比重较大的黑色橄榄岩组成,但其上部的几百公里内,情况比较复杂。从莫霍面以下40~70km内是刚性的岩石层,它与地壳共同组成所谓的岩石圈。岩石圈以下存在着一个厚约几百公里的软流层,称为软流圈。软流层内波速明显低于内外的岩层,可能是由于该层因高温高压而具有黏弹或流变性质。岩石圈与软流圈合称为上地幔,上地幔之下为下地幔。

地核是地球的核心,体积占整个地球的16.2%,但总质量却占到整个地球的31.5%。地核分为外核、过渡层和内核三个层次,外核可能处于液态,过渡层处于由液态向固态过渡的状态,而内核可能是固态。据推测,地核主要由铁、镍等物质组成,内核的压力高达360万个大气压力,温度高达4 000~5 000℃。

1.1.2　地震成因和类型

地震按其成因,可分为火山地震、陷落地震、构造地震和诱发地震。

火山地震是由于火山活动而引起的地震,一般影响范围较小,发生的次数也较少,约占全球地震总数的7%。陷落地震是由于地层陷落引起的地震,发生的次数更少,约占全球地震总数的3%,引起的破坏也较小。诱发地震主要是地下核爆炸、水库蓄水、油田抽水和注水、矿山开采等活动引起的地震,一般都不太强烈,仅有个别情况(如水库地震)会造成较大破坏。构造地震则是地球内部岩层构造活动在某些阶段发生急剧变化时引起的。构造地震发生的次数最多(约为全球地震总数的90%),涉及的范围最广,释放的能量最大,造成的危害也最大,是地震工程研究的主要对象。

构造地震的成因是:由于地应力在某一地区逐渐增加,岩石变形也不断增加,达到一定程度时,在岩石比较薄弱的地方突然发生断裂错动,部分应变能突然释放,其中一部分能量以波的形式在地层中传播,引起地面振动,就产生了地震。由于岩层的破裂往往不是沿一个平面发展,而是形成由一系列裂缝组成的破碎地带,沿整个破碎地带的岩层不可能同时到达平衡。因此,在一次强烈地震(主震)之后,岩层的变形还有不断的零星调整,从而形成一系列余震。

构造地震与地质构造密切相关。这种地震往往发生在地应力比较集中、构造比较脆弱的地段,即原有断层的端点或转折处、不同断层的交汇处。

对于地应力的产生,较为公认的是板块构造学说。这一学说认为,地球表面的岩石层不是一块整体,而是由六大板块和若干小块组成,这六大板块是欧亚板块、太平洋板块、美洲板块、非洲板块、印澳板块和南极板块(图1.2)。由于地幔软流层的对流,带动着软流层上的这些板块异常缓慢而持久地相互运动着。但板块的边界是相互制约的,因而板块之间处于拉伸、挤压和剪切状态,从而产生了地应力。地球上的主要地震带就在这些大板块的交界地区。

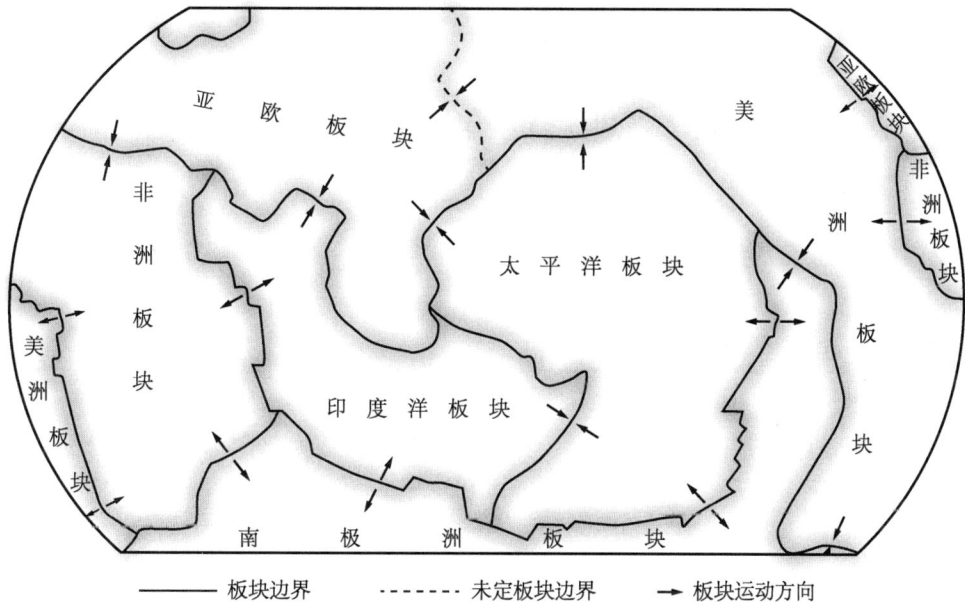

图1.2 世界六大版块分布图

地层构造运动中,在断层形成的地方大量释放能量,产生剧烈振动,此处称为震源。震源正上方的地面位置称为震中。震中与震源之间的距离称为震源深度。建筑物与震中的距离称为震中距。建筑物与震源的距离称为震源距。震中附近振动最剧烈,一般也就是破坏最严重的地区称为极震区。图1.3为震源、震源深度、震中和震中距的示意图。

按震源的深浅,地震可分为浅源地震(震源深度小于60km)、中源地震(震源深度60~300km)和深源地震(震源深度大于300km)。其中,浅源地震造成的危害最大,当震源深度超过100km时,通常就不会在地面上造成震害。我国发生的地震,绝大多数是浅源地震,震源深度在10~20km。目前世界上观测到的地震中,最大震源深度约为720km。

按震中距的远近,地震可分为地方震(震中距小于100km)、近震(震中距为100~1 000km)和远震(震中距大于1 000km)。

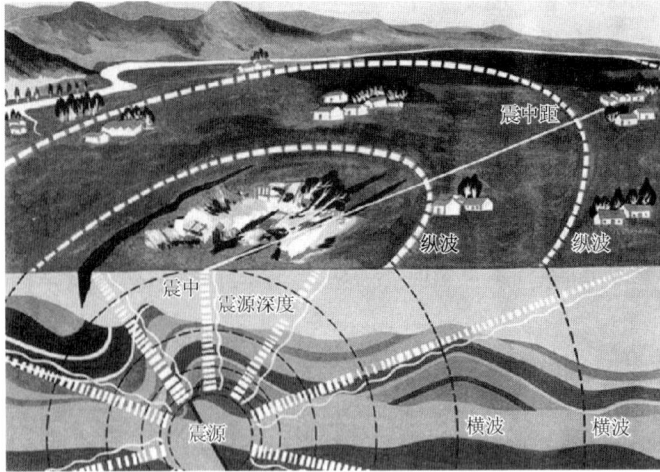

图 1.3　常用地震术语示意图

1.2　地震震级与地震烈度

1.2.1　地震震级

地震的震级是衡量一次地震大小的等级,用符号 M 表示。

目前,国际上比较通用的是里氏震级(常用 M_L 表示),其原始定义是里克特(C. F. Richter)于 1935 年提出的。它的定义是:在离震中 100km 处用伍德—安德生(Wood-Anderson)式标准地震仪(摆的自振周期为 0.8s,阻尼系数为 0.8,放大倍数为 2 800 倍)所记录到的最大水平地动位移(即振幅 A,以微米计,$1\mu m=10^{-6}m$)的常用对数值,即:

$$M_L = \lg A \tag{1.1}$$

由于地震发生时不可能正好在 100km 处记录,而且所使用的仪器也不尽相同,所以一般需要根据震中距和使用的仪器对实测的震级进行适当的修正。

震级的大小直接与震源释放的能量有关。震级 M 与地震释放能量 E(单位为"尔格",1 尔格 $=10^{-7}$ 焦耳)之间有如下关系:

$$\lg E = 11.8 + 1.5M \tag{1.2}$$

由此可知,震级每差一级,地震释放的能量就相差 32 倍之多。据测算,一次 7 级地震释放的能量与 4 000 万吨级的 TNT 炸弹爆炸释放的能量相当。

按震级的大小,地震可分为微震(震级小于 2 级)、有感地震(震级 2 ~ 5 级)、中强地震(震级 5 ~ 7 级)和强震(震级大于 7 级)。微震只有仪器才能记录到,有感地震一般人可以感觉到,中强地震能造成不同程度的破坏,而强震则往往具有巨大的破坏性。

1.2.2　地震烈度

地震烈度是用来衡量地震破坏作用大小的一个指标,它表示某一地区的地面和各类建筑物遭受某一次地震影响的强弱程度。对于一次地震来说,震级只有一个,烈度则随着地点的变化而有若干个。一般来说,震中的烈度最高,距震中越远,地震影响就越小,烈度就越低。但是,在某一烈度区里,有时会因局部场地的地形、地质条件等因素的影响,出现局部烈度较高或较低的"烈度异常区"。

为评定地震烈度,就需要建立一个标准,这个标准称为地震烈度表。它是以描述震害宏观现象为主的,即根据建筑物的破坏程度、地貌变化特征、地震时人的感觉、家具器物的反应等方面进行区分。目前,世界上绝大多数国家包括我国都采用 1 ~ 12 等级划分的地震烈度表。表 1.1 是我国 1980 年修订的地震烈度表中关于 6、7、8、9 度部分。

中国地震烈度表(1980 年)(节选)   表 1.1

| 烈度 | 人的感觉 | 一 般 房 屋 | | 其 他 现 象 | 参考物理指标 | |
		大多数房屋震害程度	平均震害指数		加速度(cm/s²)(水平向)	速度(cm/s)(水平向)
6	惊慌失措,仓惶逃出	损坏——个别砖瓦掉落、墙体细微裂缝	0 ~ 0.1	河岸和松软土上出现裂缝。饱和沙层出现喷沙冒水。地面上有的烟囱轻度裂缝、掉头	63 (45 ~ 89)	6 (5 ~ 9)
7	大多数人仓皇逃出	轻度破坏——局部破坏、开裂,但不妨碍使用	0.11 ~ 0.30	河岸出现塌方。饱和沙层常见喷沙冒水、松软土上地裂缝较多,大多数砖烟囱中等破坏	125 (90 ~ 177)	13 (10 ~ 18)
8	摇晃颠簸,行走困难	中等破坏——结构受损,需要修理	0.31 ~ 0.50	干硬土也有裂缝。大多数砖烟囱严重破坏	250 (178 ~ 353)	25 (19 ~ 35)
9	坐立不稳,行动的人可能摔跤	严重破坏——墙体龟裂,局部倒塌,复修困难	0.51 ~ 0.70	干硬土上有许多地方出现裂缝,基岩可能出现裂缝。滑坡、塌方常见。砖烟囱出现倒塌	500 (354 ~ 707)	50 (36 ~ 71)

以往,一个地区的抗震设防一般情况下采用基本烈度。基本烈度是指该地区今后一个时期内,在一般场地条件下可能遭遇到的最大地震烈度,即《中国地震烈度区划图》规定的烈度。地震区划是地震区域划分的简称,是指在地图上按地震情况的差异,划分出的不同区域。地震烈度区划是地震动区划的早期形式,以地震烈度为指标。现在《中国地震动参数区划图》已取代《中国地震烈度区划图》,成为一般建设工程的抗震设防依据。

1.2.3 震级与震中烈度的关系

地震震级与地震烈度是完全不同的两个概念,这两者的关系可用炸弹爆炸来比喻。震级好比炸弹的装药量,烈度则是炸弹爆炸时所造成的破坏程度。尽管如此,从数学上震中烈度却可以表示为震级和震源深度的函数。在环境条件基本相同的情况下,震级越大,震源深度越浅,则震中烈度越高。对于发生频度最高的浅源地震来说,根据我国的地震资料,可以由下面经验公式估计震中烈度 I_0 与震级 M 之间的关系:

$$M = 1.5 + 0.58I_0 \tag{1.3}$$

其大致对应关系如表1.2所示。

震中烈度与震级对照表 表1.2

震中烈度(I_0)	4	5	6	7	8	9	10	11	12
震级(M)	4	4.5	5	5.5	6.5	6.75	7.25	8	8.5

1.3 地震波与地震动

1.3.1 地震波

当震源岩层发生断裂、错动时,岩层所积聚的变形能突然释放,引起剧烈的振动,振动以弹性波的形式从震源向各个方向传播并释放能量。这种波称为地震波。

地震波按其在地壳传播的位置的不同,分为体波和面波。

1)体波

在地球内部传播的波称为体波。体波又分为纵波和横波。

纵波是由震源向四周传播的压缩波,又称为P波。纵波在传播过程中,其介质质点的振动方向与波的前进方向一致,质点间的弹性相对位移疏密相间,所以也称为疏密波[图1.4a)]。由于任何一种介质都可以承受不同程度的压缩与拉伸变形,所以纵波可以在所有介质中传播,这是纵波的一个重要特性。纵波的周期较短,振幅较小,波速较快,在地壳内的速度一般为200~1 400m/s。根据弹性波动理论,纵波的波速可按下式计算:

$$v_\mathrm{P} = \sqrt{\frac{E(1-\nu)}{\rho(1+\nu)(1-2\nu)}} \tag{1.4}$$

式中,E为介质的弹性模量;ρ为介质的密度;ν为介质的泊松比。

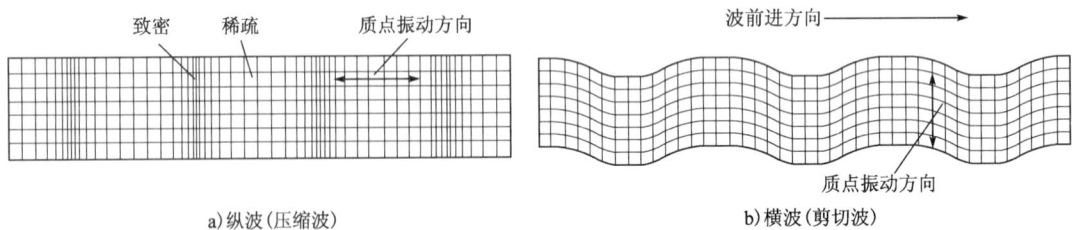

a)纵波(压缩波)   b)横波(剪切波)

图1.4 体波运动特征示意图

纵波引起地面竖向振动。

横波是由震源向四周传播的剪切波,又称为S波。横波在传播过程中,其介质质点的振动方向与波的前进方向垂直[图1.4b)]。横波只能在固体介质中传播。这是因为横波的传播过程是介质质点不断受剪切变形的过程,液态和气态介质不能承受剪切作用。横波的周期较长,振幅较大,波速较慢,在地壳内的波速一般为100~800m/s。根据弹性波动理论,横波的波速可按下式计算:

$$v_{S} = \sqrt{\frac{E}{2\rho(1+\nu)}} = \sqrt{\frac{G}{\rho}} \qquad (1.5)$$

式中,G 为介质的剪切模量;其余符号意义同前。

横波引起地面水平方向振动。

在一般情况下,当 $\nu = 0.22$ 时,则有:

$$v_{P} = 1.67v_{S} \qquad (1.6)$$

由此可知,纵波的传播速度比横波的传播速度要快,所以当某地发生地震时,在地震仪上首先记录到的地震波是纵波,随后才记录到横波。

2)面波

在地球表面传播的波称为面波,又称为 L 波。一般认为,面波是体波经地层界面多次反射、折射所形成的次生波。

面波又分为瑞利波(Rayleigth 波)和乐浦波(Love 波)。瑞利波传播时,质点在与地面垂直的平面内沿波的前进方向做椭圆反时针方向运动[图 1.5a)]。瑞利波的特点是振幅大,在地表以竖向运动为主。乐浦波传播时,类似蛇行运动,质点在地平面内做与波前进方向相垂直的运动[图 1.5b)]。可见,面波的介质质点振动方向比较复杂。

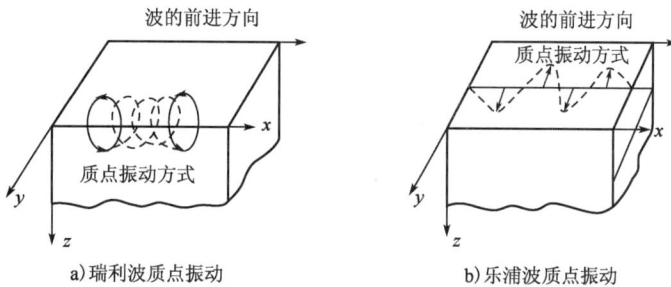

a)瑞利波质点振动　　　　　　　　b)乐浦波质点振动

图 1.5　面波运动特征示意图

一般地说,与体波相比,面波的周期较长,振幅较大,波速较慢(约为横波波速的 0.9 倍)。所以,面波在体波之后到达。另外,面波的衰减也较慢,能传到较远的地方。在距离震中近的地方,面波成分较少,随着震中距离的增加,面波的成分也增加。

图 1.6 为某次地震的地震记录示意图。从图中可见,首先到达的是 P 波,继而 S 波,面波到达最晚。分析 P 波和 S 波的到达时间差,就可确定震源的距离。P 波使结构产生上下颠簸,S 波使结构产生水平摇动,而面波则使结构既产生上下颠簸又产生水平摇动,一般是在 S 波和面波都到达时振动最为剧烈。由 S 波和面波产生的水平振动是导致结构地震破坏的重要因素。在震中区,由 P 波产生的竖向振动所造成的破坏有时也不容忽视。

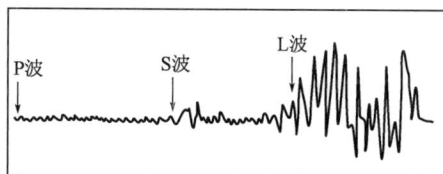

图 1.6　地震记录示意图

7

1.3.2　地震动

地震动,也称地面运动,是指由震源释放出来的地震波引起的地表附近土层的振动。地震动是地震和结构抗震之间的桥梁,又是结构抗震设防的依据。

地震动是引起桥梁破坏的外因,其作用相当于结构分析中的各种荷载,但与常用的荷载有很大差别,表现在以下3个方面:①常用荷载以力的形式出现,而地震动则以运动方式出现;②常用荷载一般为短期内大小不变的静力,而地震动则是迅速变化的随机振动;③常用荷载大多是竖向的,而地震动则是水平、竖向甚至扭转同时作用的。

地震动可以通过仪器记录下来。对结构抗震而言,关心的是强震动记录,因为只有强震动才会危及结构安全。记录强震动的仪器为强震加速度仪,简称强震仪,它能够记录测点处3个互相垂直的地震动加速度分量(两个水平向分量加上一个竖向分量)。强震动记录是进行结构抗震设计的重要资料。在采用动力时程分析方法计算桥梁结构的地震反应时,需要用到强震地面运动记录;绘制规范反应谱曲线时,更需要有大量的强震地面运动记录。图1.7所示为著名的埃尔森特罗三分量(东西、南北、上下)地震动加速度记录。可见,地震动的时程函数是非常不规则的。

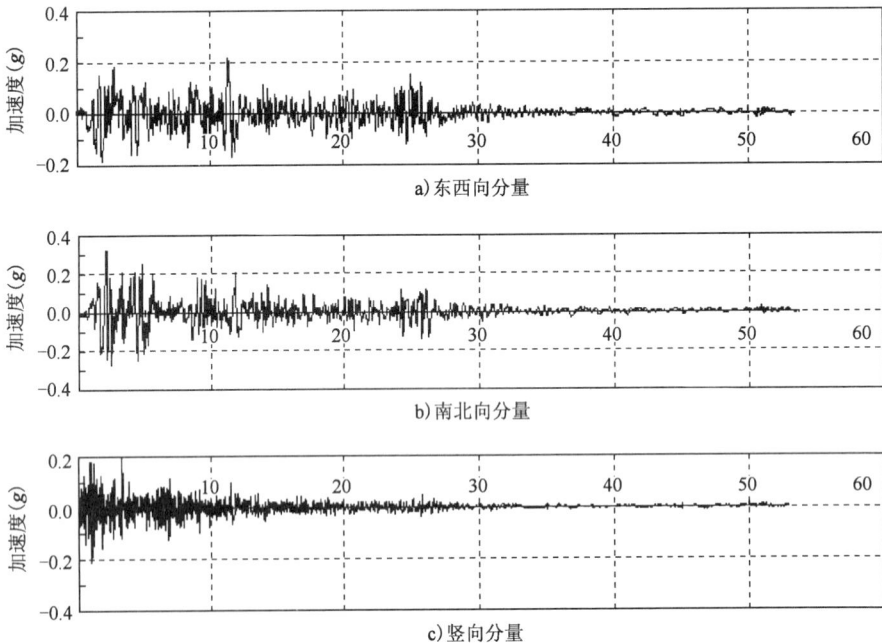

图1.7　埃尔森特罗地震波记录(1940年美国帝国峡谷地震)

在地震动的特性中,对结构破坏有重要影响的因素,主要有地震动强度(振幅、峰值)、频谱特性和强震持续时间,简称地震动三要素。地震动是振幅和频率都在复杂变化着的振动,即随机振动。但是对于给定的地震动过程,可以把它看作是由许多不同频率的简谐波组合而成的。表示给定地震动中振幅与频率关系的曲线,统称为频谱。地震工程中常用的频谱有傅立叶谱、反应谱与功率谱。其中,反应谱已被国内外抗震设计规范普遍采用。

影响地震动特性的因素,包括震源、传播介质与途径、局部场地条件三类。其中,局部场地条件对频谱形状的影响最早被各国规范所接受,我国的桥梁抗震设计规范把场地土划分为四类,采用了形状随场地土变化的反应谱。但对于震源、传播介质与途径的影响,目前难以精确估计。

随着强震观测记录的不断增加,人们对地震动的认识也有了很大提高,目前已经可以对地震动进行合理估计。地震动的估计有三种可能的途径:第一种是通过地震烈度的估计,再利用烈度与地震动的对应关系将烈度换算为地震动设计参数;第二种是根据过去强震观测结果,寻求地震动与地震大小、震源特性、传播介质、场地影响的统计规律(常称为衰减规律),然后直接用此衰减规律来估计地震动;第三种是通过震源机制理论分析,应用动力学原理,计算出地面附近的地震动。目前广泛采用的途径为前两种。

1.4 地 震 分 布

地震的地理分布受一定的地质条件控制,具有一定的规律。地震大多分布在地壳不稳定的部位,如大陆板块和大洋板块的接触处及板块断裂破碎的地带。

1.4.1 世界地震分布

图1.8是全球地震带分布图。从图中可见,全球地震主要分布在以下两大区带上:

(1)环太平洋地震带。该带沿着南、北美洲西海岸,经阿拉斯加半岛、千岛群岛、日本列岛,至我国的台湾省和菲律宾群岛一直到新西兰,是地球上最活跃的地震带,集中了全世界80%以上的地震,释放的地震能量占全球的75%。环太平洋地震带,近年来活动尤为活跃,如1995年1月17日发生的日本阪神大地震,人员伤亡、经济损失惨重,震惊世人。

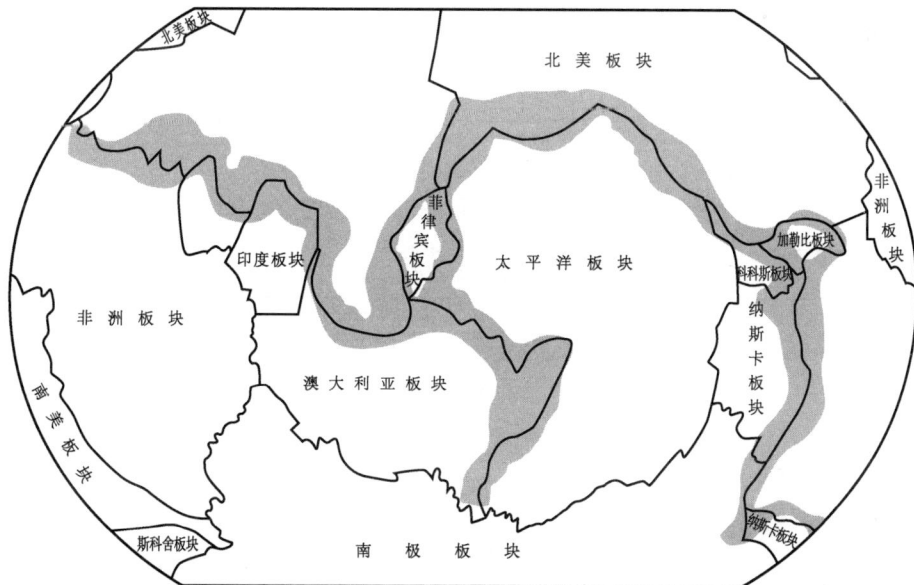

图1.8 全球地震带分布图

(2)欧亚地震带。大致从印尼西部、缅甸经我国横断山脉、喜马拉雅山地区,经中亚细亚到地中海,又称喜马拉雅—地中海地震带。带内地震震源浅,震中分布零散,震中带展布宽度为 2 000~3 000km,几乎 10 倍于环太平洋地震带的展布宽度。该地震带的地震成因,一方面与板块构造运动相联系;另一方面,又在很大程度上与板内断块(小板块)构造密切相关。

1.4.2　我国地震分布

我国处在世界上两大地震带之间,有些地区本身就是这两个地震带的组成部分,因此我国的地震活动较多而且强烈。据统计,我国大陆地震约占世界大陆地震的 1/3。图 1.9 为中国地震带分布图。从图中可见,我国地震主要分布在:①东南部的台湾和福建广东沿海(台湾省的强震密度和平均震级都占全国首位);②华北太行山沿线和京津唐地区;③青藏高原和四川、云南西部;④西北的新疆、甘肃和宁夏。

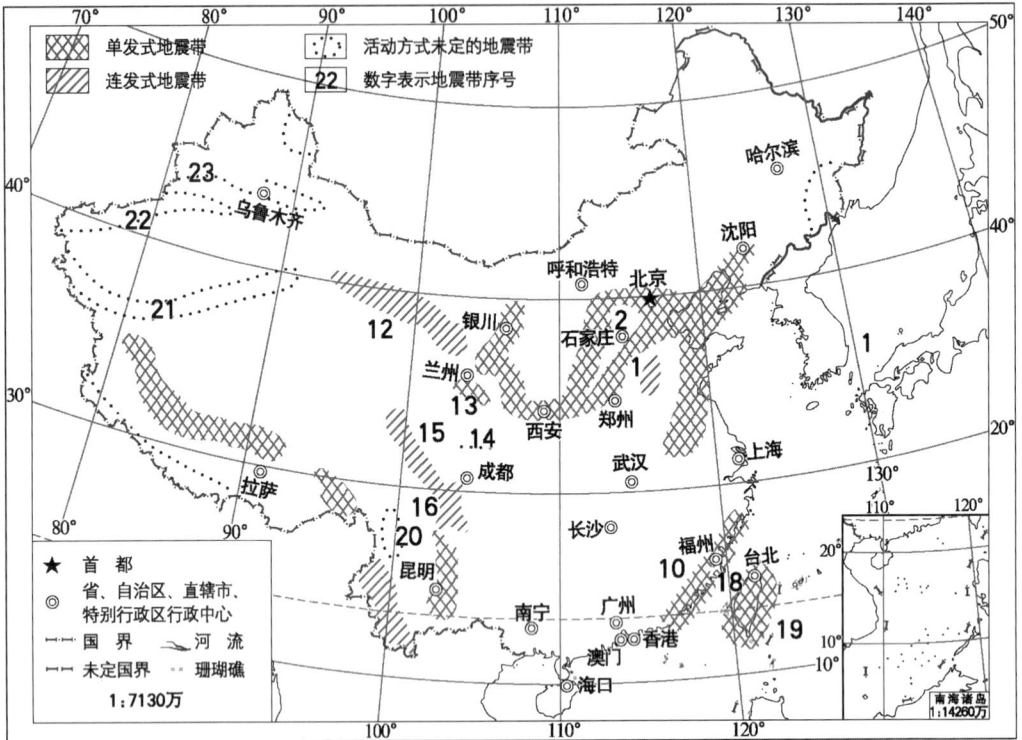

图 1.9　中国地震带分布图

我国所处的地理环境决定了地震情况的复杂性。从历史地震状况来看,全国除个别省份(如浙江、江西等)外,绝大部分地区都发生过较强的破坏性地震,有不少地区现代地震活动还相当强烈。我国地震较多的省(区)依次是台湾、西藏、新疆、云南和四川等。

目前,我国正面临十分严峻的地震形势。20 世纪初至 20 世纪 70 年代,中国大陆经历了 4 个地震活跃期(表 1.3)。2008 年,中国大陆地震比较活跃,先后发生 3 月 21 日新疆于田 7.3 级和 5 月 12 日四川汶川 8.0 级地震,全年 5 级以上地震达 99 次,是正常活动年份的 4~5 倍(中国大陆年均 20 次 5 级以上地震)。随后 2010 年发生了青海玉树县 7.1 级地震,2013 年又发生了四川雅安市芦山县 7.0 级地震,标志中国有可能进入新的大陆活动活跃时段。

20世纪以来中国大陆5次地震活跃期统计表   表1.3

次　　数	起止年份	7级以上地震(次)	死亡人数(万人)	备　　注
第一次	1895～1906	10	—	资料不全
第二次	1920～1934	12	25～30	
第三次	1946～1955	14	1～2	主要在青藏地区活动
第四次	1966～1976	14	27	
第五次	2008～			与全球活跃期基本相同

1.5　地震灾害

　　地震具有突发性和毁灭性。一次地震持续时间往往只有几十秒,却会造成巨大的生命财产损失,这是其他自然灾害无法相比的。1976年我国河北唐山发生7.8级大地震,整个城市在片刻之间沦为一片废墟,造成24万余人丧生,直接经济损失近100亿元人民币(当时的币值)。国外同样也有类似的惨重地震灾难记录。比较典型的如1906年的美国旧金山大地震和1923年的日本关东大地震,前者使7万余人丧生,后者使10万余人死亡,4万余人下落不明。即使是在最近的十年里,在人类对地震知识和工程抗震均取得很大进步的情况下,地震仍然造成了令人触目惊心的惨重损失。表1.4列出了近30年来造成较为严重灾害的主要地震情况。据统计,仅20世纪,全世界因地震死亡的人数达100多万人,占各种自然灾害死亡总数的54%,平均每年所造成的经济损失高达几十亿美元。随着社会经济和文明的发展,现代中心城市一旦遭遇破坏性的地震,造成的经济损失将越来越严重。

近20年来国内外主要灾害性地震简况   表1.4

地震时间	地　　点	震级	震源深度(km)	死亡失踪人数	直接经济损失(按当时币值)
1989.10.17	美国洛马·普里埃塔(Loma Prieta)	7.1	18	64人	约70美元
1994.01.17	美国北岭(Northridge)	6.7	18	65人	约200亿美元
1995.01.17	日本神户(Kobe)	7.2	20	6 000余人	约1 000亿美元
1999.08.17	土耳其伊兹米特(Izmit)	7.4	17	1.4万余人	超过200亿美元
1999.09.21	中国台湾	7.6	1.0	2 000余人	118亿美元
2008.05.12	中国汶川	8.0	15	8.7万人	1 207亿美元
2010.01.13	海地太子港	7.0	13	22万人	77.5亿美元
2010.02.27	智利康塞普西翁地区	8.8	33	799人	约300亿美元
2010.04.14	中国青海玉树	7.1	14	2 968人	超过25亿美元
2011.02.22	新西兰克莱斯特彻	6.3	5	300余人	约110亿美元
2011.03.10	中国云南盈江	5.8	10	25人	约4.2亿美元
2011.03.11	日本东北部海域	9.0	10	超过2.4万人	超过2 000亿美元
2011.10.23	土耳其东部	7.3	10	604	—
2012.03.20	墨西哥	7.4	20	2	698.5万美元
2013.04.16	伊朗、巴基斯坦交界	7.7	20	159	
2013.09.24	巴基斯坦西南部俾路支省	7.8	40	522	—

续上表

地震时间	地　　点	震级	震源深度 (km)	死亡失踪人数	直接经济损失 (按当时币值)
2013.04.20	中国四川省雅安市芦山县	7.0	13	196	67.65亿美元
2013.10.15	菲律宾中部保和省卡门镇东南	7.1	40	161	—
2014.02.12	新疆维吾尔自治区于田县	7.3	12	0	1.77亿美元
2014.04.02	智利北部沿岸近海	8.1	10	7	—
2015.04.25	尼泊尔	8.1	20	8 786	—
2016.04.16	日本九州	7.3	10	11	—

地震灾害主要表现在两个方面,即直接灾害和次生灾害。地震造成的人员伤亡和财产损失,既可能由直接灾害引起,也可能由次生灾害引起。

1.5.1　直接灾害

由地震的直接作用,如地震波引起的强烈振动、地震断层的错动等所造成的灾害称为地震直接灾害。主要表现在以下三个方面:

1)地表破坏

强烈地震时,往往产生地形地貌的变化(如地裂缝、滑坡、软土沉陷等)和砂土液化,从而使建造在其上面的建筑物、构筑物受到破坏。

(1)地裂缝

地裂缝的数量、长短、深浅等与地震的强烈程度、地表情况、受力特征等因素有关。按成因可分为两种:一是不受地形地貌影响的构造裂缝,这种裂缝是地震断裂带在地表的反映,走向与地下断裂带一致,规模较大,裂缝带长达数十公里甚至上百公里,带宽几米到几十米。如著名的美国圣·安德列斯(San Andress)断层,即为典型的构造地裂缝[图1.10a]。二是受地形、地貌、土质条件等限制的非构造裂缝,大多沿河岸边、陡坡边缘、沟坑四周和埋藏的古河道分布,往往和喷水冒沙现象伴生。裂缝中往往有水存在,大小形状不一,规模也较前一种小,如图1.10b)所示。

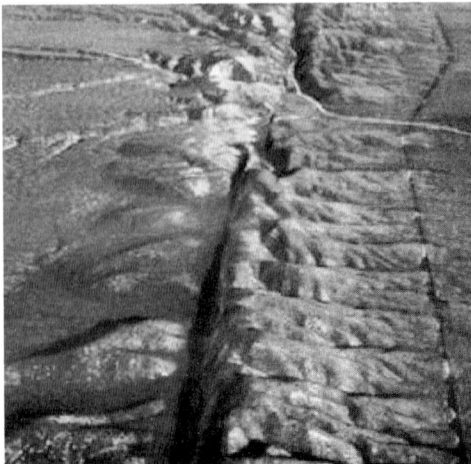

a)圣·安德列斯断层(航空照片)　　　　　　b)非构造地裂缝

图1.10　地表断裂现象

地裂缝往往都是地表受到挤压、伸张、旋扭等力作用的结果。地裂缝穿过的地方可引起房屋开裂甚至倒塌,造成道路、桥梁等工程设施的破坏,并对地下管道造成严重破坏。

（2）滑坡

地震引起的滑坡是山区或丘陵地区的震害特点。滑坡还出现在不稳定的人工边坡开挖面以及平原地区的河岸等地区。地震时,大滑坡可以切断公路,冲毁房屋与桥梁,堵塞河流,形成堰塞湖,严重时还会导致上游水位上涨淹没大片土地,危及城镇居民。图1.11a) 为2008年汶川地震中彭州小鱼洞发生的山体滑坡掩埋了山下村庄;图1.11b) 为河岸山体滑坡导致的唐家山堰塞湖。

a) 彭州小鱼洞滑坡掩埋村庄　　　　　　　　　　　　b) 唐家山堰塞湖

图1.11　汶川地震中的山体滑坡与堰塞湖

（3）砂土液化

在大地震中,当覆盖层较薄(为8~15m)且下部是饱和的细砂或粉砂时,常会出现砂土液化现象。砂土液化的成因是:地震动使排列较松散的饱和无黏性土颗粒产生压实趋势,若短时间内土中的水排泄不出,则土体内部产生超静孔隙水压力,当孔隙水压力增大到与砂土剪切面上的正应力相等时,土颗粒便形同"液体"呈悬浮状态,使土体抗剪强度丧失。另一方面,高压力的孔隙水寻找通道冲出地面,并将砂土颗粒带了出来,形成"喷水冒砂"现象(图1.12)。1964年美国阿拉斯加地震和日本新潟地震中,都因砂土液化造成地基失稳并导致大量工程结构严重破坏。我国1975年海城地震和1976年唐山地震中,也都出现大面积的砂土液化现象。

图1.12　砂土液化形成的喷水冒砂现象

流滑是砂土液化引起的最具灾难性的场地破坏现象。由完全液化的土和盖在液化土层上面的完整土层组成的长达几十米甚至更广大的土体可能以每小时几十公里的速度沿着斜坡下滑。1920年,我国甘肃地震触发了坡谷土体惊人的连续流滑。

（4）软土震陷

软土震陷虽在地震中时有发生,但是,人们研究得很少。一般软土是指水下天然沉积的饱和黏性土(包括淤泥、淤泥质土、泥炭质土等),具有高压缩性及高孔隙比,含水率高,承载力低。我国滨海城市(如天津、上海等)的部分地区属于这一类土。

软土震陷的主要特征是在强烈地震作用下,孔隙水压力增大,并从边界排出,软黏土被压密,产生沉陷或不均匀沉陷。对于工程结构来说,特别是超静定结构,不均匀沉陷引起的内力重分布可导致结构破坏乃至倒塌。

2）建筑物破坏

强烈地震时,房屋等建(构)筑物因强烈振动或地面变形而受到破坏,是最普遍、最常见的现象。如1976年唐山7.8级大地震中,倒塌房屋约530万间。

建筑物在地震时按破坏程度可以分为5个等级:基本完好、轻微破坏、中等破坏、严重破坏、毁坏。建筑物的破坏程度既与地震烈度有关,也与建筑物所在地的场地条件、建筑物本身的类型及质量等因素有关。

3）生命线工程破坏

对社会生活和生产有重大影响的交通、通信、供水、排水、供电、供气、输油等工程,称为生命线工程,它就像人体的血管和神经一样,非常重要。强烈地震可能使桥梁倒塌、路面开裂下陷、铁路扭曲、电缆拉断、管道破裂,也可能使发电厂、变电站、水库、大坝、配气站、油库、自来水厂、电信局、电视台、电台等要害部门遭到破坏,从而使现代化的城市瘫痪。1995年日本阪神地震中,部分高架桥倒塌,三条高速公路和著名的"新干线"铁路完全中断,100万户停电,120万户停水,城市生命线工程受到严重破坏。

1.5.2 次生灾害

由地震引发的火灾、水灾、有毒物质泄漏和疫病流行等灾害,称为地震的次生灾害。

海啸通常被认为是由地震导致的最具破坏性的灾难,主要是海床震动或错位等卷起的大量海水冲击、淹没沿海地区所导致的。1896年日本本州岛东北岸发生海啸,死亡约2.8万人;1960年智利大海啸横跨太平洋,袭击了智利、美国、日本、前苏联以及新西兰等多个国家,最大浪高达25m;1964年美国阿拉斯加地震中,因海啸死亡的人数远超过地震本身;1976年菲律宾海啸致使4 000余人死亡,4 000余人失踪;2004年的印度洋海啸,波及范围远至波斯湾的阿曼、非洲东岸索马里及毛里求斯、留尼汪等国,仅印尼的死伤人数就达23万人之多(图1.13);2011年日本东北部海域发生9级强震,引发海啸,最大浪高23.6m,不仅造成大量人员伤亡与财产损失,导致多处城市重大火灾,还导致福岛第一核电站发生核泄漏危机,由此导致的对大气、海洋以及周边陆地等的环境影响难以估量(图1.14)。

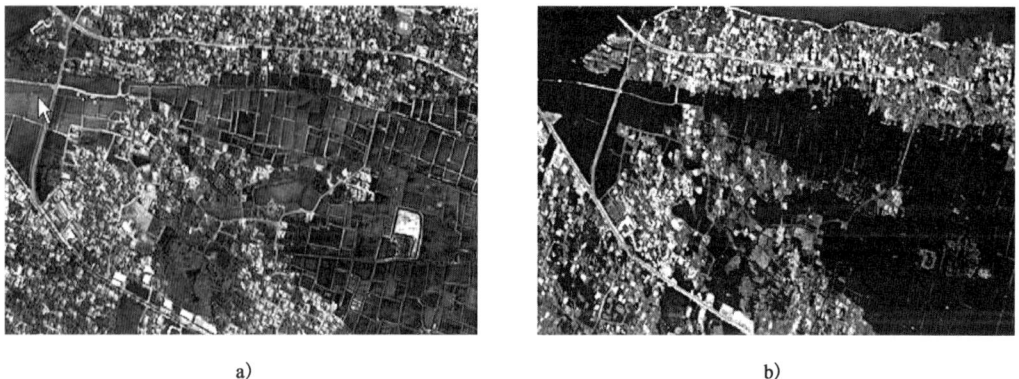

a)　　　　　　　　　　　　　　　　b)

图1.13　2004年印度洋海啸前后卫星照片对比

a)海浪袭击沿海地区

b)海啸袭击后景象

c)海啸导致大火

d)福岛第一核电站

图1.14 2011年日本地震引发海啸引起的灾害

地震时,电线短路、煤气泄漏、油管破裂、炉灶倾倒等往往造成火灾。1906年美国旧金山8.3级大地震,全城50多处起火,大火烧了三天三夜,整个市区几乎全部烧光。1923年的关东大地震中,东京、横滨变成了一片火海,因火灾死亡的人口数量超过了因地震死亡的人口,其中一座安置了约4万地震幸存者的公园遭到火流袭击,只有约30人幸存。1995年日本神户地震中,全城同时出现的大片火灾有170多处,这些火灾多半都是由于煤气储备与输送系统被破坏导致爆炸引起的,整个神户市区燃烧了数日之久。

此外,地震山崩堵塞河道,形成"堰塞湖",会使上游一些地区被水淹没。一旦堰塞湖溃决,下游便会遭到严重水灾。另外,地震时如果水库大坝遭到破坏,也会造成水灾。1971年美国洛杉矶发生6.6级地震,该市最大的水坝受震后产生裂缝,威胁下游安全,迫使下游8万多居民紧急搬迁。

本章参考文献

[1] 李国豪.桥梁结构稳定与振动[M].北京:中国铁道出版社,1996.

[2] 胡聿贤.地震工程学[M].北京:地震出版社,2005.

[3] 范立础.桥梁抗震[M].上海:同济大学出版社,1997.

[4] 范立础,卓卫东.桥梁延性抗震设计[M].北京:人民交通出版社,2001.

[5] 丰定国,王清敏,钱国芳,等.工程结构抗震[M].北京:地震出版社,1994.

[6] 刘伯权,刘鸣,叶燎原.建筑结构抗震设计[M].北京:中国建材工业出版社,1996.

[7] 中华人民共和国交通运输部.汶川地震公路震害图集[M].北京:人民交通出版社,2009.

[8] 周仕勇,许忠淮.现代地震学教程[M].北京:北京大学出版社,2010.

第 2 章

桥梁震害

调查与分析桥梁的震害及其产生的原因是建立正确的抗震设计方法、采取有效抗震措施的科学依据。国内外地震工作者,历来都很重视震害的调查研究。可以说,桥梁抗震设计方法的发展历史,也是人类对桥梁震害认识的历史。近 20 余年发生的几次大地震使桥梁结构遭到了严重破坏,但也使我们获取了关于结构地震反应的极其宝贵的资料,从而可以对抗震设计理论和设计方法进行检验、修正和发展,使桥梁抗震设计水平不断地得到提高。

本章首先根据导致结构破坏的原因,将桥梁震害分为两大类:一是由地震引起的场地破坏导致的震害;二是由地震引起的结构强烈振动导致的震害。针对后一种震害,依次对梁式桥的各部分结构进行详细的震害梳理和分析,之后,又特别对大跨度桥梁的震害特点进行了分析介绍。最后,对桥梁震害的成因和影响进行细致剖析,总结震害教训,提出相关对策与措施。

2.1 桥梁震害分类

从导致结构破坏的原因出发,可以将桥梁震害归为两大类:一类是场地破坏而导致的震害,即地震引发的地质灾害而导致桥梁结构的破坏;另一类是结构强烈振动而导致的震害,即结构振动产生的惯性力所造成的破坏。

2.1.1 场地破坏引起的震害

场地破坏是指在地震作用下,桥位处发生地基失效(如砂土液化和土体滑移)、地表破裂、斜坡破坏(如滑坡、泥石流和崩塌)等地质灾害的现象。地震时,由于场地破坏而导致的桥梁结构破坏形式主要有:砂土液化造成桥梁基础不均匀沉降、地面开裂导致落梁、山体崩塌砸坏或掩埋桥梁、泥石冲毁桥梁、堰塞湖淹没桥梁等。在1964年美国的阿拉斯加地震和2008年我国的汶川地震中,就有不少因场地破坏而导致桥梁震害的实例。

图2.1为2008年汶川地震中桥梁被山体崩落物砸毁实例,从图中可以看到,地震引发了一碗水顺河桥和渔子溪2号桥桥位处山体崩塌滑坡,桥梁受崩落物的冲击而损毁,完全丧失通行能力。

a) 一碗水顺河桥损毁　　　　　　　　　　　b) 渔子溪2号桥损毁

图2.1 汶川地震中桥梁被崩塌体砸毁

图2.2为2008年汶川地震中倒塌的映秀顺河桥。断层从该桥第9~10跨附近穿过,地震时桥梁无法适应过大的断层地表位移,先发生落梁,进而导致下部结构连续倒塌。

图2.3是1964年美国阿拉斯加地震中,建设中的跨越雪江的605A桥震害实例。每一重力式桥墩下的群桩基础由21根长90英尺(1英尺 $\approx$ 0.304 8m)、内填混凝土的钢管桩组成,地震时由于砂土液化导致基础不均匀沉降,桥墩发生了最大8英尺的横向位移和15°的倾斜。

图2.2 汶川地震中倒塌的映秀顺河桥　　　　图2.3 美国阿拉斯加地震中605A桥震害

大规模的地质性震害是一般人为工程难以抵御的,目前主要还是以避让为主,即在桥位选择时应充分考虑到地形和地质条件,尽量避开强震、断裂地段及其邻近地段,远离可能发生大

规模滑坡、崩塌等不良地质段。与此同时,在桥梁设计和建造过程中,还应充分考虑到人为工程对场地的影响,如人工挖填导致的陡峭边坡、植被破坏等导致的岩石风化加速等,避免因为人为工程设计不当而导致的局部场地破坏。

2.1.2 结构强烈振动引起的震害

地震时,地面运动引起桥梁结构的振动,使结构的内力和变形大幅度地增加,从而导致结构破坏甚至倒塌。这类破坏主要源于两方面的原因:一是结构遭遇的地震动强度远远超过设计预期的强度,结构无法抵御而破坏,这是导致结构破坏的外因;二是在结构设计和细部构造以及施工方法上存在缺陷,这是导致结构破坏的内因。前一种原因和桥梁的抗震设防标准有关,这一问题,将在第 3 章进行阐述。至于第二种原因导致的桥梁震害,则是本章关注的重点。对这一类震害资料进行调查研究,总结震害教训,对于桥梁的抗震设计具有非常重要的参考价值。

为此,本章后续将对这一类震害进行详细的梳理分析。

2.2 桥梁上部结构的震害

桥梁上部结构的震害,按照震害产生原因的不同,可分为上部结构自身的震害、上部结构的移位震害(包括落梁震害)以及上部结构的碰撞震害。

2.2.1 上部结构自身的震害

桥梁上部结构自身遭受震害而被毁坏的情形比较少见。在发现的少数震害中,主要是钢结构的局部屈曲破坏。图 2.4 为 1995 年阪神地震中钢箱梁侧壁和底板的屈曲破坏实例;图 2.5 为阪神地震中拱桥风撑的屈曲破坏。

图 2.4 阪神地震中钢箱梁的局部屈曲破坏   图 2.5 阪神地震中拱桥风撑的屈曲破坏

2.2.2 上部结构的移位震害

桥梁上部结构的移位震害,在破坏性地震中极为常见。这种震害表现为桥梁上部结构的纵向移位、横向移位以及扭转移位。一般来说,设置伸缩缝的地方比较容易发生移位震害。在破坏性地震中,最为常见的是桥梁上部结构的纵向移位和落梁震害。如果上部结构的移位超出了墩(台)的支承面,则会发生更为严重的落梁震害。上部结构发生落梁时,如果撞击桥墩,还会给下部结构带来很大的破坏。当然,桥梁支座和墩台的毁坏也会导致上部结构的坠落。

图2.6为2008年我国汶川地震中桥梁上部结构的纵向移位震害,其中左侧主梁纵向移位达50cm,已发生支座脱离,但未超出盖梁支承面,因而未发生落梁;图2.7为汶川地震中上部结构的横向移位震害,盖梁的横向抗震挡块有效地限制了上部结构的横向位移。这两者都是移位未超出支承面的实例,所以没有发生更为严重的落梁震害。

图2.6 汶川地震中上部结构纵向移位

图2.7 汶川地震中上部结构横向移位

图2.8为汶川地震中映秀岷江大桥的横向移位震害。该桥上部为预应力简支板梁斜桥,主梁与盖梁斜交角约为80°,地震中主梁发生水平面转动,映秀岸梁端向上游产生移位80cm左右,汶川岸向下游移位150cm左右,支座脱落,混凝土挡块破坏。

在1971年美国圣·费尔南多地震(San Fernando, M6.7)中,两座互通式立交工程严重倒塌毁坏。一是金州5号高速干道与14号高速公路的立交枢纽(图2.9);二是金州5号高速干道与州际210干道的立交枢纽(图2.10)。两座立交枢纽工程部分塌落的外因,主要与台墩间和桥墩间过大的水平相对位移有关;而内因除了部分墩柱的抗震能力不足外,主要与桥墩墩顶和挂梁支承牛腿处的支承面过窄有关。虽然在伸缩缝处设置有连接限位螺栓,但其强度还不足以限制纵向相对位移。这种落梁震害,在高墩支承的多跨桥梁中尤为突出。图2.9中坠落的主梁,就支承在高约43m、横截面为1.8m×3m的独柱墩上。图2.11a)显示的是2008年我国汶川地震中庙子坪大桥的引桥第5跨(从主桥计算)落梁震害。庙子坪大桥主桥为连续刚构,桥墩高108m,引桥为50m先简支后连续桥梁(桥面连续),共19跨。地震时庙子坪大桥还

图2.8 汶川地震映秀岷江大桥横向移位

图2.9 圣·费尔南多地震中立交桥梁跨坠毁
(金州5号高速干道与14号高速公路)

没有通车,但主体结构已完工。由于地震中梁、墩相对位移过大,引桥第5跨伸缩缝处由于梁墩位移大于墩顶支承面宽度而落梁。由图2.11b)和图2.11c)可以清楚地看出,庙子坪大桥引桥采用板式橡胶支座,板式橡胶支座放在支座垫石上,支座垫石的支承宽度约50cm,没有采用任何纵桥向的防落梁措施。由于板式橡胶支座与梁底、支座与垫石之间均无连接,地震中,梁底与支座顶面、支座底面与垫石之间产生相对滑动,当梁端与支座垫石间的相对位移超过支座垫石支承宽度而落梁,由图2.11b)可以看出落梁时梁底与支座垫石和桥墩边缘碰撞产生的损伤。可见,落梁除与地震引起较大梁、墩相对位移有关外,还与支承部位的构造细节有关。我国的桥梁通常先在桥墩顶部浇筑支座垫石,在支座垫石上放置板式橡胶支座,而支座垫石的支承宽度要远远小于桥墩的支承宽度,更容易引起落梁。

图2.10 1971年圣·费尔南多地震中立交桥梁跨坠毁(金州5号高速干道与州际210干道)

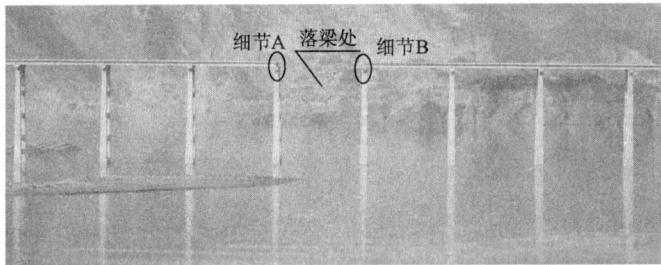

a)第5孔落梁

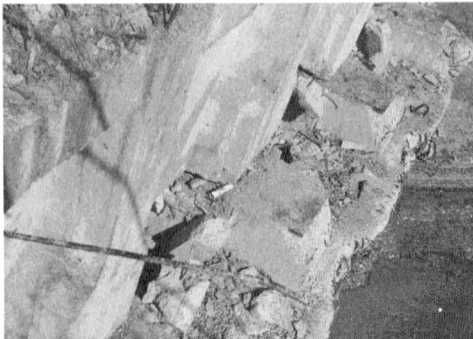

b)落梁局部(伸缩缝处,细节A)

c)落梁局部(伸缩缝处,细节B)

图2.11 庙子坪大桥引桥落梁震害

图2.12为2008年我国汶川地震中,百花大桥第5联完全垮塌的情况。图2.13所示为百花大桥第5联和第6联的平面布置,第6联桥台设置双向滑动支座,19号墩为固定墩,在18号

墩后1.73m处设牛腿,牛腿上设置双向滑动支座;第5联为5×20m连续梁,位于半径为66m的圆曲线上,第5联的第5跨梁左端支承在牛腿上,16号墩为固定墩,过渡墩处设双向滑动支座,其余各墩处设板式橡胶支座。第6联和第5联各桥墩的墩高见表2.1。由表2.1可以看出,第5联的固定墩与第6联的固定墩的墩高度相差近3倍,第5联与第6联的整体刚度和动力特性相差较大,地震中第5联和第6联发生非同向振动,导致牛腿处第5联左梁端与第6联梁端发生大于支承宽度(60cm)的位移,而桥梁缺乏必要的纵、横向连梁构造措施,所以第5联左梁端落梁折断,并进一步冲击下部结构导致整体垮塌。

图2.12 2008年汶川地震中百花大桥第5联垮塌

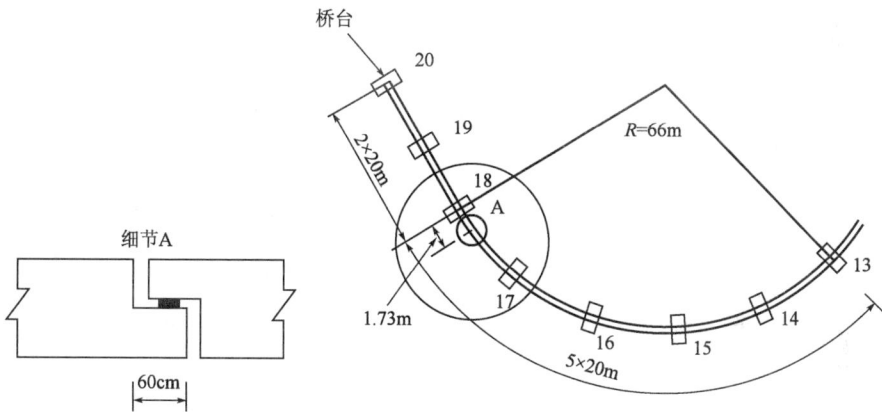

图2.13 百花大桥结构平面与牛腿构造图示

第5联和第6联墩高　　　　　　　　　　　　表2.1

桥墩编号	13	14	15	16(固定)	17	18	19(固定)	20
墩高(m)	30.3	29.9	29.7	26.9	22.2	18.1	7.1	桥台

图2.14为1994年美国北岭地震(Northridge Earthquake, M6.7)中,Gavin Canyon跨线桥(斜桥)上部结构坠落的震害实例。该桥建于1967年,上部结构由两个分离的钢筋混凝土箱梁组成,支承在双柱式桥墩上,桥轴方向与下部支承成24°斜交。该桥共有5跨,中跨连续,两端各有短的悬臂,左右边跨均为单悬臂梁结构,悬臂端通过牛腿搭接在中跨梁的悬臂端上,牛腿宽度仅为20cm(按现行美国Caltrans规范要求,这里

图2.14 美国北岭地震中斜桥落梁震害

的牛腿宽度至少应为76cm)。该桥在1974年安装了纵向约束装置。地震中,该桥第2和第4跨完全塌落,斜交和牛腿连接处过窄的支承面是其主要原因;纵向约束装置也遭受破坏,没有发挥出作用。

图2.15为1994年美国北岭地震(Northridge Earthquake,M6.7)中,箱梁自桥台处坠落的震害实例。究其原因,主要是桥台处的支承宽度过小,仅14英寸。

图2.16为1999年台湾集集地震中多跨简支梁桥的落梁震害(有一断层穿过该桥)。该桥的主梁支承在板式橡胶支座上,纵向未设限位装置,横向设置了两个小挡块。

图2.15 美国北岭地震中桥台处落梁震害

图2.16 台湾集集地震中简支梁桥的落梁震害

2.2.3 上部结构的碰撞震害

如果相邻结构的间距过小,在地震中就有可能会发生碰撞,产生非常大的撞击力,从而使结构受到破坏。桥梁在地震中的碰撞,比较典型的有:相邻跨上部结构的碰撞,上部结构与桥台的碰撞,以及相邻桥梁间的碰撞。

图2.17为1989年美国洛马·普里埃塔地震中相邻跨上部结构的碰撞震害;图2.18为2008年我国汶川地震中相邻跨上部结构的碰撞震害。

图2.17 1989年洛马·普里埃塔地震中相邻
跨上部结构的碰撞震害

图2.18 2008年汶川地震中相邻
跨上部结构的碰撞震害

图2.19为1994年美国北岭地震中上部结构与桥台间的碰撞震害,从图中可见梁与桥台均有不同程度的损伤。

图2.20为1989年美国洛马·普里埃塔地震中相邻桥梁结构间的碰撞震害。图中为较低

桥梁的上部结构与支承相邻较高桥梁的墩柱间的碰撞。这种碰撞是非常不利的,因为撞击力会大大增加墩柱的剪力,严重时会导致墩柱的剪切破坏,从而引起桥梁的倒塌。所以,这种碰撞应通过设置足够的间距予以避免。

图 2.19 美国北岭地震中上部结构
与桥台间的碰撞

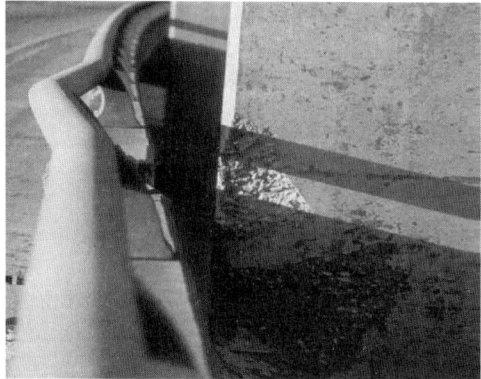

图 2.20 美国洛马·普里埃塔地震中
相邻桥梁结构间的碰撞

2.3 桥梁支座的震害

桥梁支座历来被认为是桥梁结构体系中抗震性能比较薄弱的一个环节,在历次破坏性地震中,支座的震害现象都较普遍。如在日本阪神地震中,支座损坏的比例达到了调查总数的28%。支座的破坏形式一般表现为支座移位,锚固螺栓拔出、剪断,活动支座脱落,以及支座本身构造上的破坏等。其原因主要是支座设计没有充分考虑抗震的要求,连接与支挡等构造措施不足,以及某些支座形式和材料本身的缺陷。

支座的破坏会引起结构的传力路径改变甚至是中断,从而对结构其他部位的抗震产生影响,严重的则会直接导致落梁,进一步加重结构震害。因此,支座的震害需要特别关注。

图 2.21 所示的为阪神地震中的钢支座移位震害。

a)

b)

图 2.21 阪神地震中的钢支座的移位震害

在我国,板式橡胶支座在公路桥梁中的应用非常广泛,而在 2008 年的汶川地震中,这种支座的震害现象非常多见,主要表现为移位震害,如图 2.22 所示。由于板式橡胶支座一般直接放置在支座垫石上,然后将主梁直接放置在支座之上,支座与主梁以及垫石之间缺少必要的锚固连接,因此,支座与主梁以及垫石之间的水平抗力主要依赖接触面的摩擦力,在地震作用下,大量支座产生移位震害,其中相当一部分甚至滑出垫石以外,造成支座脱落。

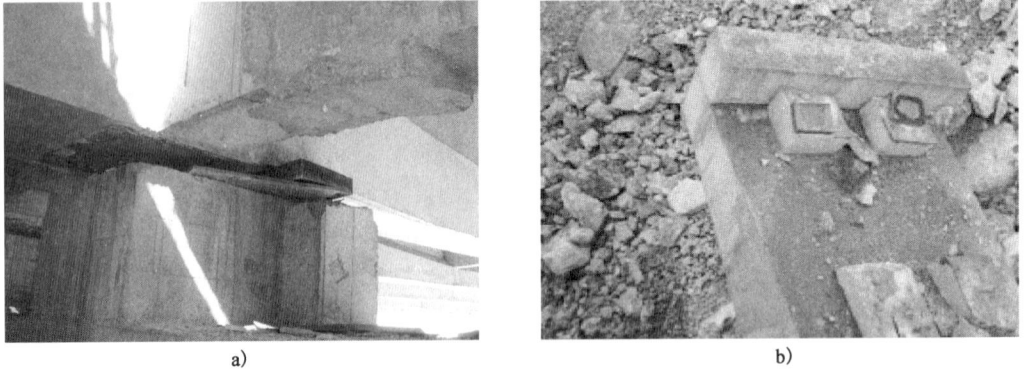

a)

b)

图 2.22　汶川地震中的板式橡胶支座移位震害

此外,当支座与上下部结构之间的连接强度不足或者支座自身强度不足时,也会发生相应的锚固破坏或构造破坏,图 2.23 ~ 图 2.27 所示为阪神地震以及汶川地震中发生的各种支座的震害。

a)脱落的辊轴

b)辊轴脱落后的支座

图 2.23　阪神地震中的辊轴支座辊轴脱落

图 2.24　汶川地震中盆式橡胶支座震害

图 2.25　阪神地震中三维铰支座劈裂

图 2.26　阪神地震中的铰支座震害

图 2.27　阪神地震中的支座震害

2.4　桥梁下部结构和基础的震害

下部结构和基础的严重破坏是引起桥梁倒塌,并在震后难以修复使用的主要原因。除了地基毁坏的情况,桥梁墩台和基础的震害是因受到较大的水平地震力,瞬时反复振动在相对薄弱的截面产生破坏而引起的。

2.4.1　桥梁墩柱的震害

大量震害资料表明:桥梁结构中普遍采用的钢筋混凝土墩柱,其破坏形式主要有弯曲破坏和剪切破坏。弯曲破坏是延性的,多表现为开裂、混凝土剥落压溃、钢筋裸露和弯曲等,并会产生很大的塑性变形。而剪切破坏是脆性的,伴随着强度和刚度的急剧下降。对比较高柔的桥墩,多为弯曲型破坏;而矮粗的桥墩,多为剪切破坏;介于两者之间的,为混合型。另外,桥梁墩柱的基脚破坏也是一种可能的破坏形式。

1)墩柱的弯曲破坏

桥梁墩柱的弯曲破坏非常常见,在历次的大地震中都不少,究其原因,主要是约束箍筋配置不足、纵向钢筋的搭接或焊接不牢等引起的墩柱的延性不足。

图 2.28 为 1994 年美国北岭地震中 La Cienega-Venice 下穿式立交桥的墩柱弯曲破坏。该桥建于 1964 年,上部结构支承在直径 1.2m 的圆柱墩上,桥墩配有 12 ~ 48 根直径 35.8mm 的主筋和直径 12.7mm 的环形箍筋,箍筋采用搭接,间距为 305mm,体积配箍率约为 0.15%。地震中,一些墩柱在柱顶受到严重破坏,另一些则在柱底受到严重破坏。显然,箍筋不足是桥墩遭受严重破坏的主要原因。

图 2.29 为 1995 年日本阪神地震中,阪神高速线上一个墩柱发生弯曲破坏,从而引起桥梁严重倒塌的震害实例。这一震害现象是由于约束箍筋的不足以及纵向主筋的焊接接头破坏。

图 2.30 为 1995 年日本阪神地震中发生的墩柱弯曲破坏。在地震中,墩柱根部发生严重的保护层混凝土剥落,而且箍筋所包围的核心混凝土也已被压碎。这一震害主要是由于约束箍筋的配置不足。

图 2.31 为 2008 年汶川地震中的百花大桥发生的框架墩墩柱弯曲破坏,纵筋已发生屈曲,核

25

心混凝土破碎严重。这一震害的主要原因也是由于约束箍筋的配置不足,箍筋间距为60cm。

图2.28　1994年北岭地震中立交桥的墩柱弯曲

图2.29　1995年阪神地震中墩柱倒塌

图2.30　1995年阪神地震中墩柱弯曲破坏

图2.31　2008年汶川地震中百花大桥墩柱弯曲破坏

图2.32所示为2008年汶川地震中龙尾大桥的墩柱震害,可见墩柱发生严重倾斜。

2)墩柱的剪切破坏

桥梁墩柱的剪切破坏也是十分常见的。由于剪切破坏是脆性的,往往会造成墩柱以及上部结构的倒塌,震害较为严重。

最为惨重的墩柱剪切破坏是发生在1995年日本的阪神地震。在地震中,阪神高速线在神户市内的高架桥共18个独柱墩剪断,长500m左右的梁侧向倾倒(图2.33)。模拟分析结果表明,独柱墩剪切破坏的主要原因是纵向钢筋过早切断(有1/3纵筋在距墩底1/5墩高处被切断)和约束箍筋不足;独柱墩剪切破坏导致重量较大的梁体侧倾,造成桥梁倒塌。

图2.32　2008年汶川地震中龙尾大桥地震中的墩柱震害

图2.33　阪神地震中独柱墩的倒塌

图 2.34 为 1995 年日本阪神地震中一个高架桥矮墩发生剪切毁坏的实例。由图可见,这一破坏可能是由于纵向钢筋的连接失败和约束箍筋不足引起的。

图 2.35 为 1971 年美国圣·费尔南多地震中州际高速公路 5 号和 210 号之间立交桥结构发生的墩柱剪切破坏。由图中可见,墩柱的两端没有弯曲破坏的迹象,而剪切破坏却发生在墩柱中部。显然,是由于墩柱的剪切强度低于弯曲强度造成的。墩柱的中部,往往横向约束钢筋(箍筋)配置较少,因而剪切强度相对较低。

图 2.34 阪神地震中矮墩的剪切毁坏

图 2.35 圣·费尔南多地震中墩柱的剪切破坏

图 2.36 为 1994 年美国北岭地震中,一座下穿式立交桥的两种墩柱发生的脆性剪切破坏。喇叭形墩在墩柱截面突变处发生剪切破坏,而柱式墩则在墩柱中部发生剪切破坏。

a)喇叭形墩

b)柱式墩

图 2.36 美国北岭地震 Mission-Gothic 桥的墩柱剪切破坏

图 2.37 为 1999 年台湾集集地震中,一个实体矮墩的剪切破坏实例。

图 2.38 为 2008 年汶川地震中百花大桥的墩柱弯剪混合破坏实例,破坏的主要原因是桥墩的箍筋配置不足。

图 2.39 为 2008 年汶川地震中小鱼洞大桥的桁架拱构件剪切破坏。

3)墩柱的基脚破坏

墩柱基脚的震害相当少见,但一旦出现,则可能导致墩梁倒塌的严重后果。在 1971 年美国的圣·费尔南多地震中就发生了这种情况(图 2.40)。图中,22 根螺纹钢筋从桩基础中拔出,导致桥墩倒塌。很显然,是由于墩底主钢筋的构造处理不当,造成主钢筋的锚固失败引起的。可见,保证墩柱和下部基础的整体作用是相当重要的。

图 2.37 台湾集集地震中实体矮墩的剪切破坏

图 2.38 汶川地震中百花大桥的墩柱弯剪破坏

图 2.39 汶川地震中小鱼洞大桥的桁架拱构件剪切破坏

图 2.40 圣·费尔南多地震中墩柱基脚主筋拔出

2.4.2 框架墩的震害

城市高架桥中常见的框架墩,在地震中有不少震害的例子。在 1989 年美国洛马·普里埃塔地震中,就出现了大量框架墩毁坏的实例。在 1995 年阪神地震中,经过大阪、神户两市的新干线铁路高架桥的框架桥墩也多处发生断裂和剪切破坏。

框架墩的震害主要表现为:盖梁的破坏,墩柱的破坏,以及节点的破坏。盖梁的破坏形式主要有:剪切强度不足(当地震力和重力叠加时)引起的剪切破坏;盖梁负弯矩钢筋的过早截断引起的弯曲破坏;以及盖梁钢筋的锚固长度不够引起的破坏。墩柱的破坏形式与其他墩柱类似。而节点的破坏主要是剪切破坏。

最为惨重的框架墩震害出现在 1989 年美国洛马·普里埃塔地震,高速公路 880 号线 Cypress 高架桥上。该桥建成于 1957 年,上层框架柱底普遍采用与下层框架铰接的形式。该桥在地震发生之前,已按加州运输局的第一阶段加固计划在相邻梁跨间安装了纵向约束装置,并计划在 1990~1992 年对下部结构进行加固。地震中,该桥有一段长 800m 的上层桥面因墩柱断裂塌落在下层桥面上,上层框架完全毁坏(图 2.41)。发生震害的主要原因是,梁柱结点配筋不足,竖直柱体配筋连续性和横向箍筋不足。另外,图中显示,盖梁钢筋的锚固长度不够也是震害的原因之一。

图 2.42 为美国洛马·普里埃塔地震中框架墩节点剪切破坏的实例。图 2.42a)为州际 280 线南高速公路高架桥中下节点严重剪切破坏的实例;图 2.42b)则为州际 980 线南联络桥中,挑臂节点上的剪切斜裂缝。

图 2.43 为 2008 年汶川地震中百花大桥一个框架墩在系梁与墩柱的节点区域发生破坏的实例,系梁端部和墩柱局部发生剪切破坏。

图 2.41 美国洛马·普里埃塔地震中 Cypress 高架桥上层框架塌落

a) 下节点剪切破坏　　　　　　b) 挑臂节点剪切裂缝

图 2.42 美国洛马·普里埃塔地震中框架节点的剪切破坏

图 2.43 汶川地震中百花大桥一个框架墩节点区域震害

2.4.3 桥台的震害

在历年的地震中,桥台的震害较为常见。除了地基丧失承载力(如砂土液化等)等引起的桥台滑移外,桥台的震害主要表现为台身与上部结构(如梁)的碰撞破坏,以及桥台向后倾斜。图 2.19 就是 1994 年美国北岭地震中一个桥台碰撞破坏的实例。图 2.44 则是 1999 年台湾集集地震中桥台向后倾斜的震害实例,这一震害,与台后填土的不够密实有关。图 2.45 ～图 2.47 为 2008 年汶川地震中的桥台震害,包括台身结构破坏和护坡垮塌等。

图 2.44 台湾集集地震中桥台的震害

图 2.45 汶川地震中桥台胸墙震害

图 2.46　汶川地震中桥台耳墙震害

图 2.47　汶川地震中桥台护坡垮塌震害

2.4.4　基础的震害

桥梁基础破坏是国内外许多地震的重要震害现象之一。大量震害资料表明：地基失效（如土体滑移和砂土液化等）是桥梁基础产生震害的主要原因。如在 1964 年美国的阿拉斯加地震和日本的新潟地震，以及中国 1975 年的海城地震和 1976 年的唐山地震中，都有大量地基失效引起桥梁基础震害的实例。

虽然，在软弱地基上采用桩基础的结构往往比无桩基础的结构具有更好的抗震性能，但是在地震作用下，群桩基础依然是整座桥梁中的抗震薄弱部位。除了地基失效这一主要原因外，群桩基础还会发生由于上部结构传下来的惯性力所引起的桩基剪切、弯曲破坏，更有桩基设计不当所引起的震害，如桩基没有深入稳定土层足够长度，桩顶与承台连接构造措施不足等。

图 2.48 为 1989 年 Loma Prieta 地震中，穿过 Struve 沼泽地的桩基公路桥倒塌震害。桥址处上部土层由软黏土和冲积砂土组成，所以没有液化问题，桩基没有发生竖向沉降，但桩与桩周土发生了 30 ~ 45cm 的脱空（图 2.49），造成地基土对桩身的横向约束力不足。于是，在上部结构传下来的地震惯性力作用下，桩身产生了过大的横向位移，最终导致桩顶弯曲、剪切破坏，如图 2.50 所示。

图 2.48　1989 年美国洛马·普里埃地震中
桩基破坏引起桥梁倒塌

图 2.49　Loma Prieta 地震中桩土脱空震害

另外需要指出的是，桩基震害有极大的隐蔽性。许多桩基的震害是通过上部结构的震害体现出来的。但是，有时上部结构震害轻微，而开挖基础却发现桩基已产生严重损坏，甚至发生断裂破坏,在中国唐山地震、日本新潟地震中都有这样的实例。

图2.50 Loma Prieta 地震中桩顶弯剪震害

2.5 大跨度桥梁震害

大跨度桥梁,如悬索桥、斜拉桥和大跨度拱桥,一般结构体系较柔,结构基本振动周期较长,因此可以较好地避开地震的强能量频段,总体上因结构动力作用而导致的震害现象较少。但大跨度桥梁结构动力特性受约束体系布置影响很大,对于一些上下部结构固结的体系,其结构基本周期仍可能较小,受地震动力作用的影响就会很大。

图2.51 为1999年台湾集集地震中的集鹿大桥(主跨为240m 的塔、梁、墩固结的独塔混凝土斜拉桥,两端引桥均为简支梁桥)震害。地震引起主塔根部横桥向发生弯曲破坏,混凝土保护层剥落,钢筋屈服露出;梁交界处两个塑性铰区长度的混凝土剥落,桥塔内部核心混凝土裂缝延伸至最底部的斜拉索位置;上部结构与引桥连接处的连接墩出现与桥塔处相似的竖向裂缝和混凝土剥落;边墩盆式橡胶支座因结构上下错动而损坏;多根索从梁中拔出,其中有一根索在索和梁的连接处彻底拉断。究其原因,与结构体系采用塔、梁、墩固结的方式,导致结构基本振动周期较小有很大关系。此外,地震发生时,该桥尚未竣工,结构受力也处于不利的阶段。

此外,大跨度桥梁与相邻引桥在结构动力特性上往往差异较大,很容易因非同相振动而导致连接部分处的震害。图2.52 为1989年美国洛马·普里埃塔地震(Loma Prieta Earthquake,M7.0)中,旧金山—奥克兰海湾大桥引桥的一跨落梁震害。梁体塌落的主要原因是设计低估了主、引桥间的相对位移,致使连接螺栓剪断,而设计预留的支承面又太窄。图2.53 为1995年日本阪神地震中西宫港大桥(主跨252m 的钢系杆拱桥)第一跨引桥脱落的震害现象。落梁的原因,主要也是主桥和引桥间的相对位移过大,桥墩的支承面太窄,而支座、连接限位构件又失效。图2.54a)、b)分别为落梁跨两侧的墩顶震害。

大跨度桥梁因为空间尺度较大,存在空间地震动影响以及非均匀地面永久变形的影响。图2.55 为1995年日本阪神地震后明石海峡大桥(震前为主跨1 990m 的双塔三跨悬索桥)各塔和锚台的震后位移分布,桥塔与锚台均发生了较大的位移,其中两个主塔间水平错动1.3m,塔基的各向转角都很小。地震时,主缆已架好,正待架设钢梁。已完成的结构未见明显损伤,主缆线形和钢梁长度等在后期都相应作了调整。

a)主塔根部横桥向发生弯曲破坏

b)塔梁连接处破坏

c)斜拉索拉断

图2.51　集鹿大桥震害

图2.52　1989年美国洛马·普里埃塔地震中
旧金山—奥克兰海湾大桥一跨落梁

图2.53　1995年日本阪神地震中西宫港大桥
第一跨引桥脱落

a)主桥侧

b)引桥侧

图2.54　阪神地震中西宫港大桥落梁跨两侧的墩顶震害

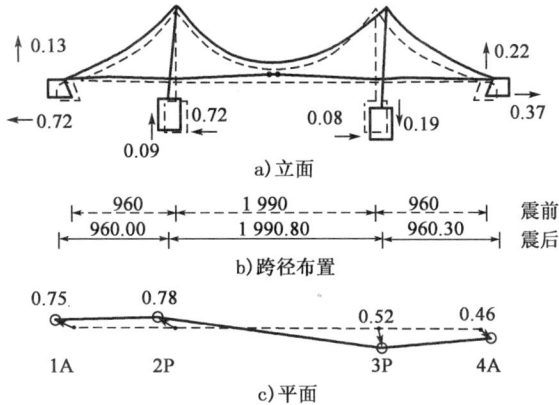

图2.55 明石海峡大桥各塔和锚台的震后位移分布图(尺寸单位:m)

2.6 桥梁震害的教训及对策

由于地震是一种随机性很强的偶然作用,如果要求结构在强震作用下仍保持不发生损伤,显然是不经济的,也是不合理的,因此对桥梁结构的震害也应有一个科学的认识。桥梁结构的震害多种多样,每一种震害发生以后对整体结构的影响是大不相同的,同时每一种震害的发生机理也是不同的。因此,对各种桥梁震害的认识和应对措施也应有所区别,主要可从以下几个方面并结合桥梁结构的实际状况进行综合的评价:

(1)对通行能力的影响。包括是否完全中断交通、是否可限载通行、是否可通过简单的加固修复来恢复部分或全部通行能力。

(2)对结构安全的影响。包括是否会直接导致或诱发结构主体发生破坏,抑或是保护、减轻或避免结构主体发生破坏。

(3)结构损伤修复的难易程度。包括损伤发生的部位是否便于检查、修复或者更换。

各种桥梁震害根据其产生机理可划分为4类,即支承部件失效、碰撞引起的破坏、桥墩和桥台的破坏,以及基础的破坏。本节将根据上述原则,分析这4类震害的影响,确定合理的认识与处理原则,并在此基础上,分析各种震害产生的内在原因,探求适当的应对对策。

2.6.1 支承连接部件失效

在地震中,如果支承连接部件失效,桥梁结构就会丧失整体性,原来的传力途径就将失效,计算简图不再明确,上部结构极易产生很大的移位震害。更为严重的是,当上下部结构之间的支承长度不足时,上部结构可能与下部结构完全脱离,导致梁体坠毁,进而造成交通完全中断。而落梁的强烈冲击力,又可能使下部结构遭受严重的破坏,进而可能导致整个结构的垮塌。这种落梁震害往往难以处理和再利用,结构修复的成本非常大,周期也非常长。因此,这种因支承连接部件失效而导致的落梁震害在设计中应竭力予以避免。

支承连接部件失效,一般始于支座破坏。支座一般分为固定支座和活动支座。固定支座破坏,主要表现为支座与梁的连接构件、支座部件,以及墩台上的锚固构件破坏,主要是强度不足引起的。而活动支座的破坏,主要是支座位移超出了允许范围(脱落),是由于支座的位移能力不足引起的。支座破坏之后,上部结构和下部结构之间将产生更大的相对位移。在设有伸缩装置的部位,如果设计低估了这一相对位移,在墩、台顶,以及挂梁支承牛腿处设置的支承面太窄,又没有可靠的约束装置,就有可能产生落梁。一般来说,在高墩,相邻墩、台刚度突变处,斜弯桥,两种结构体系过渡孔处,落梁震害往往较为多见。

要控制落梁震害,首先需在结构体系上进行统筹考虑,通过合理选择和设置结构的延性部位,避免支承连接部件成为地震作用的首要薄弱环节。但由于地震作用的随机性以及结构自身的不确定性等,在结构设计中,还应通过适当的构造措施来减少落梁震害风险。

通常情况下,防止落梁震害的构造措施可从以下两个方面入手:

1)规定支承连接部位的支承面最小宽度

国内外的桥梁抗震设计规范都对支承连接部位的最小支承宽度[如图2.56所示,为梁端至墩(台)最外边缘的距离]给出了具体的规定,主要应考虑地震作用的大小、结构的跨径、墩身的高度,以及是否为斜弯桥等因素。如我国的《公路桥梁抗震设计细则》(JTG/T B02-01—2008)和《城市桥梁抗震设计规范》(CJJ 166—2011)规定:直线简支梁梁端至墩、台帽或盖梁边缘的最小距离 a(cm)不小于 $70+0.5L$,其中 L 为梁的计算跨径(m);而斜桥和曲线桥梁的最小支承宽度则还应分别考虑斜交角和圆心角。

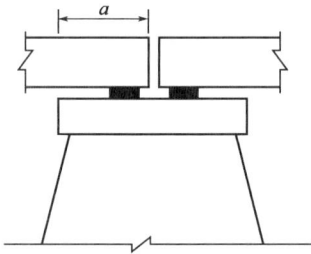

图2.56 梁端至墩、台帽或盖梁边缘的最小距离

值得注意的是,我国的桥梁工程普遍在墩台顶设置支座垫石,因此当发生支座脱离后,主梁的坠落高度不仅包括支座的高度,还将包含垫石的高度。较大的坠落高度会导致较大的冲击力,造成主梁折断或增大落梁的风险,即使不发生落梁,也会导致较大的路面高差,影响道路的通行能力。这种震害在2008年的汶川地震中表现较为明显,因此,《城市桥梁抗震设计规范》(CJJ 166—2011)规定:过渡墩及桥台处的支座垫石不宜高于10cm,且顺桥向宜与墩台最外边缘平齐。

2)在相邻梁之间以及梁、墩之间安装约束装置

目前在桥梁上广泛使用的梁、墩(台)约束装置为在墩帽、盖梁或者桥台上设置混凝土挡块,并通常设置在横桥向。从大量桥梁的震害调查来看,这种挡块尽管在地震中破坏较多,也较严重,但从总体上看,却可以有效地限制上部结构的移位,降低落梁风险,如图2.7所示。在上海的内环线改扩建工程中,这种混凝土挡块还被发展为同时应用于墩(台)与梁之间纵向和横向约束。

除了混凝土挡块以外,还可采用其他的约束装置,如图2.57所示,采用连接钢板、预应力钢筋(钢绞线)或缆索将主梁与桥墩(台)相连,或将主梁与主梁相连。这些约束装置的设计要点是:在正常使用条件下,要有足够的变形冗余度以满足温度、制动力等作用的变形需要,而在地震作用下,结构的相对变形较大时,又要有足够的约束能力防止落梁震害的发生。

2.6.2 碰撞引起的破坏

在地震中,碰撞产生的撞击力非常大,往往会使结构构件受到破坏。尤其当上部结构与桥台发生碰撞时,往往会导致背墙结构损伤,严重时则会导致桥台向后倾斜,产生较大移位,进而可能导致落梁震害。这种震害往往会使桥梁的通行能力受到影响,当发生落梁时则会导致交通完全中断。而且,这种震害的修复也往往较为困难,成本较高,周期较长,因此应尽量避免。

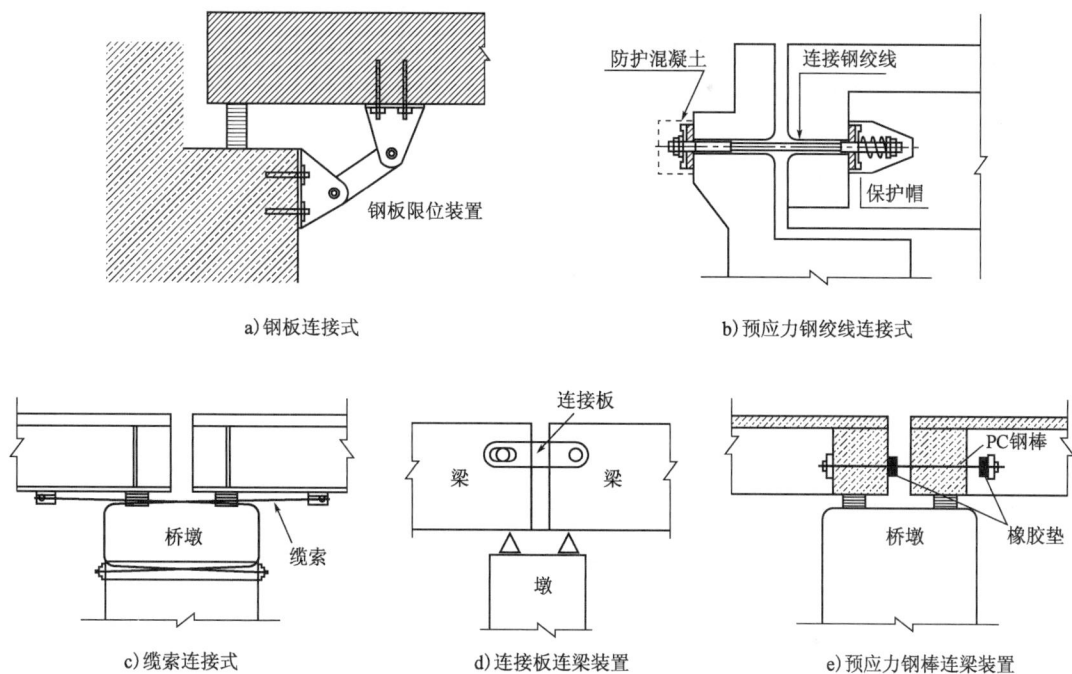

a)钢板连接式   b)预应力钢绞线连接式

c)缆索连接式   d)连接板连梁装置   e)预应力钢棒连梁装置

图 2.57　常用限位装置

对于相邻桥梁间的碰撞,通过设置较大的间距可以避免。而相邻跨上部结构之间,以及上部结构与桥台之间的碰撞却很难避免,因为在地震这种随机荷载作用下,碰撞过程很难准确模拟。因此,比较实用的做法是在梁与梁之间、梁与桥台之间加装缓冲材料,如橡胶垫等弹性衬垫,以减小撞击力,如图 2.58 所示。

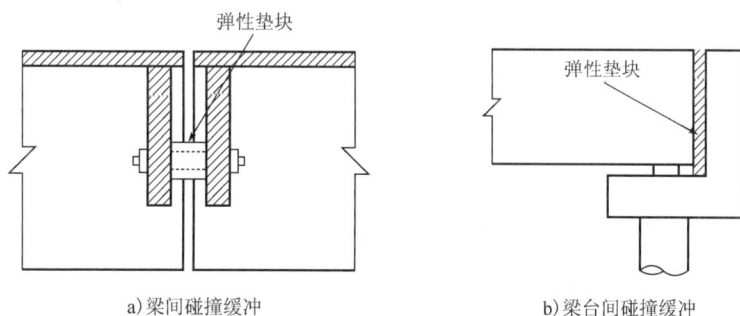

a)梁间碰撞缓冲   b)梁台间碰撞缓冲

图 2.58　梁与梁以及梁与桥台之间的缓冲设施

2.6.3　桥墩与桥台破坏

桥墩是支承上部结构的主要构件,同时也是承担结构地震惯性力的主要构件。若桥墩发生垮塌,则上部结构也难幸免,道路交通将完全中断,震后往往需要拆除重建才能恢复道路通行能力。但若桥墩发生了一定的损伤但并未倒塌,则桥梁震后一般可具有一定的限载通行能力,能满足救灾紧急车辆通行的需要。并且这种桥墩的损伤,往往也易于检查、修复或更换。因此,从结构体系上看,当结构在强震下不可避免要发生损伤时,若能控制损伤部位发生在桥墩上,并且控制损伤的程度不会导致结构倒塌,则不失为一种经济合理的选择。

桥梁工程中普遍采用的钢筋混凝土桥墩的破坏形式,主要有两种:一是以弯曲破坏为主;二是以剪切破坏为主。

对于以弯曲破坏为主要特征的墩柱,往往在完全破坏以前具有一定的延性变形能力,既有助于延长结构的基本周期,使其与地震能量卓越的频率相远离,同时墩柱的塑性区域还将具有一定的耗能能力,可进一步减小结构的地震反应。因此,对于这种以弯曲为主要特征的墩柱破坏形式在强震下应是容许的,其设计的关键是控制损伤发生的程度,避免发生结构倒塌。在抗震设计中,首先要根据结构的受力特点合理选择墩柱的潜在塑性铰区,并通过合理的构造设计来提高墩柱潜在塑性铰区的延性性能,具体包括合理设置约束箍筋的数量、间距和直径,以及箍筋的端部应作135°的弯钩并伸入核心混凝土中,避免纵筋焊接强度不够或搭接失效,避免纵筋过早切断,避免纵筋和箍筋的锚固长度不足等。

对于以剪切破坏为主要特征的墩柱,由于其破坏形式往往是脆性的,容易导致结构承载能力的急剧下降并可能导致结构垮塌,因此这种破坏形式应该是严格避免的。在抗震设计中,主要可通过提高墩柱的横向钢筋配置来提高构件的抗剪能力,使弯曲破坏先于剪切破坏发生,从而避免剪切脆性破坏的发生。值得注意的是,对于塑性铰区域内的抗剪能力计算,应考虑到混凝土开裂、破碎以及保护层剥落等的影响,以避免塑性铰区域内剪切破坏的发生。此外,对于框架墩墩柱节点的剪切破坏也应通过合理的节点配筋来予以避免,对于柱脚的锚固破坏也应通过确保足够的纵筋锚固长度来予以避免,从而确保整个墩柱体系表现为延性破坏特征。

桥台结构的刚度一般较大,延性性能也相对较差。其震害一般源于与上部结构之间的碰撞,以及地震引起的台后填土的主、被动土压力的变化。因此,在结构抗震体系的设计中,应尽量避免让桥台来承担上部结构的地震惯性力,并通过设计缓冲材料来减小与上部结构之间的碰撞力(图2.58),同时通过合理的台身构造设计,以及确保台后填土的质量等来避免相应震害的发生。

2.6.4 基础破坏

桥梁中大量采用的桩基础,其震害往往有极大的隐蔽性,震后不易发现,而且修复比较困难,应尽量避免。震害调查发现,软土地基中常用的桩基础,有不少震害是由于桩基自身设计强度的不足或构造处理不当引起的。因此,应通过采用能力保护设计方法,给桩基础提供足够的强度,最大限度地防止桩基出现破坏。另外,需要重视构造设计,如加强桩顶与承台连接构造措施,延长桩基深入稳定土层的长度等。

2.6.5 大跨度桥梁

对于大跨度桥梁,一方面,由于其结构规模、投资和重要性都比较突出,应通过专题研究,确定结构总体及各个组成部分的合理抗震性能目标,进而通过细致的地震反应分析与设计过程,包括考虑空间地震动效应,各种材料、几何及边界非线性因素等,优选结构抗震体系,进行专门的减震措施设计等,以最大程度确保结构的抗震性能;另一方面,也可以利用其优越的抗震性能来满足一些具有特殊要求和场地条件下的工程需要,例如对通行条件要求较高的跨断层海湾桥等。

总之,通过对大量桥梁震害的调查分析,可以得到的关于桥梁抗震设计的启示是:要重视桥位所处的场地情况,选择良好的地质环境,同时避免人为工程可能导致的局部场地破坏;要重视桥梁结构的总体设计,选择较理想的抗震结构体系;要重视延性抗震,避免出现脆性破坏;要重视结构的局部构造设计,避免出现构造缺陷;要重视桥梁支承连接部位的抗震设计,避免出现落梁震害;而对复杂桥梁(斜弯桥、高墩桥梁或墩刚度变化很大的桥梁),则应进行细致的地震反应分析,对于大跨度桥梁,则应进行专题研究和设计。

本章参考文献

[1] 李国豪.桥梁结构稳定与振动[M].北京:中国铁道出版社,1996.

[2] 范立础.桥梁抗震[M].上海:同济大学出版社,1997.

[3] 胡聿贤.地震工程学[M].北京:地震出版社,1988.

[4] 范立础,卓卫东.桥梁延性抗震设计[M].北京:人民交通出版社,2001.

[5] 范立础,李建中,王君杰.高架桥抗震设计[M].北京:人民交通出版社,2001.

[6] 范立础,胡世德,叶爱君.大跨度桥梁抗震设计[M].北京:人民交通出版社,2001.

[7] Priestley M. J. N., Seible F, Calvi G. M. Seismic design and retrofit of bridges[M]. New York: John Wiley & Sons, 1996.

[8] 中华人民共和国交通运输部.汶川地震公路震害图集[M].北京:人民交通出版社,2009.

[9] 同济大学土木工程防灾国家重点实验室.汶川地震震害[M].上海:同济大学出版社,2008.

[10] Philip James Meymand. Shaking table scale model tests of nonlinear soil-pile-superstructure interaction in soft clay[J]. A dissertation for the degree of Doctor of Philosophy, University of California, Berkeley,1998.

[11] 孙颖,卓卫东.塔梁墩固结体系独塔混凝土斜拉桥地震反应分析[J].第16届全国结构工程学术会议论文集(第Ⅲ册):151-156,2007.

* 除已列出的参考文献外,本章部分图片来自美国 National Information Service for Earthquake Engineering(NISEE)的图片库,而阪神地震中支座震害照片为同济大学桥梁工程系王君杰教授所拍摄,特此致谢。

第 3 章

桥梁抗震概论

最近二三十年来,全球发生的多次破坏性地震都造成了非常惨重的生命财产损失。一个很重要的原因是,桥梁工程在地震中遭到了严重破坏,切断了震区交通生命线,造成救灾工作的巨大困难,使次生灾害加重,从而导致了非常巨大的经济损失。

多次破坏性地震一再显示了桥梁工程遭到破坏的严重后果,也一再显示了对桥梁工程进行正确抗震设计的重要性。在多次地震中,一些所谓经过抗震设计的桥梁,在中等强度的地震作用下即遭到严重破坏,暴露了以往桥梁抗震设计规范存在着的很大缺陷。因此,每次地震后,结构抗震工作者都要对现行的抗震设计规范进行反省和修订。自1976年唐山地震以后,我国的桥梁抗震工作也日益受到重视。我国于2008年和2011年先后编制出版的《公路桥梁抗震设计细则》和《城市桥梁抗震设计规范》,引入了先进的桥梁抗震设计理念,完善了相应的抗震设计方法,使我国的桥梁抗震设计水平上了一个台阶。而随着这两本规范的不断修订,我国的桥梁抗震设计水平必会不断提高。

本着循序渐进的学习方法,本章将力求使读者对桥梁抗震设计的全过程有一个初步的了解。首先论述桥梁结构的抗震设防标准,然后介绍桥梁工程的抗震设计流程,最后着重介绍地震动输入的选择和桥梁结构的抗震概念设计。

3.1　桥梁结构的抗震设防标准

工程抗震设防标准是指根据地震动背景,为保证工程结构在寿命期内的地震损失(经济损失及人员伤亡)不超过规定的水平或社会可接受的水平,规定工程结构必须具备的抗震能力。因此,抗震设防标准是工程项目进行抗震设计的准则,也是工程抗震设计中需要解决的首要问题。

桥梁工程的抗震设防,既要使震前用于抗震设防的经济投入不超过我国当前的经济能力,又要使地震中经过抗震设计的桥梁的破坏程度限制在人们可以承受的范围内。换言之,需要在经济与安全之间进行合理平衡,这是桥梁抗震设防的合理安全度原则。

3.1.1　有关工程抗震设防的基本概念

决定工程抗震设防标准的基本因素有三个,即社会经济状况、地震危险性和工程结构的重要性。确定工程抗震设防标准时,需要综合考虑工程的抗震设防原则、设防目标、设防环境、设防参数、设防水准以及设防等级。图3.1显示了这些因素之间的关系,工程抗震设防标准必须明确抗震设防水准与设防目标之间的关系。

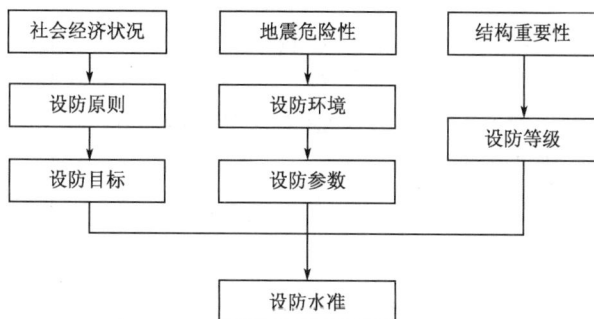

图3.1　确定工程抗震设防标准诸因素间的关系

设防原则是指对工程进行抗震设防的总要求和总目的。世界上任何一本抗震设计规范,都会毫不例外地在它的总则或说明中明确规范的设防原则。我国《城市桥梁抗震设计规范》(CJJ 166—2011)的抗震设防原则是:"使城市桥梁经抗震设防后,减轻结构的地震破坏,避免人员伤亡,减少工程直接经济损失和因交通运输中断或阻滞导致的间接经济损失"。

设防目标是根据设防原则对工程设防要求达到的具体目标。我国《城市桥梁抗震设计规范》(CJJ 166—2011)的设防目标为:在E1地震作用下,各类桥梁结构总体反应在弹性,基本无损伤,震后立即使用;在E2地震作用下,甲类桥梁结构轻微损坏,震后不需修复或经简单修复可继续使用;乙类桥梁有限损伤,经抢修可恢复使用,永久性修复后恢复正常运营功能;丙类桥梁不产生严重的结构损伤,经临时加固,可供紧急救援车辆使用;丁类桥梁震后不致倒塌。

设防环境是指拟设防工程的地震危险性,这应由地震危险性分析或地震区划图给出的地震危险性程度来确定。设防环境是确定设防目标和设防标准的重要依据。

设防参数是指在考虑工程抗震设防时,采用哪种物理量(参数)来进行工程设防。国内外常用的参数为烈度和地震动参数两种。但烈度比较粗糙,最大的缺陷是不单纯代表地震动的强度,还包含着过去建筑物的易损性。2001 年,我国颁布了《中国地震动参数区划图》,来代替《中国地震烈度区划图》,之后,我国的工程抗震设防参数就逐步由地震烈度向地震动参数过渡。2016 年,我国在充分吸收国内外最新的研究成果和资料的基础上,又颁布了新的《中国地震动参数区划图》(GB 18306—2015)。

设防水准是指在工程设计中,根据客观的设防环境和已定的设防目标,并考虑具体的社会经济条件来确定的设防地震概率水平,一般用地震超越概率或地震重现期来表示。所谓地震超越概率,是指一定场地在未来一定时间内遭遇到大于或等于给定地震的概率,常以年超越概率或设计基准期超越概率表示。而地震重现期是指一定场地重复出现大于或等于给定地震的平均时间间隔。地震重现期 T 与设计基准期 T_0 内超越概率 P 之间的换算关系为:

$$T = \frac{-T_0}{\ln(1-P)} \tag{3.1}$$

例如,基本烈度对应的概率水平为 50 年 10% 超越概率,其重现期为 475 年。

同一类建筑在同一个地区,由于其政治、经济或文化意义上的重要性以及震后后果的影响严重程度有所不同,在考虑工程设防时,其设防目标和采用的设防水准也不同,这就是设防等级不同。重要建筑物和设施,一般要给定较高的设防等级。而对同一类建筑,在不同行业和不同地区也可以采用不同的设防等级。国际上,包括我国往往都采用一组重要性系数乘以设计地震力来反映设防等级。事实上这种做法并不科学,因为在地震环境不同的地区,地震加速度峰值与地震概率水平的关系曲线是完全不同的,在强震区,随着概率水平的提高,峰值加速度可能增大较快,而在中等强度地区,超过一定概率水平之后,峰值加速度的变化可能就比较平缓。因此,用重要性系数来体现设防等级会人为地夸大或缩小工程结构面临的地震危险性,进而导致盲目地增强或减弱工程结构的抗震能力。比较合理的做法是通过调整地震重现期来体现不同工程的设防等级。

3.1.2　多级设防的抗震设计思想

随着国内外震害资料的不断增加,人们对地震动特性以及地震作用下各类结构的动力响应特性、破坏机理、构件能力的研究和认识也不断加深;而另一方面,由于经济的原因,社会、团体组织对不同的结构在不同水准地震作用下结构预期抗震性能会有不同的要求。例如对于常规桥梁,一般期望其在发生概率较高的小震作用下不发生损坏,满足正常使用功能要求,以保证地区经济的正常运行;而在发生概率较小的大震作用下,则要求结构不倒塌,以满足安全性的需要;而对于重要通行线路上的桥梁,或隶属于救灾生命线紧急通行计划中的桥梁,则不仅期望其在小震下不发生损坏,还应确保其在大震发生后仍具有一定的可通行能力,以满足应急救灾以及震后恢复重建工作的需要。这些因素,不断地促进抗震设计思想和方法的发展,由原来的单一设防水准逐渐向多水准设防、多性能目标准则的基于性能的抗震设计方向发展。

1)单一水准设防,一阶段设计

我国原《公路工程抗震设计规范》(JTJ 004—1989)和《铁路工程抗震设计规范》(GBJ 111—1987)采用的就是单一设防水准、一阶段设计的方法。美国 AASHTO 规范采用的也是单一水准设防,要求结构具有较小的倒塌风险,但允许发生各类显著的损伤和破坏。抗震设计中首先根据实际情况选择合适的抗震体系,并重点分析地震作用下各部分的位移反应。欧洲统一规范(Eurocode 8)在总体设防原则上要求桥梁在设计地震水平下需满足不倒塌的要求,震后结构保持完整并具有足够的剩余抗力;在超越概率较高的地震作用下,应仅发生微小损伤,不发生任何功能退化,也不需要立即进行修复。在具体操作上,则主要针对设计水平的地震,按照结构自身的荷载—位移特性选取相应的性能系数对设计反应谱进行折减,并从强度和位移两个方面对结构进行设计和检算;对于小震下的正常使用性能不做检算,认为其自动满足。

但实践表明:单一水准设防、一阶段设计存在许多的不足,正逐渐为多水准设防、多性能目标的设计方法所代替。

2)双水准设防、三水准设防,两阶段设计

近几十年来,美国、日本及中国等国家的地震工程专家先后提出了分类设防的抗震设计思想,即"小震不坏、中震可修、大震不倒"。这一抗震设计思想常表示为以下三个要求:在小震(多遇地震)作用下,结构物不需修理,仍可正常使用;在中震(偶遇地震)作用下,结构物无重大损坏,经修复后仍可继续使用;在大震(罕遇地震)作用下,结构物可能产生重大破坏,但不致倒塌。所谓的多遇地震、偶遇地震和罕遇地震都是相对的,主要由工程所在地区的地震活动性来决定。各地的地震活动性存在明显的差异,很难在这三种地震之间寻找一个统一的关系。

各国根据自己的国情,制定了不同的设防水准和设计方法。

我国《建筑抗震设计规范》(GB 50011—2010)就是采用三水准设防、两阶段设计方法:第一阶段设计取第一水准的地震动参数计算结构的弹性地震作用标准值和相应的地震作用效应,进行构件截面的承载力验算;第二阶段设计取第三水准的地震动参数进行结构薄弱部位的弹塑性层间变形验算并采取相应的构造措施。我国《公路桥梁抗震设计细则》(JTG/T B02-01—2008)以及《城市桥梁抗震设计规范》(CJJ 166—2011)分别给出了两个等级的地震动参数:E1地震作用和E2地震作用,进行两个阶段的抗震设计。

日本公路桥梁抗震设计规范(1996年最新修订版)中采用了两水准抗震设防、两阶段设计方法。对标准桥梁(A类桥),要求在其使用寿命期间发生的大概率地震动作用下,不出现有损桥梁健全的破坏现象;在其使用寿命期间发生的小概率强烈地震动作用下,不对桥梁产生致命的破坏。对特别重要桥梁(B类桥),除要求在其使用寿命期间发生的大概率地震动作用下,不出现有损桥梁健全的破坏现象外,还要求在其使用寿命期间发生的小概率强烈地震动作用下,仅对桥梁产生有限的损伤。

从20世纪90年代开始,我国已修建了不少特大跨度桥梁,如上海杨浦大桥、上海徐浦大桥、广东海湾二桥、广东虎门大桥、广东南澳大桥、江阴长江公路大桥、南京长江二桥、广东丫髻沙特大拱桥等。这些桥梁的抗震性能研究都单独立项进行,均采用了两水准设防、两阶段设计的抗震设计方法,用结构是否满足强度和延性要求来判断结构的抗震安全性。

3)三水准设防,三阶段设计

新西兰抗震设计规范采用三水准设防、三阶段设计的抗震设计方法。香港昂船洲大桥(主跨1 018m斜拉桥)也采用了三水准设防、三阶段设计的设计方法,用正常使用极限状态、承载能力极限状态和结构完整性极限状态相应的结构性能目标作为控制目标。

我国的《铁路工程抗震设计规范》(GB 50111—2006)分别规定了铁路工程构筑物应达到

的 3 个抗震性能标准,以及对应的构筑物设防目标和分析方法。

4)多水准设防、多性能目标的基于性能的抗震设计

Loma Prieta、Northridge、阪神大地震的震害表明:基于不倒塌的抗震设计在保护生命安全方面还是比较有效的,但难以避免巨大的经济损失。于是,美国学者提出了基于性能的抗震设计思想(Performance-Based Design Philosophy),而且越来越多的学者已认同将来的抗震设计应是基于性能的抗震设计。基于性能的抗震设计思想,主要包括结构抗震性能等级的定义、抗震性能目标的选择以及通过正确设计实现性能目标三部分。对于具体的工程结构,基于性能的抗震设计过程是:首先,设计人员提出几种抗震性能目标及对应的造价;其次,由社会团体或建设单位选择结构应达到的性能目标;最后由设计人员根据所选定的性能目标进行抗震设计,使结构满足预期的抗震性能目标。

基于性能的结构抗震设计,实际上是对人们早已认识的"多级抗震设防"思想的进一步细化。这一设计思想使抗震设防目标与设计过程直接相联系,设计工程师可以更准确地把握结构在不同的地震动水平下的实际性能,使所设计的结构更经济、合理。

但是,要真正实现基于性能的抗震设计,目前还需要在以下几方面进行大量的研究:①不同场地、不同超越概率设计地震的确定;②结构抗震性能等级的定量描述,进行工程设计时,用"不倒塌""确保生命安全"等定性的术语描述性能等级是远远不够的,工程人员需要的是可用于设计的、由工程术语明确表达的性能指标(如强度、变形、延性等);③在设计和性能校核过程中,需求与能力计算的研究,包括不同设计阶段所应采用的分析方法和与之相协调的分析模型的建立、不同性能等级下结构构件、附属物以及整个结构体系各力学参数的定量计算等。

3.1.3 桥梁工程抗震设防标准的确定

对于桥梁工程,抗震设防标准的科学决策非常困难,因为桥梁工程的地震损失分析,特别是由于桥梁工程遭到地震破坏而引起的经济损失和人员伤亡分析在目前条件下几乎无法进行。因此,现行的桥梁工程抗震设防标准,在很大程度上是依据人们的主观经验和判断决定的,一般考虑以下三个方面因素:

(1)桥梁的重要性、抢修和修复的难易程度。

(2)地震破坏后,桥梁结构功能丧失可能引起的损失。

(3)建设单位所能承担抗震防灾的最大经济能力。

在确定桥梁工程的抗震设防标准时,除了必须规定抗震设防水准外,还必须同时规定对应的结构性能目标。如采用统一的结构性能目标,则抗震设防标准就归结为抗震设防水准的确定。根据多级设防的抗震设计思想,由于桥梁的设防目标不是单一的,因此设防水准往往也不是单一的,而是多级的。

桥梁工程的抗震设防标准,可以是指行业的最低设防标准,由桥梁抗震设计规范规定,这主要是政府的行为和决策;也可以是指某个重大工程具体采用的抗震设防标准,应高于行业的最低标准,由建设单位进行决策和选择。

1)桥梁的最低抗震设防标准

桥梁的最低抗震设防标准,由相关的桥梁抗震设计规范规定,铁路桥梁、公路桥梁和城市桥梁的抗震设防标准,应分别满足现行《铁路工程抗震设计规范》(GB 50111—2006)、《公路

桥梁抗震设计细则》(JTG/T B02-01—2008)和《城市桥梁抗震设计规范》(CJJ 166—2011)的要求。

《公路桥梁抗震设计细则》(JTG/T B02-01—2008)和《城市桥梁抗震设计规范》(CJJ 166—2011)的结构抗震性能目标差别不大,但在设防地震概率水准上,后者稍大。

《公路桥梁抗震设计细则》(JTG/T B02-01—2008)根据公路等级及桥梁的重要性和修复(抢修)的难易程度,将桥梁划分为 A、B、C 和 D 四个抗震设防类别,其中 A 类桥梁是指单跨跨径超过 150m 的特大桥,B 类桥梁是指除 A 类以外的高速公路和一级公路上的桥梁及二级公路上的大桥、特大桥等,C 类桥梁是指 A 类、B 类、D 类以外的公路桥梁,D 类桥梁是指位于三、四级公路上的中桥、小桥。对各类别桥梁,基于场地的地震基本加速度,通过赋予不同的抗震重要性系数规定了 E1 和 E2 两级设防地震,对应的重现期如表 3.1 所示。此外,考虑到场地条件和设防环境对不同概率水平的地震动参数的影响,规范采用了场地系数来调整地震动加速度峰值,如表 3.2 所示。

各类桥梁的抗震重要性系数及对应的重现期　　　　　表 3.1

桥 梁 分 类	E1 地震作用		E2 地震作用	
	重要性系数	重现期(年)	重要性系数	重现期(年)
A	1.0	475	1.7	2 000
B	0.43(0.5)	75(100)	1.3(1.7)	1 000(2 000)
C	0.34	50	1.0	475
D	0.23	25	—	—

注:高速公路和一级公路上的大桥、特大桥,其抗震重要性系数取 B 类括号内的值。

场 地 系 数　　　　　表 3.2

场地类型 ＼ 设防烈度	6	7		8		9
	0.05g	0.10g	0.15g	0.20g	0.30g	0.40g
Ⅰ	1.2	1.0	0.9	0.9	0.9	0.9
Ⅱ	1.0	1.0	1.0	1.0	1.0	1.0
Ⅲ	1.1	1.3	1.2	1.2	1.0	1.0
Ⅳ	1.2	1.4	1.3	1.3	1.0	0.9

《城市桥梁抗震设计规范》(CJJ 166—2011)将桥梁按其在城市交通网络中位置的重要性以及承担的交通量,分为甲、乙、丙、丁四个抗震设防类别,其中,甲类桥梁是指悬索桥、斜拉桥以及主跨大于 150m 的大跨度拱桥,乙类桥梁是指交通网络中枢纽位置、快速路上的桥梁,丙类桥梁是指城市主干路和轨道交通桥梁,其他桥梁为丁类桥梁。对各类桥梁分别规定了 E1和 E2 两级设防地震参数:对于甲类桥梁,E1 和 E2 地震动参数应按地震安全性评价结果取值,其他各类桥梁的 E1 和 E2 地震动峰值加速度 a 的取值,则基于场地基本地震加速度值,乘以地震调整系数(表 3.3)得到。甲类桥梁的 E1 和 E2 地震相应的地震重现期分别为 475 年和2 500 年,乙、丙和丁类桥梁的 E1 地震作用是在《建筑结构抗震设计规范》(GB 50011—2010)中多遇地震(重现期 50 年)参数的基础上,分别乘以 1.7、1.3 和 1.0 的重要性系数得到的,而E2 地震作用直接采用《建筑结构抗震设计规范》(GB 50011—2010)中的罕遇地震(重现期2 000~2 450 年)。

各类桥梁 E1 和 E2 地震调整系数　　　　　　　　　　　　　表 3.3

桥梁分类	E1 地震作用				E2 地震作用			
	6 度	7 度	8 度	9 度	6 度	7 度	8 度	9 度
乙类	0.61	0.61	0.61	0.61	—	2.2(2.05)	2.0(1.7)	1.55
丙类	0.46	0.46	0.46	0.46	—	2.2(2.05)	2.0(1.7)	1.55
丁类	0.35	0.35	0.35	0.35	—	—	—	—

2)重大桥梁工程的抗震设防标准

对于重大的桥梁工程,其抗震设防标准可由建设单位根据工程重要性、自身经济能力和所能承受的风险水平进行选择报批,应不低于规范的抗震设防标准。但应强调的是,抗震设防标准应同时明确每一设防水准对应的结构性能要求以及验算指标。

重大桥梁工程往往包括主桥和引桥,其中主桥为大跨度桥梁,而引桥往往为梁式桥。在考虑桥梁工程的抗震设防标准,确定 E1、E2 两级地震概率水平及对应的性能要求时,主、引桥既要通盘考虑,又应有所区别。整个桥梁工程的最大设防地震是由 E2 地震决定的,在确定 E2 地震的概率水平时,应考虑到对于整个交通网来说,主、引桥同等重要,因为引桥对于主桥具有不可替代性,所以主、引桥应采用统一的概率水平。另一方面,应考虑到桥梁各部分结构的震后抢修和加固的难易程度有所不同,如引桥相对主桥而言,比较易于震后抢修和加固,而在主桥中,辅助墩和过渡墩又比主塔易于抢修和加固,对于比较容易抢修和加固的,可以采用较低的性能水平。

苏通长江大桥工程是一个特大型的桥梁工程,桥梁长度约 8 000m,包括主航道桥、港区专用航道桥和引桥三部分。其中,主航道桥为主跨 1 088m 的双塔斜拉桥,港区专用航道桥为主跨 268m 的预应力混凝土连续刚构,引桥为多联跨度分别为 30m、50m 和 75m 的多跨连续梁。这一工程投资巨大,而且是交通网络上的枢纽工程,在政治经济方面具有非常重要的地位,在抗震救灾中也将起着非常重要的作用,一旦在地震中遭到破坏,可能导致的生命财产以及间接经济损失将会非常巨大。因此,苏通长江大桥的抗震设计采用了较高的设防标准,并且根据各部分桥梁的重要性以及地震破坏后桥梁结构修复(抢修)的难易程度,对主航道桥、港区专用航道桥和引桥分别采用两种不同的设防标准,见表 3.4。桥梁抗震设防标准必须通过有效的校核手段得以实现,表 3.5 显示了苏通长江大桥各构件的目标性能校核。

苏通长江大桥的抗震设防标准　　　　　　　　　　　　　表 3.4

桥　　梁	抗震设防水准	结构性能目标
主航道桥	P1:重现期 1 000 年	结构处于弹性工作状态,震后不需修理即可正常通车
	P2:重现期 2 500 年	主塔允许出现不需修复的微小裂缝,边墩允许局部损坏,支座等连接构件正常工作,其他构件无损坏
引桥、专用航道桥	P1:重现期 500 年	桥墩允许出现不需修复的轻微损坏,其他受力构件完好,震后可正常通车
	P2:重现期 2 500 年	桥墩有限损坏,经抢修可恢复使用,永久性加固后可恢复正常运营,主梁、支座、基础正常工作

苏通大桥各结构构件的目标性能校核 表3.5

结 构 构 件		抗震设防水准	
		P1	P2
主航道桥	主塔	校核应力	校核承载能力
	斜拉索	—	校核应力
	钢主梁	—	校核应力
	支座	—	固定支座校核剪力、滑动支座校核位移
	边墩	校核应力	考虑延性折减后校核承载能力
	承台	校核应力	校核承载能力
	桩基础	校核应力	校核承载能力
	梁端	—	校核位移
引桥	主梁	—	校核应力
	支座	—	固定支座校核剪力、滑动支座校核位移
	桥墩	校核承载能力	考虑延性折减后校核承载能力
	基础	校核应力	校核承载能力
	梁端	—	校核位移

3.2 桥梁工程抗震设计流程

桥梁工程在其使用期内,要承受多种作用的影响,包括永久作用、可变作用和偶然作用三大类。地震是桥梁工程的一种偶然作用,在使用期内不一定会出现,但一旦出现,对结构的影响很大。桥梁工程必须首先确保运行功能,即满足永久作用和可变作用的要求,这是静力设计的目标。其次,保证桥梁工程在地震下的安全性也非常重要,因此要进行抗震设计。目前,桥梁工程的抗震设计一般配合静力设计进行,并贯穿桥梁结构设计的全过程。

与静力设计一样,桥梁工程的抗震设计也是一项综合性的工作。桥梁抗震设计的任务,是选择合理的结构形式,并为结构提供较强的抗震能力。具体来说,要正确选择能够有效地抵抗地震作用的结构形式,合理地分配结构的刚度、质量和阻尼等,并正确估计地震可能对结构造成的破坏,以便通过结构、构造和其他抗震措施,将损失控制在限定的范围内。

桥梁工程的抗震设计过程一般包括7个步骤,即抗震设防标准确定、地震动输入选择、抗震概念设计、延性抗震设计(或减隔震设计)、地震反应分析、抗震性能验算以及抗震措施选择,如图3.2所示。其中,虚框中的部分工作量最大,也最为复杂。如果采用两级设防的抗震设计思想,虚框中的地震反应分析和抗震验算就要做两次循环,即对应于每一个设防水准,进行一次地震反应分析,并进行相应的抗震性能验算,直到结构的抗震性能满足要求。

桥梁工程的抗震设防标准确定可参照本章第1节的内容,需要注意的是,规范所规定的桥梁抗震设防标准是一种最低标准,对于实际桥梁结构的抗震设防标准选择可以根据实际需要选择更高的标准。而地震动输入选择和抗震概念设计将分别在本章第3、4节进行阐述。抗震设防标准和地震动输入的选择可以看作是桥梁抗震设计的准备工作,而抗震概念设计则是为了给后续依赖于数值计算的设计选择一个合适的结构形式,以便更好地完成抗震设计。

常规桥梁的抗震设计,可以采用两种抗震设计策略,即延性抗震设计和减隔震设计。对于延性抗震设计,桥梁的弹塑性变形、耗能部位通常位于桥墩;而对于减隔震设计,桥梁的耗能部位通常位于桥梁上、下部之间的连接构件(如支座、耗能装置等),结构构件则基本在弹性范围工作。这两种抗震设计策略的设计思想、设计计算内容和性能验算有很大的差别,将分别在第5、6章进行阐述。而两种抗震设计策略共同涉及的地震反应分析问题,本书将在第4章进行阐述,重点介绍地震反应分析方法和动力分析模型的建立。

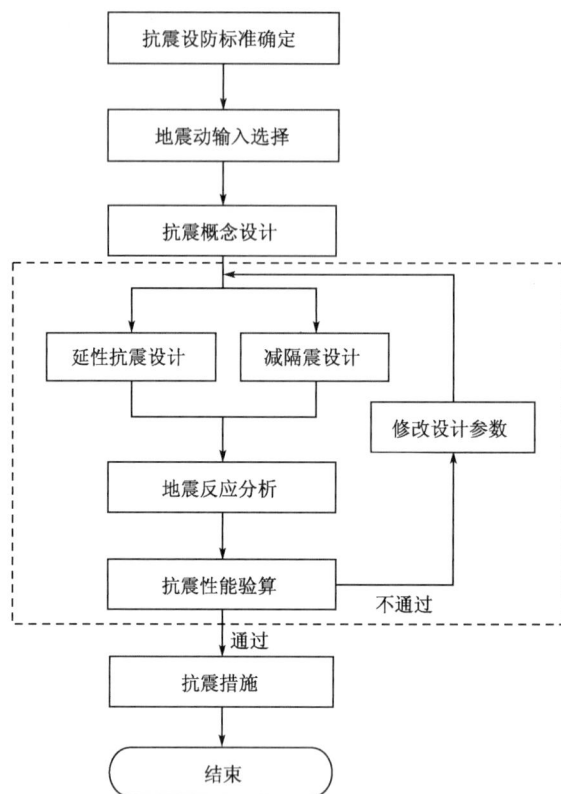

图3.2 桥梁工程抗震设计流程图

完成桥梁的抗震性能验算之后,还有非常重要的最后一步,即选择合理的抗震措施,主要涉及支承连接部位支承宽度设计、各种防落梁装置设计以及碰撞缓冲设计等,具体可参照第2章第6节的内容,并应满足相关抗震规范的要求。

3.3 地震动输入的选择

地震动输入是进行结构地震反应分析的依据。结构的地震反应以及破坏与否,除与结构的动力特性、弹塑性变形性质、变形能力有关外,还和地震动的特性(如幅值、频谱特性和持续时间等)密切相关。

一般桥梁工程的地震动输入,可以基于《中国地震动参数区划图》(GB 18306—2015)直接根据桥梁抗震设计规范确定;而重大桥梁工程、位于地震动参数区划分界线附近以及复杂工程地质条件区域桥梁的地震动输入,则应做专门的场地地震安全性评价,然后根据地震安全性评价报告来确定。

3.3.1 中国地震动参数区划图

近几十年来的地震灾害表明,宏观的地震烈度含义已越来越不清晰,而且也不能合理地描述不同地区可能遭受的地震作用。因此从20世纪60年代起,各国抗震设计规范都在从烈度区划向地震动参数区划过渡。

2015年5月15日,国家质量监督检验检疫总局和国家标准化管理委员会批准发布了《中国地震动参数区划图》(GB 18306—2015),该标准于2016年6月1日开始实施。与旧版地震区划图相比,新版区划图基础资料更加扎实,技术依据更加充分,提出了地震动参数土层双调整原则及其参数调整表,明确了四级地震作用及相应的地震动参数。新版区划图给出了除港澳台地区以外的全国城镇Ⅱ类场地的基本地震动参数,其中地震动参数明确到乡镇。

该图作为有关地震安全的全文强制性国家标准,适用于一般建设工程的抗震设防,以及社会经济发展规划和国土利用规划、防灾减灾规划、环境保护规划等相关规划的编制。

《中国地震动参数区划图》(GB 18306—2015)以峰值加速度和反应谱特征周期为技术指标对国土按照可能遭受地震影响的危险程度进行区域划分,包括:

(1)中国地震动峰值加速度区划图和中国地震动反应谱特征周期区划图,给出Ⅱ类场地条件下基本地震动(地震重现期475年)峰值加速度分区值和基本地震动加速度反应谱特征周期分区值。

(2)I_0、I_1、Ⅲ和Ⅳ类场地地震动峰值加速度应根据Ⅱ类场地地震动峰值加速度进行调整。

(3)I_0、I_1、Ⅲ和Ⅳ类场地基本地震动加速度反应谱特征周期应根据Ⅱ类场地基本地震动加速度反应谱特征周期进行调整。

图3.3a)、b)分别显示了四川部分地区的中国地震动峰值加速度区划图和反应谱特征周期区划图。

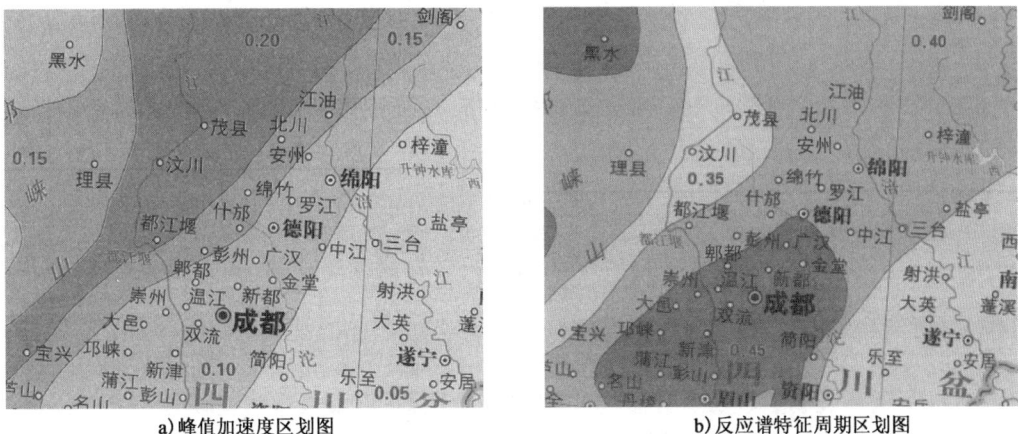

a)峰值加速度区划图　　　　　　　b)反应谱特征周期区划图

图3.3　中国地震动参数区划图(四川部分地区)

I_0、I_1、III 和 IV 类场地地震动峰值加速度可根据 II 类场地地震动峰值加速度乘以场地地震动峰值加速度调整系数得到,其中,场地地震动峰值加速度调整系数可按表 3.6 所给值分段线性插值确定。

场地地震动峰值加速度调整系数　表 3.6

II 类场地地震动峰值加速度值	场 地 类 别				
	I_0	I_1	II	III	IV
$\leq 0.05g$	0.72	0.80	1.00	1.30	1.25
$0.10g$	0.74	0.82	1.00	1.25	1.20
$0.15g$	0.75	0.83	1.00	1.15	1.10
$0.20g$	0.76	0.85	1.00	1.00	1.00
$0.30g$	0.85	0.95	1.00	1.00	0.95
$\geq 0.40g$	0.90	1.00	1.00	1.00	0.90

表 3.7 则为四类场地的地震动反应谱特征周期调整表。需要说明的是,中国地震动反应谱特征周期区划图针对 II 类场地,将特征周期分为 0.35s、0.40s、0.45s 三组,而局部场地条件对反应谱特征周期的影响很大,所以区划图中的特征周期还需要根据桥址场地类型,进一步按表 3.7 进行调整后才能用于桥梁的抗震设计。

中国地震动反应谱特征周期调整表　表 3.7

设计地震分组	场 地 类 别				
	I_0	I_1	II	III	IV
第一组	0.20	0.25	0.35	0.45	0.65
第二组	0.25	0.30	0.40	0.55	0.75
第三组	0.30	0.35	0.45	0.65	0.90

3.3.2　桥梁场地地震安全性评价

地震安全性评价是指对具体建设工程地区或场址周围的地震地质、地球物理、地震活动性、地形变化等进行研究,采用地震危险性概率分析方法,按照工程应采用的风险概率水准,科学地给出相应的工程规划和设计所需的有关抗震设防要求的地震动参数和基础资料。

地震安全性评价工作一般包括地震危险性分析、场地土层地震反应分析和场地的地震地质灾害评价三部分。

地震危险性是指某一场地(或某一区域、地区、国家)在一定时期内可能遭受到的最大地震破坏影响,可以用地震烈度或地面运动参数来表示。目前,场地的地震危险性分析普遍采用概率方法,具体要求包括:查明工程场地周围地震环境和地震活动性,判定并划分出潜在震源的位置、规模和地震活动频度,给出可能的震源模式,确定各潜在震源的发震概率,最后根据地震动衰减规律和地震危险性分析的概率模型,计算出场地不同地震动参数的概率曲线,给出不同概率水准下的地震动参数峰值,得到基岩的地震反应谱,以及地震持续时间。

将地震危险性分析得到的基岩地震加速度反应谱进行标准化处理,得到目标反应谱,进一步合成基岩加速度时程,作为场地地震反应分析的地震输入。对于水平成层、横向不均匀性较小的场地,可采用一维剪切模型进行场地土层地震反应分析,该模型为覆盖在基岩上的一系列完全理想的已知层厚、土特性的水平成层模型,如图3.4所示。但对于存在局部地形等影响、横向不均匀性较大的场地,则需采用二维甚至三维模型进行场地土层地震反应分析。通过场地的地震反应分析,可以得到各土层的地震加速度时程,并进一步换算为地震加速度反应谱,经标准化后可得到设计加速度反应谱,供工程结构的抗震设计采用。另外,还要以设计加速度反应谱为目标,拟合出符合工程结构抗震设计要求的地震加速度时程。

地震安全性评价工作的结果,经授权的评审机构审定通过后,按照分级负责的原则由相应的县级以上人民政府负责管理地震工作的部门或者机构根据审定的结果,综合工程的类别和重要程度确定建设工程抗震设防要求,具有法定效力。

关于地震安全性评价的详细内容,可参考《工程场地地震安全性评价》(GB 17741—2005)。

3.3.3 设计地震动参数选择

在确定性地震反应分析中,一般采用两种地震动输入,即地震加速度反应谱和地震动加速度时程。采用反应谱方法进行地震反应分析时,一般采用地震加速度反应谱作为地震输入;而采用动态时程法进行地震反应分析时,一般采用地震动加速度时程作为地震输入。

1)地震加速度反应谱

做过地震安全性评价的桥梁场地,可以选取地震安全性评价报告提供的设计反应谱作为地震输入;而未做场地地震安全性评价的桥梁场地,一般选取现行桥梁抗震规范规定的反应谱作为地震输入。

由于诸多随机因素的影响,使得由不同记录计算得到的反应谱具有很大的随机性。为此,各国规范的反应谱一般是根据很多条地震记录统计平均后,进行一定的平滑处理后得到的。

我国《公路桥梁抗震设计细则》(JTG/T B02-01—2008)采用的反应谱是通过对823条水平强震记录统计分析得到的,并将有效周期成分延长至10s,其对应阻尼比为0.05的水平加速度反应谱(图3.5)由下式确定:

$$S = \begin{cases} S_{\max}(5.5T + 0.45) & T < 0.1s \\ S_{\max} & 0.1s \leqslant T < T_g \\ S_{\max}\left(\dfrac{T_g}{T}\right) & T \geqslant T_g \end{cases} \tag{3.2}$$

$$S_{\max} = 2.25 C_i C_s C_d A \tag{3.3}$$

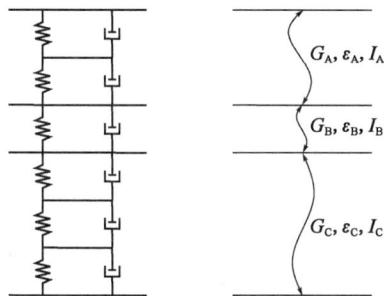

图3.4 场地土—维剪切模型

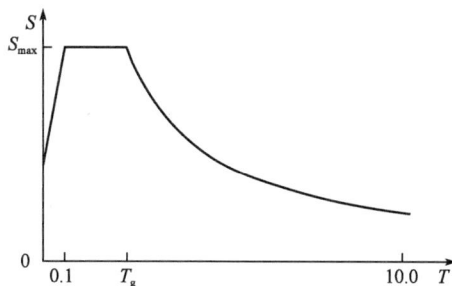

图3.5 水平设计加速度反应谱

式中,T_g 为反应谱特征周期(根据地震动参数区划图选取);T 为结构自振周期;S_{max} 为水平设计加速度反应谱最大值;C_i 为地震设防的重要性系数(见表 3.1);C_s 为场地系数(见表 3.2);C_d 为阻尼调整系数[式(3.4)],A 为水平向设计基本地震动加速度峰值(根据地震动参数区划图选取)。

$$C_d = 1 + \frac{0.05 - \zeta}{0.06 + 1.7\zeta} \geqslant 0.55 \tag{3.4}$$

式中,ζ 为结构实际阻尼比。

我国《城市桥梁抗震设计规范》(CJJ 166—2011)则采用了与《建筑抗震设计规范》(GB 50011—2010)相同的反应谱形式,有效周期成分至 6s,分别在 $T_g \sim 5T_g$ 区段和 $5T_g \sim 6s$ 区段采用不同的下降段,其水平设计加速度反应谱值 S(图 3.6)由下式确定:

$$S = \begin{cases} 10(\eta_2 - 0.45)S_{max}T + 0.45S_{max} & 0 < T \leqslant 0.1\text{s} \\ \eta_2 S_{max} & 0.1\text{s} < T \leqslant T_g \\ \eta_2 S_{max}\left(\dfrac{T_g}{T}\right)^{\gamma} & T_g < T \leqslant 5T_g \\ [\eta_2 0.2^{\gamma} - \eta_1(T - 5T_g)]S_{max} & 5T_g < T \leqslant 6\text{s} \end{cases} \tag{3.5}$$

式中,T_g 为特征周期,根据地震动参数区划图选取,其中计算 8、9 度 E2 地震作用时,特征周期宜增加 0.05s;η_2 为结构的阻尼调整系数,阻尼比为 0.05 时取 1.0,阻尼比不等于 0.05 时按式(3.6)计算;γ 为 $T_g \sim 5T_g$ 区段曲线衰减指数,阻尼比 0.05 时取 0.9,阻尼比不等于0.05 时按式(3.7)计算;η_1 为 $5T_g \sim 6s$ 区段直线下降段下降斜率调整系数,阻尼比为 0.05 时取 0.02,阻尼比不等于 0.05 时式(3.8)计算;T 为结构自振周期;S_{max} 为水平设计加速度反应谱最大值,按式(3.9)计算。

$$\eta_2 = 1 + \frac{0.05 - \zeta}{0.06 + 1.7\zeta} \tag{3.6}$$

$$\gamma = 0.9 + \frac{0.05 - \zeta}{0.5 + 5\zeta} \tag{3.7}$$

$$\eta_1 = 0.02 + \frac{0.05 - \zeta}{8} \tag{3.8}$$

$$S_{max} = 2.25A \tag{3.9}$$

式中,ζ 为结构实际阻尼比;A 为 E1 或 E2 地震作用下水平向地震动峰值加速度。

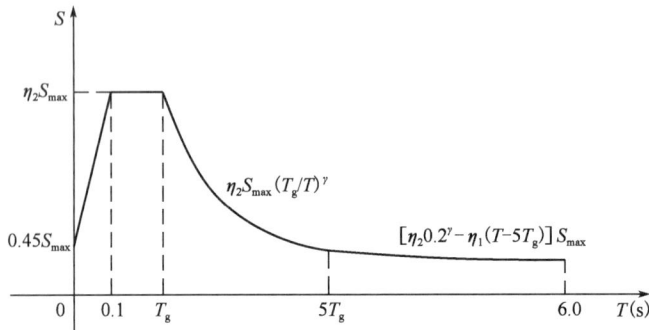

图 3.6 水平设计加速度反应谱

对于竖向地震作用,我国《公路桥梁抗震设计细则》(JTG/T B02-01—2008)和《城市桥梁抗震设计规范》(CJJ 166—2011)均采用竖向地震动加速度反应谱,由水平向设计加速度反应谱乘以竖向/水平向谱比函数 R 得到。其中,基岩场地 R 取 0.65,一般土层场地根据下式取值:

$$R = \begin{cases} 1.0 & T < 0.1\mathrm{s} \\ 1.0 - 2.5(T - 0.1) & 0.1\mathrm{s} \leqslant T < 0.3\mathrm{s} \\ 0.5 & T \geqslant 0.3\mathrm{s} \end{cases} \tag{3.10}$$

式中,T 为结构自振周期。

我国《城市轨道交通结构抗震设计规范》(GB 50909—2014)采用的反应谱是在《建筑抗震设计规范》(GB 50011—2010)的反应谱基础上进行部分调整得到的,其水平设计加速度反应谱值 S(图 3.7)由下式确定:

$$S = \begin{cases} a_{\max} & T = 0\mathrm{s} \\ \eta\beta_{\mathrm{m}}a_{\max} & 0.1\mathrm{s} < T \leqslant T_{\mathrm{g}} \\ \left(\dfrac{T_{\mathrm{g}}}{T}\right)^{\gamma}\eta\beta_{\mathrm{m}}a_{\max} & T_{\mathrm{g}} < T \leqslant 6\mathrm{s} \end{cases} \tag{3.11}$$

式中,T_{g} 为特征周期,根据地震动参数区划图选取;η 为结构的阻尼调整系数,阻尼比为 0.05 时取 1.0,阻尼比不等于 0.05 时,按式(3.12)计算,且当计算值小于 0.55 时取 0.55;γ 为下降段的衰减指数,当结构阻尼比为 0.05 时取 1.0,阻尼比不等于 0.05 时,按式(3.13)计算;β_{m} 为场地设计地震动加速度反应谱动力放大系数最大值,取 2.5;$a_{\max}$ 为工程场地地表水平向设计地震动峰值加速度,按式(3.14)计算;为结构自振周期。

$$\eta = 1.0 + \frac{0.05 - \xi}{0.08 + 1.6\xi} \tag{3.12}$$

$$\gamma = 1.0 + \frac{0.05 - \xi}{0.3 + 6\xi} \tag{3.13}$$

$$a_{\max} = a_{\max\mathrm{II}}\Gamma_{\mathrm{a}} \tag{3.14}$$

式中,ξ 为结构阻尼比;$a_{\max\mathrm{II}}$ 为 II 类场地设计地震动峰值加速度;Γ_{a} 为场地地震动峰值加速度调整系数。

2)地震动加速度时程

目前,在桥梁抗震设计中,地震动加速度时程的选择主要有三种方法,即直接利用强震记录、采用人工地震加速度时程和规范标准化地震加速度时程。选择加速度时程时,必须把握住三个特征,即加速度峰值的大小、波形和强震持续时间。

在选择强震记录时,除了最大峰值加速度应符合桥梁所在地区的设防要求外,场地条件也应尽量接近,也就是该地震波的主要周期应尽量接近于桥址场地的卓越周期。对于强震

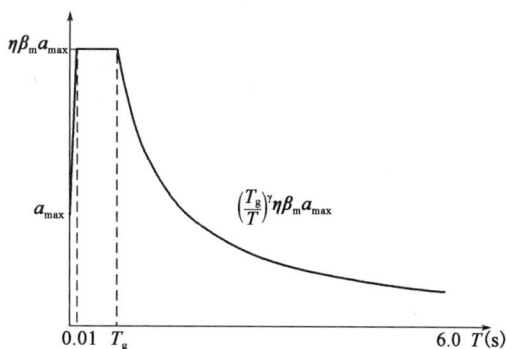

图 3.7 水平设计加速度反应谱

持续时间,原则上应采用持续时间较长的地震记录。如果能获得桥址场地附近同类地质条件下的强震记录,则是最佳选择,应优先采用。

人工地震加速度时程是根据随机振动理论产生的符合所需统计特征(如加速度峰值、频谱特性、持续时间等)的地震加速度时程。生成人工地震加速度时程的途径可以有两个,一是以规范设计反应谱为目标拟合而成,并确保两者之间的一致性;二是对建桥桥址场地进行地震安全性评价,以提供场地的人工地震加速度时程。

规范标准化地震加速度时程由相关的规范提供,如日本桥梁抗震规范就提供了18组地震加速度时程供选用。

对于近断层场地,由于震源机制、断层破裂方向与场地的关系和断裂面相对滑动方向等因素,近断层地震动会表现出与一般远场地震动不同的性质。其最显著的特点是方向效应和滑冲效应引起的脉冲型地面运动,并且以速度脉冲型运动最为常见。图3.8a)、b)分别显示了1979年Imprial Vally地震在El Centro Array 5号(EC05)台站以及1992年Landers地震在Lucerne Valley(LUC)台站记录到的地震加速度、速度以及位移时程。从时程曲线可以看到,近场地震动含有明显的速度脉冲,同时会造成永久的地面位移。因此,对于近断层场地的地震动时程选择还应考虑到具有合适的近断层特征。

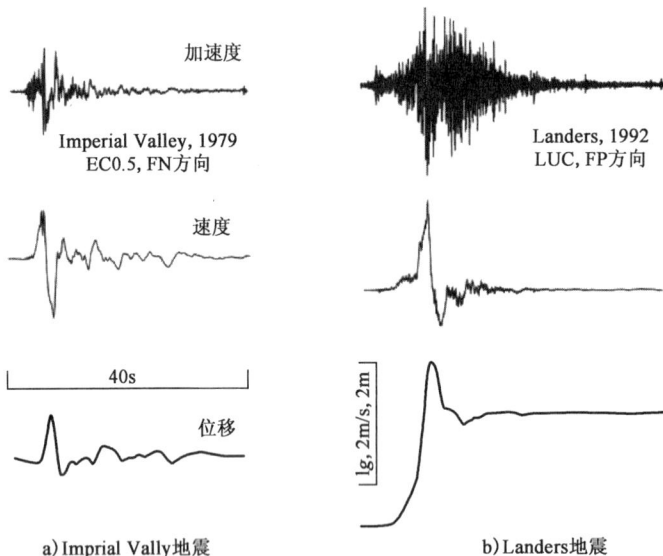

图3.8 近场地震动加速度、速度以及位移时程曲线

需要特别指出的是,采用地震加速度时程进行地震反应分析时,一般要选取多组地震加速度时程以供比较分析,如美国AASHTO规范规定为5组,我国《公路桥梁抗震设计细则》(JTG/T B02-01—2008)和《城市桥梁抗震设计规范》(CJJ 166—2011)均规定不得少于3组(对于地震反应分析结果,3组须取最大值,7组可取平均值)。

3)以设计反应谱为目标的地震加速度时程拟合

我国《公路桥梁抗震设计细则》(JTG/T B02-01—2008)和《城市桥梁抗震设计规范》(CJJ 166—2011)均规定:"未进行地震安全性评价的桥址,可以以规范设计加速度反应谱为目标拟合设计加速度时程;也可选用与设定地震震级、距离、场地特性大体相近的实际地震动加速度记录,通过时域方法调整,使其加速度反应谱与本规范设计加速度反应谱匹配"。因此,对未进行地震安全性评价的桥址上的桥梁进行地震反应分析时,需要解决地震加速度时程的拟合或调整问题,目标均是与设计反应谱相匹配。而在工程场地的地震安全性评价报告中,也需要以设计反应谱为目标拟合出符合抗震设计要求的地震加速度时程。

人工拟合地震加速度时程的方法主要有三种,即三角级数法、随机脉冲法和自回归法。在工程实际中,应用最为广泛的为 Scalan 和 Sachs 在 1974 年提出的用三角级数迭加的方法。三角级数法的基本思想是用一组三角级数之和构造一个近似的平稳高斯过程,然后乘以强度包线,以得到非平稳的地面运动加速度时程。

以设计反应谱为目标拟合地震加速度时程时,实际上是要使时程对应的反应谱值在某些选定的周期点上与目标反应谱满足一定的误差,一般要求 5%。需要控制的目标反应谱点数,即设计反应谱 $S_a^T(T)$ $(T = T_1, \cdots, T_N)$ 的坐标点数 N,一般可采用 40~80,而且 $T_1, \cdots, T_N$ 应尽量在周期的对数坐标上均匀分布。

在地震加速度拟合中,一般要求控制三个要素,即加速度峰值 a_{max}、反应谱 $S_a(\omega)$ 和强度包络线 $f(t)$。其中,时程的强度包络线不仅控制持续时间,还给出时程强度的变化规律。常用的模型为:

$$a(t) = f(t) \sum_{k=0}^{n} A_k \cdot \cos(\omega_k t + \varphi_k) \tag{3.15}$$

式中,A_k、ω_k 分别为第 k 个频率分量的幅值和频率;相位角 φ_k 为 $(0, 2\pi)$ 区间内均匀分布的随机变量。

根据这一模型,首先要构造一个零均值的平稳高斯过程,即:

$$X(t) = \sum_{k=0}^{n} A_k \cdot \cos(\omega_k t + \varphi_k) \tag{3.16}$$

其中,三角级数各分量幅值一般可以由给定的功率谱密度函数求得:

$$A_k = \sqrt{4 \cdot S(\omega_k) \cdot \Delta\omega} \tag{3.17}$$

式中,$S(\omega_k)$ 为功率谱;$\Delta\omega = 2\pi/T$;$\omega_k = 2\pi k/T$;T 为随机过程 $X(t)$ 的持续时间。

式(3.17)中的功率谱可以利用反应谱与功率谱的近似转换关系,由目标反应谱转换得到,转换关系为:

$$S(\omega) = \frac{\xi}{\pi\omega} \cdot [S_a^T(\omega)]^2 \cdot \frac{1}{-\ln\left[\dfrac{-\pi}{\omega T}\ln(1-P)\right]} \tag{3.18}$$

式中,$S_a^T(\omega)$ 为给定的目标加速度反应谱;ξ 为阻尼比;P 为反应不超过反应谱值的概率,一般可取 $P \geq 0.85$;T 为持续时间。

在数值计算中,通常用快速傅立叶变换(FFT)技术进行三角级数求和,这时,把式(3.16)写成傅立叶变换的形式:

$$X(t) = \sum_{k=0}^{N-1} A(\omega_k) \cdot e^{i\omega_k t} \tag{3.19}$$

式中,$A(\omega_k)$ 为 $X(t)$ 的傅立叶幅值谱,由式(3.17)可得:

$$A(\omega_k) = FS(\omega_k) e^{i\varphi_k} \tag{3.20}$$

式中,$FS(\omega_k)$ 为幅值谱;φ_k 为相位谱,并有:

$$FS(\omega_k) = \begin{cases} \sqrt{4 \cdot S(\omega_k) \cdot \Delta\omega} & k = 0, \dfrac{N}{2} \\ \sqrt{S(\omega_k) \cdot \Delta\omega} & k = 1, \cdots, \dfrac{N}{2} - 1 \end{cases}$$

$$A(\omega_k) = A^*(\omega_{N-1}) \qquad k = \frac{N}{2} + 1, \cdots, N - 1 \tag{3.21}$$

式中，$A^*(\omega_{N-1})$ 为 $A(\omega_k)$ 的共轭。

对式(3.20)进行傅立叶逆变换即可得到式(3.16)所示的平稳高斯过程。

式(3.15)中的非平稳强度包络线可选取如图3.9所示的常用形式，其表达式为：

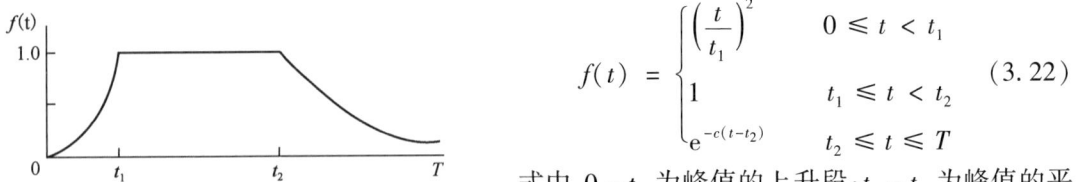

$$f(t) = \begin{cases} \left(\dfrac{t}{t_1}\right)^2 & 0 \leq t < t_1 \\ 1 & t_1 \leq t < t_2 \\ e^{-c(t-t_2)} & t_2 \leq t \leq T \end{cases} \tag{3.22}$$

图3.9 强度包络线

式中，$0 \sim t_1$ 为峰值的上升段；$t_1 \sim t_2$ 为峰值的平稳段；T 为持续时间；c 为峰值的衰减系数。

地震动持时参数的确定可采用霍俊荣提出的统计公式：

$$\lg Y = -a_1 + a_2 M + a_3 \lg(R + R_0)$$

式中，Y 为地震动持时参数，可以是 t_1、T_s、c 之一；T_s 为峰值的平稳段持时，即 $t_2 - t_1$；M 为等效震级；R 为等效震距。

考虑对桥梁工程场地地震危险性分析影响较大的潜在震源的震级上限和离开场址的距离，可综合研究确定地震动加速度时程的形状函数。

将式(3.22)和式(3.16)相乘，即可得到式(3.15)所示的地震动 $a(t)$ 的初始过程。

由于式(3.18)表示的反应谱与功率谱的关系是近似的，式(3.21)表示的傅立叶幅值谱与功率谱的关系是概率平均关系，所以初始过程 $a(t)$ 对应的反应谱一般只近似于目标反应谱，符合的程度也是概率平均的。

为了提高地震动加速度时程的拟合精度，还需要进行迭代。通用的方法是按下式调整式(3.15)中的傅立叶幅值谱：

$$A^{i+1}(\omega_k) = \frac{S_a^T(\omega_j)}{S_a(\omega_j)} A^i(\omega_k) \qquad N_{1j} < k \leq N_{2j} \tag{3.23}$$

式中，$A^i(\omega_k)$、$A^{i+1}(\omega_k)$ 分别是第 i 次和 $i+1$ 次迭代的结果；$S_a^T(\omega_j)$、$S_a(\omega_j)$ 分别为第 j 个控制点的目标谱和计算反应谱。

采用这一方法对幅值谱调整仅局限在控制频率 ω_j 附近的 $N_{1j} \sim N_{2j}$ 个傅立叶分量。通常，ω_{1j} 和 ω_{2j} 按下述方法选取：

$$\begin{cases} \omega_{1j} = \dfrac{1}{2}(\omega_{j-1} + \omega_j) \\ \omega_{2j} = \dfrac{1}{2}(\omega_j + \omega_{j+1}) \end{cases} \tag{3.24}$$

频段 $\omega_{1j} \sim \omega_{2j}$ 为 ω_j 的主控频段(图3.10)，对于目标谱控制点 ω_j，迭代运算时只改变主控频段的幅值谱。

对幅值谱进行多次迭代修正，可使计算反应谱向目标谱逼近，直到反应谱在控制点处的最大误差小于或等于允许的误差，即可完成地震动加速度时程的拟合。

上述方法为地震加速度时程拟合的常用方法，其具体步骤可用图3.11所示的框图来表示。

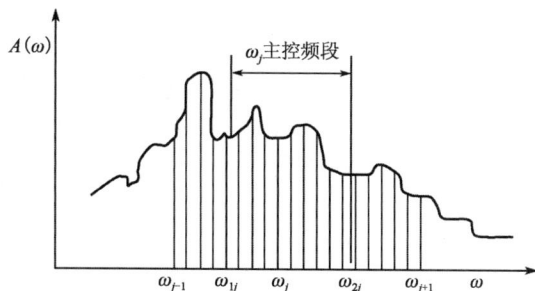

图 3.10 主控频段示意图

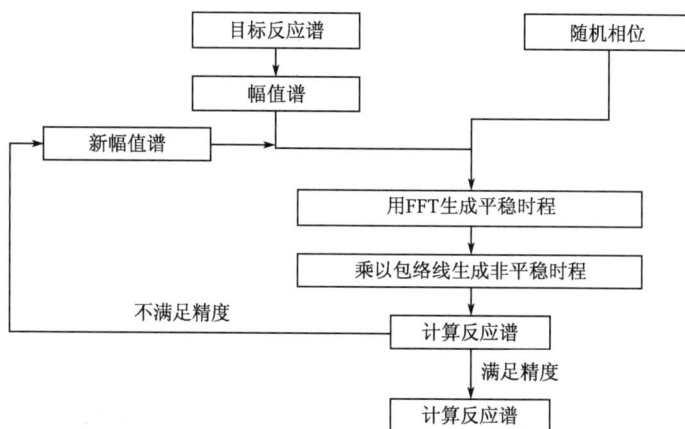

图 3.11 地震加速度拟合框图

在地震加速度时程拟合或调整时,如何快速地使计算反应谱向目标谱逼近最为关键。采用前述的幅值谱调整法时,有时会遇到个别控制点的误差经过多次迭代也无法满足精度的情况,这和随机相位的选取有很大关系。如果对拟合的精度要求较高,或者对长周期分量比较关注,则可以采用胡事贤等提出的改进的幅值调整法和相位调整法进行迭代。

图 3.12a)所示为依据图 3.12b)中的目标反应谱人工拟合得到的地震波,图 3.12a)所示为依据图 3.12b)中的目标反应谱人工拟合得到的地震加速度过程,图 3.12b)为目标反应谱与人工地震加速度时程拟合的反应谱之间的对比情况,可见两者符合较好。

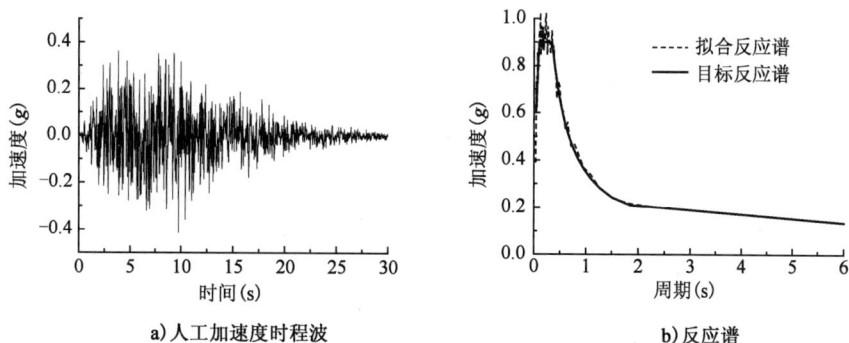

a)人工加速度时程波

b)反应谱

图 3.12 人工加速度时程与反应谱

3.3.4 地震动输入模式

地震具有很强的随机性。地震发生时,不仅其大小是随机的,其方向也是随机的。在地震反应分析时,需要选择最不利的方向进行地震输入,包括水平向和竖向。

在一般桥梁的地震反应分析中,可只考虑水平向地震作用,而且直线桥梁可分别考虑顺桥向和横桥向的地震作用,并分别进行验算,不考虑正交地震力的组合。对于曲线桥梁,则需要寻找最不利输入方向下的地震反应。一般的方法是,分别沿相邻两桥墩连线方向和垂直于连线水平方向进行多方向地震输入,比较地震反应的结果,以确定最不利地震水平输入方向,再进行地震反应分析。

关于竖向地震输入,我国《公路桥梁抗震设计细则》(JTG/T B02-01—2008)以及《城市桥梁抗震设计规范》(CJJ 166—2011)都规定,抗震设防烈度为 8 度和 9 度时的拱式结构、长悬臂桥梁结构和大跨度结构,以及竖向作用引起的地震效应很重要时,应考虑竖向地震的作用。其中,拱桥对于竖向地震动非常敏感,一般都应考虑两种方式,如纵桥向 + 竖向、横桥向 + 竖向。

另一方面,地震动具有空间变化特性。地震时,桥梁各支承点处的实际地震动是不一致的。在实际工程的地震反应分析中,根据对地震动空间变化特性的考虑与否,又可将地震动的输入方式分为同步、不同步多点输入。对于中、小桥梁,可假设所有支承点上的水平地面运动都是相同的,因而进行同步输入。对于桥梁长度(或单跨跨度)很大的桥梁,各支承点可能位于显著不同的场地土上,由此导致各支承处输入地震动的不同,在地震反应分析中就要考虑多支承不同激励,简称多点激振。即使场地土情况变化不大,也可能因地震动沿桥纵轴向先后到达的时间差,引起各支承处输入地震时程的相位差,简称行波效应,如图 3.13 所示。欧洲规范指出,当存在地质不连续或明显的不同地貌特征,或桥长大于 600m 时,要考虑地震运动的空间变化性。又如,当桥梁墩台具有深基础(如桩基),有时需要考虑多点不同步输入的问题,如图 3.14 所示。

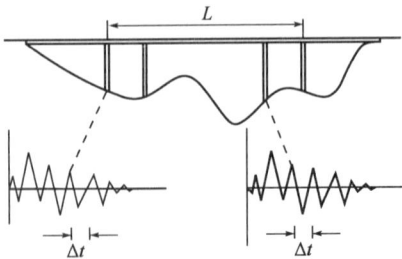

图 3.13 各支承点的地震动相位差

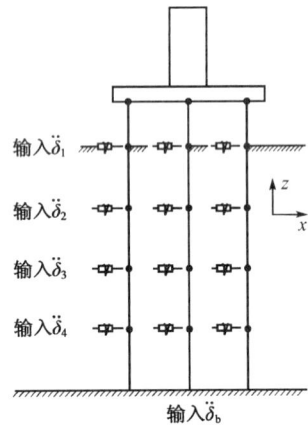

图 3.14 桩基础的多点不同步激振

3.3.5 地震作用组合

地震作用属于偶然作用,通常只与永久作用进行组合。永久作用通常包括结构重力(恒载)、预应力、土压力、水压力,而地震作用通常包括地震动的作用和地震土压力、水压力等。

进行桥梁抗震设计时,应进行包括各种作用效应的最不利组合。

在地震作用下,除了结构内力反应以外,支座以及梁端等的位移反应需要特别关注。为防止发生支座脱落或落梁震害,我国《城市桥梁抗震设计规范》(CJJ 166—2011)规定在进行支座位移验算时,还应考虑50%均匀温度作用效应。

对于轨道交通桥梁,还应该考虑部分活载的作用。我国《铁路工程抗震设计规范》(GB 50111—2006)以及《城市桥梁抗震设计规范》(CJJ 166—2011)均规定,轨道交通桥梁应按有车和无车分别进行分析和验算。当桥上有车时,顺桥方向,由于车轮的作用,地面运动的加速度很难传递到列车上,因此顺桥向不计活载所产生的水平地震力;活载竖向力应按列车竖向静活载的100%计入;活载的横向地震力,考虑车架弹簧对横向振动有一定的消能作用,而且地震的主要振动方向也不一定与横向一致,因此横桥向计入50%活载引起的地震力,作用于轨顶以上2m处。

3.4 桥梁结构抗震概念设计

地震作用是一种不规则的循环往复荷载,且具有很强的随机性,而桥梁结构的地震破坏机理十分复杂。目前人们对地震动和结构地震破坏的认识尚不充分,因此,要进行精确的抗震设计很困难。

20世纪70年代以来,人们在总结地震灾害经验中提出了"概念设计"(Conceptual Design)的思想,并认为它比"数值设计"(Numerical Design)更为重要。抗震概念设计是指根据地震灾害和工程经验等获得的基本设计原则和设计思想,正确地解决结构总体方案、材料使用和细部构造,以达到合理抗震设计的目的。合理的抗震设计,要求设计出来的结构,在强度、刚度和延性等指标上有最佳的组合,使结构能够经济地实现抗震设防的目标。

抗震"概念设计"是从概念上,特别是从结构总体上考虑抗震的工程决策;"数值设计"主要是地震作用计算、构件强度验算、结构和支座变形验算等。应当指出,强调概念设计重要,并非不重视数值计算,而是为了给抗震计算创造有利条件,使计算分析结果更能反映地震时结构反应的实际情况。这两者是相辅相成的,作为一个正确的抗震设计,必须重视抗震概念设计,灵活而又合理地运用抗震设计思想。

桥梁抗震概念设计阶段的首要任务是针对拟建桥梁进行一个合理抗震选型,然后在此基础上选择良好的抗震结构体系。

3.4.1 桥梁结构合理抗震选型

对拟建桥梁进行广泛意义上的合理抗震选型,应从减轻地震作用和提高结构抗震性能两个方向入手,具体包括以下几个方面:

1)选择桥位时,应尽量避开抗震危险地段,充分利用抗震有利地段

桥梁工程抗震设防的主要对象是构造地震,而构造地震与地质构造密切相关。在发震断层及其邻近地段,不仅地震烈度高,而且强烈地震往往还会引起地表错动,对桥梁工程有极大的破坏作用,应尽量避开。

除了地质构造条件以外,局部的工程地质、水文地质、地基土质、地形等场地条件对桥梁工

程的震害也有很大影响。地震时可能发生大规模滑坡、崩塌等的不良地质地段,也应尽量避开。因为强烈地震引起的大规模滑坡、崩塌不仅具有极大的破坏作用,而且震前难以处理,震后也难以抢修。

2)避免或减轻在地震作用下因地基变形或地基失效造成的破坏

地震作用会使土的力学性质发生变化,特别是使一些土的承载能力降低。如松散的饱和砂土液化,会造成地基失效,使桥梁基础严重位移和下沉,严重的会导致桥梁垮塌。另外,地基变形的影响也不容忽视。

一般来说,最好避开地震时可能发生地基失效的松软场地。基岩、坚实的碎石类地基、硬黏土地基是理想的桥址场地;而饱和松散粉细砂、人工填土和极软的黏土地基或不稳定的坡地及其影响范围内的场地都是抗震不利地段。

在地基稳定的条件下,还应考虑结构与地基的振动特性,力求避免共振影响;在软弱地基上,设计时应采用深基础,并重视基础的抗震设计。

3)合理确定结构设计方案

桥梁的方案设计是一个带有全局性的问题,结构合理设计方案的选择,目的在于减轻结构的地震响应,提高结构的抗震性能。同时,地震区的桥梁工程在确定设计方案时,还应充分考虑便于修复(抢修)。

从抗震的角度来看,符合以下4个条件的结构设计方案是最理想的。

(1)几何线形方面:最好是直线桥,且各墩高度相差不大。

弯桥或斜桥会使地震反应复杂化,而墩高不等则导致桥墩刚度不等,从而造成地震惯性力的分配不均匀,对整体结构的抗震不利。我国《城市桥梁抗震设计规范》(CJJ 166—2011)中对于梁式桥,一联内任意两桥墩刚度比相差不宜超过50%,相邻桥墩刚度比不宜超过25%,多联桥相邻联的周期比不宜超过30%。

(2)结构布局方面:上部结构最好是连续且小跨径的,并在多个桥墩上布置弹性支座;各桥墩的强度和刚度在各个方向最好相同或接近;基础最好建造在坚硬的场地上。

要求上部结构是连续的,尽可能少用伸缩缝,主要是为了避免出现落梁,像简支梁以及使用挂梁的桥梁,相对容易落梁,在地震区使用时应考虑采用防止落梁的构造和装置。要求桥梁尽量保持小跨径,主要是希望桥墩承受的轴压水平较低,从而可以获得更佳的延性。要求弹性支座布置在多个桥墩上,目的是为了把地震力分散到更多的桥墩。

(3)结构传力机制方面:结构体系应完整,有明确、可靠的传力路径。

强烈地震时,地震荷载通过桥梁各个组成部分之间的相互连接来传递,并依靠各个组成部分本身的强度和刚度以及它们之间的连接作用来承担,若连接部位首先发生破坏,则传力路径会丧失,进一步导致桥梁结构的整体性遭到破坏,结构的计算简图也不再明确,因此在结构设计中最好能具有多道抗震防线,这样在地震动过程中,一道防线破坏后尚有第二道防线可以防止因支座或部分结构构件破坏而导致整个体系丧失抗震能力或对重力荷载的承载能力。震害调查表明:桥梁上、下部构造之间的连接部位,墩台与承台、基桩与承台、墩柱与盖梁之间的连接部位,八字翼墙与桥台台身之间的连接部位等,都是震害大量发生的部位,需要重点关注。比如,在上、下部结构之间的连接部位,往往就需要设置两道抗震防线,第一道是经过仔细设计的支座,而第二道防线,纵桥向往往在墩、梁之间设置足够的支承宽度,横桥向往往设置挡块。万一地震时支座发生破坏,就需要第二道防线发挥作用了。

（4）结构构件设计方面：各部分构件的强度应根据其重要性和修复（抢修）或更换的难易程度，采用明确的等级设置。

采用这种强度等级设置，既可以避免关键构件发生破坏，影响结构的安全性，同时也便于控制强震下结构损伤的发生部位，使之便于检查和修复。例如桥梁墩柱发生地震损伤一般便于检查和修复，而基础则难以检查和修复，因此设计中应有意识地提高基础的设计强度，形成强度等级差异，确保损伤部位发生在墩柱上，这就是基础的能力保护思想。此外，范立础院士从基于寿命期桥梁抗震性能的角度出发，提出对于桥梁中的抗震易损性构件还应考虑寿命期内的可检性、可换性、可修性、可控性以及可持续性，以提高桥梁结构在整个寿命期内的抗震性能。

3.4.2 桥梁结构抗震体系选择

合理的抗震结构体系有两个基本特征：一是传力路径不间断；二是桥梁保持整体性。因此，结构既要选择合理有效的抗震单元（如墩柱塑性铰、减隔震装置等），又要采取有效的连接措施（如足够的支承宽度、纵向限位器、横向挡块等）。

桥梁结构的合理抗震体系一般有两种：一种是延性抗震体系；另一种是减隔震体系，如图3.15所示。《公路桥梁抗震设计细则》（JTG/T B02-01—2008）中虽未明确给出这两种体系的划分，但在抗震设计流程中却有所体现，对于延性抗震体系给出了详细的设计流程，对于减隔震体系，则采用单独的一个章节对其设计原则进行了相关阐述。在《城市桥梁抗震设计规范》（CJJ 166—2011）中，对这两种体系则有明确的划分，分别定义为类型Ⅰ和类型Ⅱ，分别对应延性抗震体系和减隔震体系。

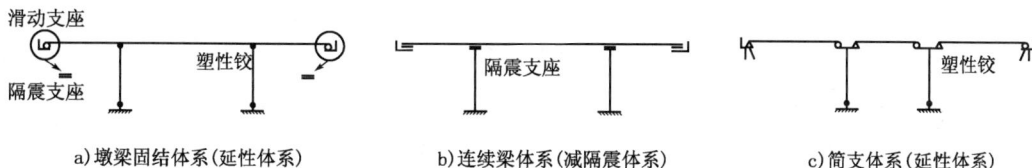

图3.15 桥梁合理抗震结构体系

对于延性抗震体系，主要通过选定合适的弹塑性变形、耗能部位，延长结构周期、耗散地震能量，进而减小结构地震反应。弹塑性耗能部位一般位于桥墩上，既能方便地形成减震耗能机制，最大程度地减小地震作用，同时还有利于对损伤部位进行检查和修复，如图3.15和图3.16所示；其余部分，包括上部结构、上下部结构连接构件（支座）以及桥梁基础等，则要求不受损伤，保持在弹性范围内。

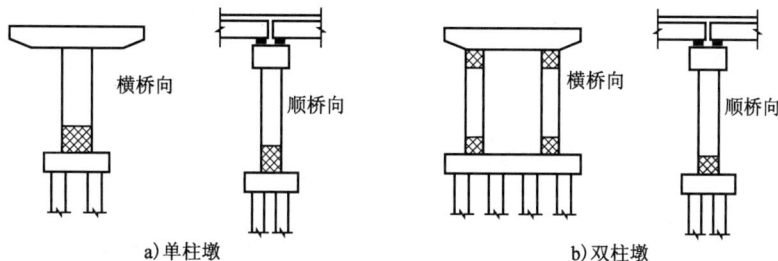

图3.16 墩柱塑性铰区域

减隔震体系一般是通过在桥梁上、下部连接部位设置支座、耗能装置,控制结构的变形和耗能,以保护上部结构、桥墩和基础不受损伤、在弹性范围内。这种体系的突出优点是可以避免延性抗震体系中桥墩结构在进入塑性变形后不可避免的结构损伤,同时可以通过适当的参数选择与设计确保减隔震装置的变形性能,既能确保连接部位的可靠传力与支承作用,同时也可避免结构主体发生严重损伤。

延性抗震体系与减隔震体系具有相似的减震机理,都是通过延长结构周期以及提供附加阻尼耗能机制来实现减震的,但具体减震机制是不同的。延性抗震体系是依靠墩柱上形成的塑性铰耗能,支座连接装置需保持弹性。减隔震体系是依靠上下部连接处的减隔震装置耗能,墩身则需保持弹性。因此,两者各有不同的适用范围。一般情况下,对于墩高较大、墩柱长细比较大的桥梁,墩身截面地震反应一般相比支座连接处更为不利,并且墩柱也更易形成塑性铰,一般宜采用延性抗震体系。而对于墩高较矮、墩柱长细比较小的桥梁,支座连接处的地震反应一般相比于墩身更为不利,并且墩柱也较难以形成塑性铰,一般宜采用减隔震体系。

当桥墩为实体墩或刚性墩、墩高相差较大,而桥址区的预期地面运动主要能量集中在高频段时,优先考虑减隔震体系。相反地,当地基土层不稳定,或原有结构的固有周期比较长,或结构位于软弱场地、延长结构周期可能引起共振,以及支座中出现负反力时,则不宜采用减隔震体系。

尽管两种体系在减震机制的实现上是明显不同的,但对于一个确定的结构而言,并不意味着只能选择或者只存在一种减震机制,两种体系在一定条件下是可以相互转化的。例如,减隔震体系的桥梁在减隔震指标变形超出其设计值并形成限位机制后,则将依赖墩柱塑性铰进行进一步的抗震,此时,减隔震机制即转化为延性机制。此外,在一些地震危险性相对较小的地区,为了控制结构的建造成本,也出现了拟减隔震体系。图 3.17 所示为美国伊利诺伊州一种较为常见的支座连接构造,采用了仅有上支座钢板的板式橡胶支座直接放置在下部结构的混凝土墩柱上,同时在支座两侧设置牺牲型限位挡块。当发生较大概率的小震作用,限位挡块不破坏,结构基本保持弹性;而当发生较小概率的大震作用,限位挡块剪断,同时容许橡胶支座与混凝土界面发生滑动摩擦,进而起到类似减隔震机制的作用。这种体系的突出特点是通过简单的连接构造,形成摩擦减震机制,保护下部结构出现较大的损伤以便于震后恢复,同时,最大限度地控制上下部结构相对位移以减小落梁风险,因此对于中、低烈度的坚硬场地区域(地震动加速度较大但速度较小)具有明显的经济优势。我国公路桥梁中大量使用的板式橡胶支座也存在类似的拟减隔震机制(图 3.18)。在 2008 年的汶川地震中,大量桥梁被发现由于支座的滑动摩擦效应,对下部结构起到了很好的保护作用,大多数表现为上部结构的移位震害。但同时需要指出的是,我国的板式橡胶支座桥梁作为拟减隔震体系还存在明显的不足:首先是支

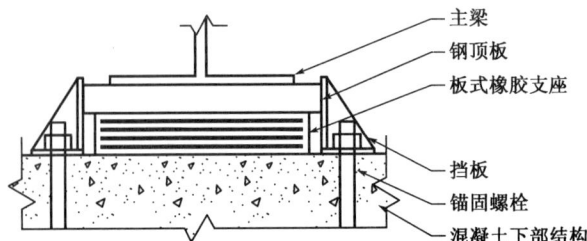

图 3.17　美国伊利诺伊州的拟减隔震体系连接

座与上下部结构均不固定,导致很多支座在地震中滑落,造成脱座;其次是横向抗震挡块作为牺牲装置缺乏明确的设计标准,在承载力确定、破坏状态控制及构造细节等方面均不明确,此外在极易发生落梁的纵桥向又很少设置挡块。

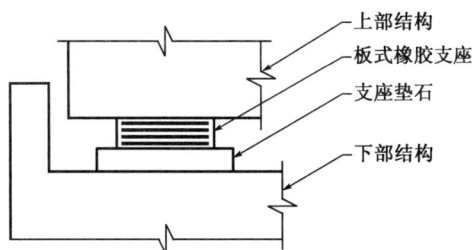

图 3.18 我国公路桥梁板式橡胶支座连接

此外,在抗震设计中,对于同一结构还可以在不同的地震作用方向下采用不同的抗震结构体系。例如,在我国的一些大跨度桥梁中,纵桥向采用带黏滞阻尼器的减震体系,横桥向则采用固定约束的延性抗震体系。

本章参考文献

[1] 李国豪. 桥梁结构稳定与振动[M]. 北京:中国铁道出版社,1996.

[2] 范立础. 桥梁抗震[M]. 上海:同济大学出版社,1997.

[3] 范立础,胡世德,叶爱君. 大跨度桥梁抗震设计[M]. 北京:人民交通出版社,2001.

[4] 范立础,卓卫东. 桥梁延性抗震设计[M]. 北京:人民交通出版社,2001.

[5] 胡聿贤. 地震工程学[M]. 北京:地震出版社,2006.

[6] 叶爱君,范立础,大型桥梁工程的抗震设防标准探讨[J]. 地震工程与工程振动,2006(2).

[7] 中华人民共和国国家标准. GB 18306—2015 中国地震动参数区划图[S]. 北京:中国标准出版社,2001.

[8] 中华人民共和国国家标准. GB 17741—2005 工程场地地震安全性评价技术规范[S]. 北京:中国标准出版社,2005.

[9] 胡聿贤. 地震安全性评价技术教程[M]. 北京:地震出版社,2007.

[10] Priestley M. J. N. , Seible F. , Calvi G. M. Seismic design and retrofit of bridges[M]. New York:John Wiley & Sons, 1996.

[11] 中华人民共和国行业标准. JTJ 004—1989 公路工程抗震设计规范[S]. 北京:人民交通出版社,1990.

[12] AASHTO. Specifications for LRFD seismic bridge design[S]. Washington DC:American Association of State Highway and Transportation Officials, 2007.

[13] Eurocode 8. Design provisions for earthquake resistance of structures[S]. London:European Committee for Standardization, 1994.

[14] 中华人民共和国行业标准. JTG/T B02-1—2008 公路桥梁抗震设计细则[S]. 北京:人民交通出版社,2008.

[15] 中华人民共和国行业标准. CJJ 166—2011 城市桥梁抗震设计规范[S]. 北京:中国建筑工业出版社,2011.

第 4 章

桥梁结构地震反应分析

进行地震反应分析,正确预测地震对桥梁结构的影响是进行桥梁抗震设计的基础,也是桥梁抗震设计中最为复杂的部分。在地震反应分析中,需要考虑相关因素的影响,包括各种非线性因素、阻尼问题以及桩—土—结构相互作用等,对于大跨度桥梁,还需要考虑多点激励及行波效应的影响。

桥梁结构的地震反应分析是一个抗震动力学问题。动力学问题都具有三个要素,即输入(激励)、系统、输出(反应)。对于桥梁结构的地震反应分析,所研究的桥梁结构可看作一个系统,采用有限元法时,往往把结构处理为由许许多多离散单元在各节点处连接起来的一个集合体;而把地震地面运动看成是对系统的输入;系统的输出即是地震反应。这样,地震反应分析就是已知地震输入和结构系统求地震反应的问题。因此,桥梁结构的地震反应分析要解决三个关键问题:

(1)确定合适的地震输入。

(2)建立结构系统的数学模型及振动方程。

(3)选择合适的方法求解地震振动方程得到地震反应。

本章首先介绍结构抗震动力学的初步概念,以及结构地震反应分析方法,然后阐述一般桥梁的地震反应分析,重点是动力计算模型的建立,最后阐述规则桥梁的简化分析方法。

4.1 结构动力学初步概念

桥梁结构的抗震计算是一个结构抗震动力学问题。对桥梁结构进行抗震计算时,必须从抗震动力学出发来思考问题、解决问题。因此,首先要建立结构抗震动力学的初步概念,如结构地震振动方程、结构动力特性、结构阻尼等。

4.1.1 结构地震振动方程

以图4.1所示桥墩为例,图中 $\ddot{\delta}_g(t)$ 为地震时水平地面运动加速度时程[时刻 t 对应的地面位移为 $\delta_g(t)$],它使桥墩产生挠曲振动;振动函数可写成 $\delta_g(z,t)$,即挠度随着桥墩截面的高度 z 和时间 t 而变化。

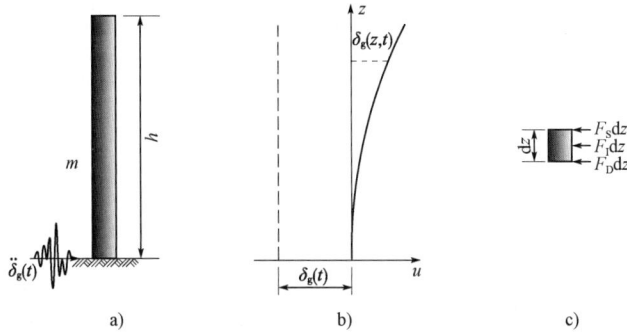

图4.1 桥墩地震水平挠曲振动示意图

振动时有三种力作用在桥墩的微元 dz 上[忽略轴向力的作用及结构的内阻尼,如图4.1c)所示]:

(1)挠曲变形产生的弹性力 $F_S dz = -[EI\delta'']'' dz$

(2)惯性力 $F_I dz = -m(\ddot{\delta} + \ddot{\delta}_g) dz$

(3)外阻尼力 $F_D dz = -C\dot{\delta} dz$

式中,E 是材料的弹性模量;I 是截面的抗弯惯性矩;m 是桥墩单位高度的质量;C 是阻尼系数;δ''、$\ddot{\delta}$ 分别表示对坐标 z 和时间 t 的两次偏导,其他依此类推。负号表示弹性力、惯性力、阻尼力分别与挠度、加速度和速度的方向相反。

根据达朗贝(D'Alembert)原理,这三种力应保持平衡,有:

$$F_I + F_D + F_S = 0 \tag{4.1}$$

从而可得出:

$$m\ddot{\delta} + C\dot{\delta} + [EI\delta'']'' = -m\ddot{\delta}_g \tag{4.2}$$

上式即为桥墩地震振动方程,右边项表示地震时地面加速度 $\ddot{\delta}_g(t)$ 引起结构振动的外因。

4.1.2 结构动力特性

通常所说的结构地震反应分析,就是建立结构地震振动方程,见式(4.2),然后通过求解振动方程得到结构地震反应(如位移、内力等)的过程。

式(4.2)是一个微分方程,它的解包含两部分:一是对应的齐次方程的通解;二是特解。前者代表结构的固有振动或自由振动,后者代表地震作用下的强迫振动。

式(4.2)对应的齐次方程为:

$$m\ddot{\delta} + C\dot{\delta} + [EI\delta'']'' = 0 \tag{4.3}$$

由微分方程理论可知,上式的通解可写成如下形式:

$$\delta(z,t) = \delta(z)f(t) \tag{4.4}$$

其中

$$f(t) = e^{-\xi\omega t}[C_1\cos\omega_d t + C_2\sin\omega_d t]$$

式中,$\xi = C/C_{cr} = C/2m\omega$,称为阻尼比,$C_{cr}$ 称为临界阻尼系数;$\omega_d = \omega\sqrt{1-\xi^2} = 2\pi f_d = 2\pi/T_d$,称为有阻尼自振圆频率(弧度);$f_d$、$T_d$ 分别称为有阻尼自振频率(Hz)和周期(s);$\omega\sqrt{\ }$、T 分别称为无阻尼自由振动的圆频率、频率和周期;$A = \sqrt{C_1^2 + C_2^2}$,称为 $f(t)$ 的振幅。

图4.1所示的桥墩有无限多个自振频率。在桥墩为常截面且墩底完全固结的情况下,桥墩的无阻尼自振圆频率为:

$$\omega_n = \frac{\alpha_n}{l^2}\sqrt{\frac{EI}{m}} \tag{4.5}$$

其中,

n	1	2	3	...
α_n	1.875	4.694	7.855	...

$n = 1$ 对应的 ω_1 最小,称为基频。

式(4.4)中的 $\delta(z)$ 表示自振挠曲线的形状,称为振型。各阶自振频率所对应的振型是不同的。图4.2所示为桥墩的第1、2、3阶振型。

时间函数 $f(t)$ 的幅值按照 $Ae^{-\xi\omega t}$ 逐渐衰减,如图4.3所示。ω 越大,衰减越快,所以高频的振动比低频的衰减得快。其次,阻尼比 ξ 越大,衰减越快。当 $\xi = 1$,即阻尼系数 C 等于临界阻尼系数 C_{cr} 时,有阻尼的自振圆频率等于0,也就是说不出现自由振动了。由于实际桥梁结构的阻尼比一般都小于0.05,所以总是会出现自由振动,而且阻尼对结构自振频率的影响微不足道,即 $\omega_d \approx \omega$。但需要注意的是,地基的阻尼比要大许多。

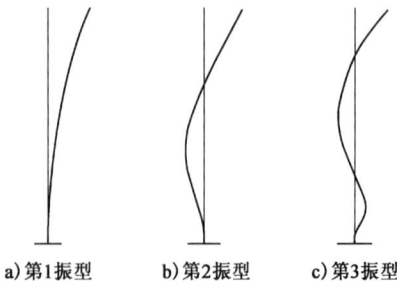

a)第1振型   b)第2振型   c)第3振型

图4.2 桥墩的水平挠曲固有振型

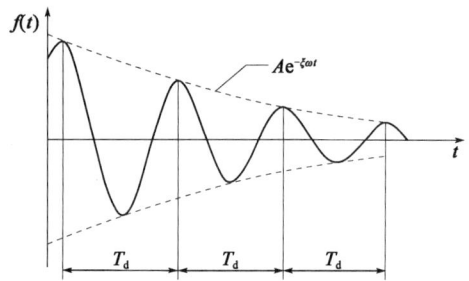

图4.3 振幅衰减示意图

对于大振幅的情形,严格地说不存在如上所述的固定的自振频率和振型,因为在自振过程中结构的刚度甚至结构体系随着振幅的增加而不断变化着。

桥梁结构的自振周期和地震动卓越(主要)周期越接近,它的振型受到地震力的影响越大;而结构的阻尼比越小,结构所受的震害也越大。分析和认识桥梁结构的自振周期、振型和阻尼比这些动力特性的重要意义就在于此。

4.2 桥梁结构地震反应分析方法

桥梁结构的抗震反应分析必须以地震场地运动为依据。可惜由于实际强震记录的不足,这个关键问题还未能很好解决,目前仍然是结构抗震设计计算中最薄弱的环节。目前的解决办法是,根据桥址区地质构造情况、地震历史资料、场地情况,并参考一些地面运动的记录来确定作为设计依据的地震参数。

由于地震动过程本身具有随机过程的性质,地震反应分析中所采用的地震动参数具有不确定性,所以发展了两种地震反应分析方法:一种是以地震运动为确定过程的确定性地震反应分析;另一种是以地震运动为随机过程的概率性地震反应分析。目前,概率性地震反应分析还不十分成熟,要应用于工程实践中还有待于进一步研究。世界各国的桥梁抗震设计规范中普遍采用的是确定性的地震反应分析方法。

一个世纪以来,逐步建立并发展起来的确定性地震反应分析方法主要有静力法、动力反应谱法和动态时程分析法。

4.2.1 静力法

静力法是早期采用的分析方法,假定结构物与地震动具有相同的振动,把结构物在地面运动加速度 $\ddot{\delta}_g$ 作用下产生的惯性力视作静力作用于结构物上做抗震计算。惯性力的计算公式为:

$$F = M \cdot \ddot{\delta}_g \tag{4.6}$$

式中,M 为结构物的质量。

由于静力法忽略了结构的动力特性这一重要因素,把地震加速度看作是结构地震破坏的单一因素,因而有很大的局限性,只适用于刚度很大的结构,如重力式桥台等。

4.2.2 动力反应谱法

动力反应谱法同时考虑了地面运动和结构的动力特性,比静力法有很大的进步。

1)单质点体系的弹性反映谱分析

(1)反应谱的概念

反应谱的基本概念,可以通过如图 4.4 所示的单质点振子的地震反应来阐明。单自由度振子的质量、刚度和阻尼系数分别表示为 m、k 和 c,其基底受到地面运动加速度为 $\ddot{\delta}_g$ 的地震作用。

单自由度振子的地震振动方程为:

$$m(\ddot{\delta}_g + \ddot{\delta}) + c\dot{\delta} + k\delta = 0 \tag{4.7}$$

进一步可以表示成如下形式:

$$\ddot{\delta} + 2\xi\omega\dot{\delta} + \omega^2\delta = -\ddot{\delta}_g \tag{4.8}$$

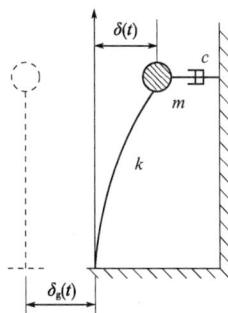

图 4.4 单质点振子的力学图式

式中,阻尼比 $\xi = \dfrac{c}{2\sqrt{km}}$,无阻尼圆频率 $\omega = \sqrt{\dfrac{k}{m}}$。

上述振动方程的解可以用杜哈美(Duhamel)积分公式来表示:

$$\delta(t) = \frac{1}{\omega_{\mathrm{d}}} \int_0^t e^{-\xi\omega(t-\tau)} \ddot{\delta}_{\mathrm{g}}(\tau) \sin[\omega_{\mathrm{d}}(t-\tau)] \mathrm{d}\tau \tag{4.9}$$

式中,有阻尼圆频率 $\omega_{\mathrm{d}} = \sqrt{1-\xi^2}\,\omega$。

对式(4.9)分别求一次和两次导数,即可得单自由度振子地震作用下的相对速度和绝对加速度反应的积分公式:

$$\dot{\delta}(t) = -\frac{\omega}{\omega_{\mathrm{d}}} \int_0^t e^{-\xi\omega(t-\tau)} \ddot{\delta}_{\mathrm{g}}(\tau) \cos[\omega_{\mathrm{d}}(t-\tau)+\alpha] \mathrm{d}\tau \tag{4.10}$$

$$\ddot{\delta}(t) + \ddot{\delta}_{\mathrm{g}}(t) = \frac{\omega^2}{\omega_{\mathrm{d}}} \int_0^t e^{-\xi\omega(t-\tau)} \ddot{\delta}_{\mathrm{g}}(\tau) \sin[\omega_{\mathrm{d}}(t-\tau)+2\alpha] \mathrm{d}\tau \tag{4.11}$$

由于工程结构的阻尼比一般很小,所以 $\omega_d \approx \omega$,并且相位差 α 也可以忽略不计。因此,式(4.10)和式(4.11)就可以简化为:

$$\dot{\delta}(t) = -\int_0^t e^{-\xi\omega(t-\tau)} \ddot{\delta}_{\mathrm{g}}(\tau) \cos[\omega_{\mathrm{d}}(t-\tau)] \mathrm{d}\tau \tag{4.12}$$

和
$$\ddot{\delta}(t) + \ddot{\delta}_{\mathrm{g}}(t) = \omega \int_0^t e^{-\xi\omega(t-\tau)} \ddot{\delta}_{\mathrm{g}}(\tau) \sin[\omega_{\mathrm{d}}(t-\tau)] \mathrm{d}\tau \tag{4.13}$$

由于地震加速度 $\ddot{\delta}_{\mathrm{g}}$ 是不规则的函数,上述积分公式难以直接求积,一般要通过数值积分的办法来求得反应的时间变化规律,即时程曲线。

如图4.5所示,对不同周期和阻尼比的单自由度体系,在选定的地震加速度 $\ddot{\delta}_{\mathrm{g}}$ 输入下,可以获得一系列的相对位移 δ、相对速度 $\dot{\delta}$ 和绝对加速度 $\ddot{\delta}_{\mathrm{g}} + \ddot{\delta}$ 的反应时程曲线,并可从中找到它们的最大值。以不同单自由度体系的周期 T_i 为横坐标,以不同阻尼比 ξ 为参数,就能绘出最大相对位移、最大相对速度和最大绝对加速度的谱曲线,分别称为相对位移反应谱、拟相对速度反应谱和拟加速度反应谱(分别简称为位移反应谱、速度反应谱和加速度反应谱),并用符号记为 SD、PSV 和 PSA,这三条反应谱曲线合起来简称为反应谱。在相对速度和加速度反应谱前面加上"拟"字,表示忽略小阻尼比的影响。

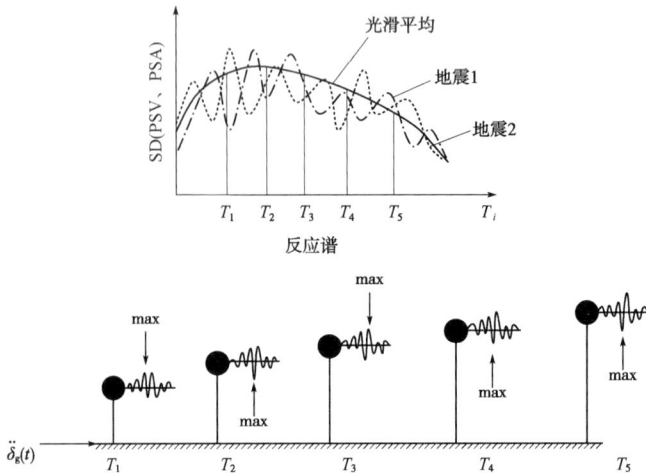

图4.5 反应谱概念

比较式(4.9)、式(4.13)可见,在忽略小阻尼比的影响情况下,有:

$$\text{PSA} = \omega^2 \cdot \text{SD} \tag{4.14}$$

从式(4.9)、式(4.12)、式(4.13)中还可以看出,反应谱具有以下两条基本特性:

①绝对刚性结构($\omega = \infty$):SD $= 0$,SV $= 0$,SA $= \ddot{\delta}_{g,\max}$。

②无限柔性结构($\omega = 0$):SD $= \delta_{g,\max}$,SV $= \dot{\delta}_{g,\max}$,SA $= 0$。

图4.6为1995年阪神地震中,不同场地处记录得到的3条地震加速度时程。这3条强震记录的峰值、波形和强震持续时间都有很大的差别,图4.6a)为极端不规则的中等持时振动,图4.6b)为以长周期振动为主、长持时振动,图4.6c)则会产生较大的永久地面位移。图4.7、图4.8分别展示了这3条地震记录对应的加速度反应谱和位移反应谱,对应的阻尼比均为2%。从图中可以看出,由于局部场地条件的影响,3条地震记录的加速度反应谱和位移反应谱的谱形差别非常大,即频谱特性差别很大。当周期为零时,加速度谱值为地震动加速度峰值,而位移谱值为零,然后随着周期的增大,加速度和位移反应谱谱值均增大,在卓越周期范围内为最大,然后逐步衰减,加速度反应谱逐步趋近于零,而位移反应谱则趋近于地震地面位移最大值。由图4.8可见,图4.6c)所示地震记录的地震地面最大位移接近1m。

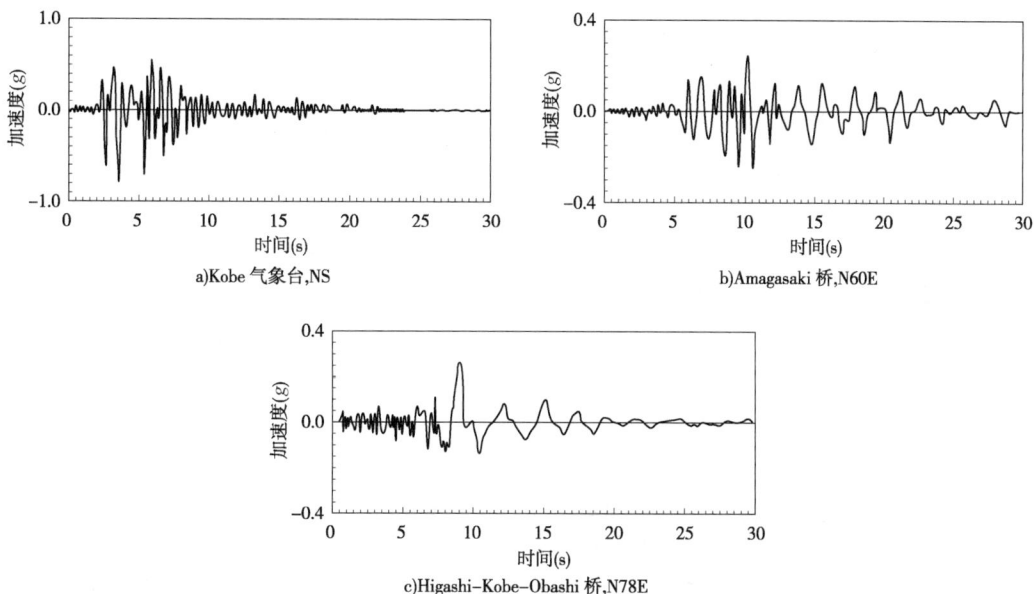

a)Kobe 气象台,NS

b)Amagasaki 桥,N60E

c)Higashi-Kobe-Obashi 桥,N78E

图4.6 阪神地震中3条地震加速度记录

由于加速度反应谱、速度反应谱和位移反应谱三者之间存在简单的比例关系,因此,可以很方便地将这3个反应谱表示在同一个对数四坐标图上,通常称为三坐标反应谱。图4.9所示的是 El-Centro 地震的三坐标反应谱,对应的振型阻尼比为0、2%、5%、10%、20%。图中,横坐标为振动周期的对数,纵坐标表示拟速度反应的对数 lgPSV,而拟加速度反应的对数lgPSA和位移反应的对数 lgSD 分别用与横坐标轴成135°和45°方向的坐标表示。从图中还可看出,振型阻尼比对反应谱有显著的影响,随着阻尼比的增大,反应谱变小。

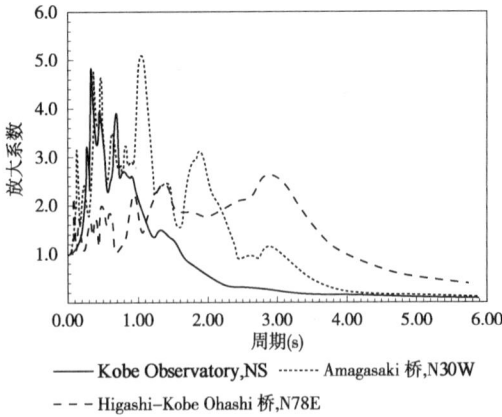

图 4.7　地震加速度反应谱比较($\xi = 2\%$)

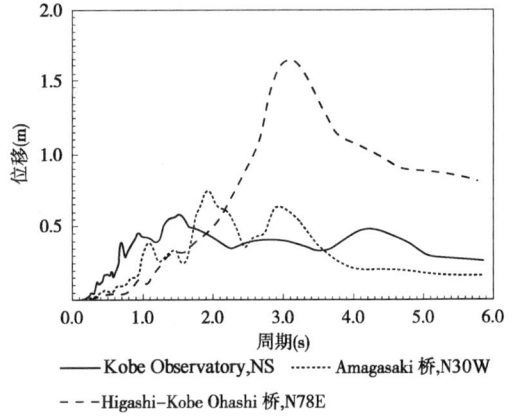

图 4.8　地震位移反应谱比较($\xi = 2\%$)

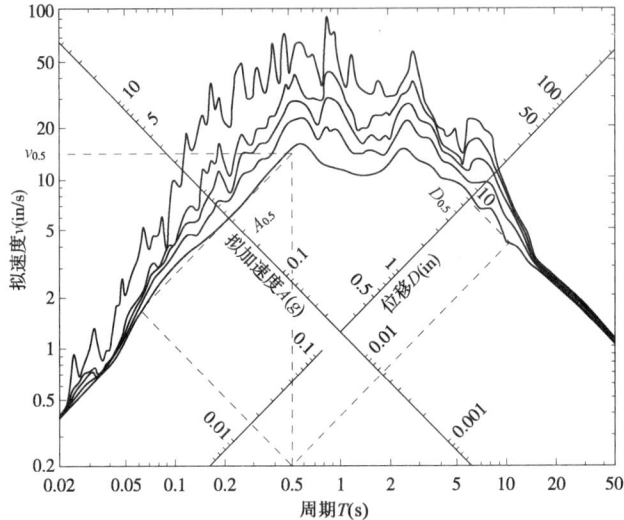

图 4.9　El-Centro 地震的三坐标反应谱($\xi = 0$、2%、5%、10%、20%)

注:$1\text{in} = 0.025\ 4\text{m}$。

(2)规范反应谱

一个场地记录到的地震动与多种因素有关,如场地条件、震中距和震源深度、震级、震源机制和传播路径等。由于诸多随机因素的影响,使得由不同记录得到的加速度反应谱具有很大的随机性。只有在大量地震加速度记录输入后绘制得到众多反应谱曲线的基础上,再经过平均与光滑化之后,才可以得到供设计使用的规范反应谱曲线。

比如,我国《公路桥梁抗震设计细则》(JTG/T B02-01—2008)采用的反应谱是通过对 823 条水平强震记录统计分析得到的,如图 4.10 所示,其中,场地条件分为 4 类,每一场地条件对应一个特征周期 T_g,具体参数见第 3 章 3.3 节。

需要指出的是,阻尼比是影响反应谱值的一个重要参数。规范反应谱曲线是取阻尼比为 5% 时绘出的,当结构阻尼比与 5% 明显不同时,需要按规范公式进行修正。

(3)单质点体系的地震反应分析

对于如图 4.11 所示的单质点体系,其最大地震力为:

$$P = M \mid \ddot{\delta}_g + \ddot{\delta} \mid_{\max} = M \cdot S(T) \tag{4.15}$$

式中，M 为体系的总质量；$S(T)$ 为加速度反应谱谱值，根据选定的反应谱曲线及体系的自振周期 T 确定。

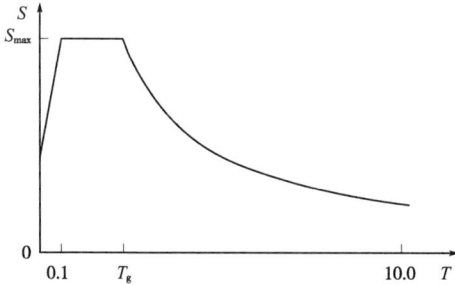

图 4.10　水平设计加速度反应谱　　　　图 4.11　单质点体系示意图

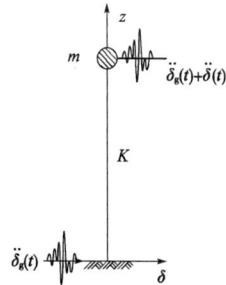

2) 单质点体系的弹塑性反应谱分析

我国《城市轨道交通结构抗震设计规范》（GB 50909—2014）将城市轨道交通桥梁抗震设防分为标准设防、重点设防和特殊设防类，将桥梁结构的抗震性能分为Ⅰ、Ⅱ和Ⅲ类。在具体设计时，针对某一类抗震设防的桥梁结构，在 E1、E2 和 E3 地震动水准下，分别有相应的抗震性能要求和对应的计算方法。根据规范 3.3.1，对于由第一阶振型为主高架区间结构，当设防类别为标准设防或重点设防且抗震性能要求Ⅱ或Ⅲ时，可采用弹塑性反应谱方法计算。下面，简单介绍弹塑性反应谱的基本方程、规范弹塑性反应谱以及弹塑性反应谱方法的计算流程。

(1) 弹塑性反应谱的概念

地震作用下，单自由度体系运动微分方程为：

$$m\ddot{x}(t) + c\dot{x}(t) + f(x,t) = -m\ddot{x}_g(t) \tag{4.16}$$

式中，m 为单自由度体系的质量；c 为阻尼系数；$\ddot{x}(t)$、$\dot{x}(t)$ 为加速度和速度；$f(x,t)$ 为恢复力，在弹性体系中为弹性力；$\ddot{x}_g(t)$ 为地面运动加速度。

参照弹性体系恢复力公式，将弹性体系恢复力表示为：

$$f(x,t) = k(x)x(t) \tag{4.17}$$

式中，$x(t)$ 为单自由度体系的位移；$k(x)$ 为位移 $x(t)$ 对应的割线刚度。

将式 (4.17) 式代入式 (4.16)，且在地震作用下不计方程右边的负号，得：

$$m\ddot{x}(t) + c\dot{x}(t) + k(x)x(t) = m\ddot{x}_g(t) \tag{4.18}$$

设非线性单自由度系统的线弹性刚度，即式 (4.17) 的初始刚度为 k_0，将式 (4.18) 两边除以质量 m 并整理后得：

$$\ddot{x}(t) + 2\xi\omega_0\dot{x}(t) + [k(x)/k_0]\omega_0^2 x(t) = \ddot{x}_g(t) \tag{4.19}$$

式中，$\omega_0 = \sqrt{k_0/m}$，$\xi = c/(2m\omega_0)$，分别为系统初始圆频率和阻尼比。

设屈服时位移为 x_y，则屈服力为 $f_y = k_y x_y$，k_y 为 $x = x_y$ 时的割线刚度。根据弹性反应谱理论，单自由度体系弹性地震力为：

$$f_e = m\beta \mid \ddot{x}_g \mid_{\max} \tag{4.20}$$

式中,β 为与单自由度体系自振周期 $T = 2\pi/\omega_0$ 对应的反应谱动力放大系数。

定义无量纲位移 $\mu(t) = x(t)/x_y$,延性系数 $\mu = |x|_{max}/x_y$,强度折减系数 $R = f_e/f_y$,则式(4.19)变为:

$$\ddot{\mu}(t) + 2\xi\omega_0\dot{\mu}(t) + \frac{k(x)}{k_0}\omega_0^2\mu(t) = \frac{R}{\beta} \cdot \frac{k_y}{k_0}\omega_0^2 \cdot \frac{\ddot{x}_g(t)}{|\ddot{x}_g|_{max}} \tag{4.21}$$

设弹性加速度反应谱的谱值为 S_a,则动力放大系数 $\beta = S_a/|\ddot{x}_g|_{max}$,又 $T = 2\pi/\omega_0$,则式(4.21)变为:

$$\ddot{\mu}(t) + \frac{4\pi\xi}{T}\dot{\mu}(t) + \frac{4\pi^2}{T^2} \cdot \frac{k(x)}{k_0}\mu(t) = \frac{4\pi^2}{T^2} \cdot \frac{R}{S_a} \cdot \frac{k_y}{k_0} \cdot \ddot{x}_g(t) \tag{4.22}$$

从弹塑性反应谱的基本方程式(4.22)可以看出,该方程表征了非线性单自由度体系在地震地面加速度 $\ddot{x}_g(t)$ 作用下,其反应延性系数 μ、强度折减系数 R 和周期 T 之间的关系,即 μ-R-T 关系。迄今为止,已有大量学者做了 μ-R-T 关系的研究,其中,范立础院士通过统计平均法和回归分析,给出了与结构自振周期和位移延性系数相关的不同类别场地平均强度折减系数的函数表达式;纽马克和霍尔提出了等位移准则和等能量准则,建立了强度折减系数与位移延性系数的关系。

根据参数预先设定的不同,弹塑性反应谱可分为等延性强度谱和等强度延性谱。抗震设计中,常采用等延性强度谱,其物理意义在于对于某预期延性的单自由度体系,给出了周期与屈服强度之间的对应关系。当给定结构振型周期和屈服强度后,可根据一簇多个延性系数的等延性强度谱确定结构的延性系数。

(2)规范弹塑性反应谱

《城市轨道交通结构抗震设计规范》(GB 50909—2014)中给出的折减系数 R_μ 如式(4.23)所示,弹塑性反应谱通过对弹性反应谱折减得到,即特定延性系数下的弹塑性加速度反应谱值 $S_a^p = S_a/R_\mu$。其中,延性系数 $\mu = 1$ 对应弹性反应谱曲线。结合弹塑性反应谱和折减系数 R_μ,由结构等效周期和设计屈服加速度求需求延性系数过程如图4.12所示。

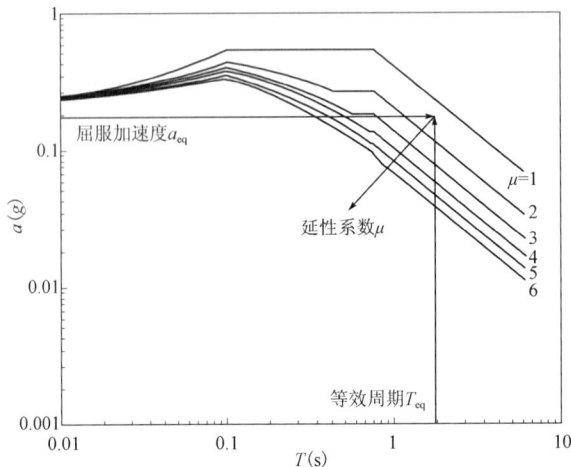

图4.12 根据结构等效周期和设计屈服加速度算出需求延性系数的过程

$$R_{\mu} = \begin{cases} (\mu - 1)\dfrac{T}{T_0} + 1 & T \leqslant T_0 \\ \mu & T > T_0 \end{cases} \tag{4.23}$$

式中，R_{μ} 为折减系数；μ 为延性系数；T_0 为场地相关特征周期参数，与延性系数、场地类别与反应谱特征周期有关，按《城市轨道交通结构抗震设计规范》中表 6.3.3 取值。

(3) 弹塑性反应谱方法的计算流程

弹塑性反应谱方法的计算流程如图 4.13 所示，从流程图可以看出，结构整体静力非线性分析是弹塑性反应谱分析的前提。在采用弹塑性反应谱法进行结构地震反应分析时，需先建立结构的静力非线性分析模型，通过结构的整体静力非线性分析，确定结构的等效屈服刚度、等效周期、等效屈服位移和设计屈服加速度；然后结合场地类别和地震动参数，确定场地弹性反应谱，并折减得到弹塑性反应谱；再确定结构在该地震作用下的延性系数；最后求得结构的最大反应位移。

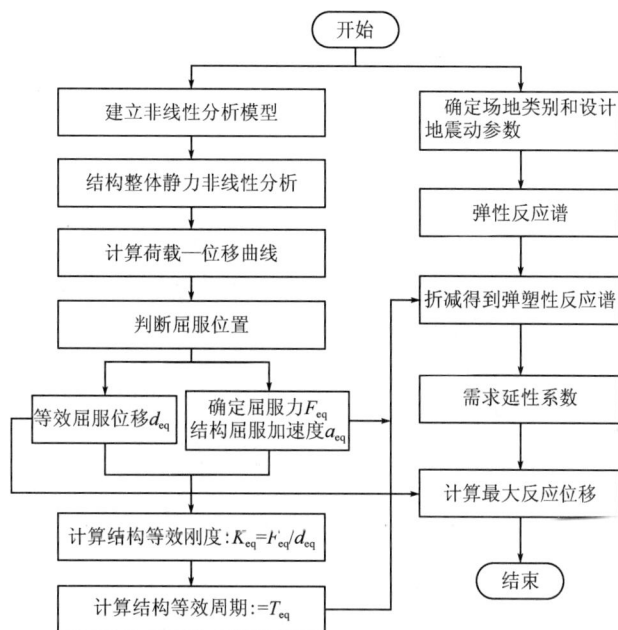

图 4.13 弹塑性反应谱方法的计算流程

3) 多质点体系的弹性反应谱分析

采用有限元法，在各支承点采用一致地震输入时，可得到与式(4.7)类似的多质点体系的地震振动方程：

$$[M]\{\ddot{\delta}\} + [C]\{\dot{\delta}\} + [K]\{\delta\} = -[M][I]\{\ddot{\delta}_g(t)\} \tag{4.24}$$

式中，$[M]$、$[C]$ 和 $[K]$ 分别为 n 质点体系的质量矩阵、阻尼矩阵和刚度矩阵；$\{\delta\}$ 为质点对地面的相对位移矢量，为时间 t 的函数；$[I]$ 为惯性力影响矩阵；$\{\ddot{\delta}_g(t)\}$ 为地震动加速度时程列向量。

如仅考虑三个平动输入，则：

$$\{\ddot{\delta}_g(t)\}_{3\times1} = [\ddot{\delta}_{gx}(t) \quad \ddot{\delta}_{gy}(t) \quad \ddot{\delta}_{gz}(t)]^T$$

式中,$\ddot{\delta}_{gx}(t)$为x方向的地震动加速度时程;$\ddot{\delta}_{gy}(t)$、$\ddot{\delta}_{gz}(t)$依此类推。

$$[\boldsymbol{I}]_{n\times 3} = [\{\boldsymbol{I}_x\} \quad \{\boldsymbol{I}_y\} \quad \{\boldsymbol{I}_z\}]$$

式中,$\{\boldsymbol{I}_x\}$是一对应于x向平动自由度取1,其余取0的列向量;$\{\boldsymbol{I}_y\}$、$\{\boldsymbol{I}_z\}$依次类推。

式(4.24)为一联立微分方程组,通常可用振型分解法求解,即利用振型的正交性,将联立微分方程组分解成一系列相互独立的振动方程,于是将多质点体系的复杂振动分解为各个振型的独立振动,从而可以采用单质点体系的反应谱理论来计算各振型最大反应。

将质点位移列矢量$\{\boldsymbol{\delta}(t)\}$分解为(图4.14):

$$\{\boldsymbol{\delta}(t)\} = \sum_{i=1}^{n} \{\boldsymbol{\phi}\}_i Y_i(t) = [\boldsymbol{\phi}]\{\boldsymbol{Y}(t)\} \tag{4.25}$$

式中,$[\boldsymbol{\phi}] = [\{\boldsymbol{\phi}\}_1 \quad \{\boldsymbol{\phi}\}_2 \quad \cdots \quad \{\boldsymbol{\phi}\}_n]$为振型矩阵;$\{\boldsymbol{\phi}\}_i$为第$i$振型列矢量;$\{\boldsymbol{Y}(t)\} = [Y_1(t) \quad Y_2(t) \quad \cdots \quad Y_n(t)]^{\mathrm{T}}$,$Y_i(t)$是不同的时间函数,称为振型坐标,为广义坐标。

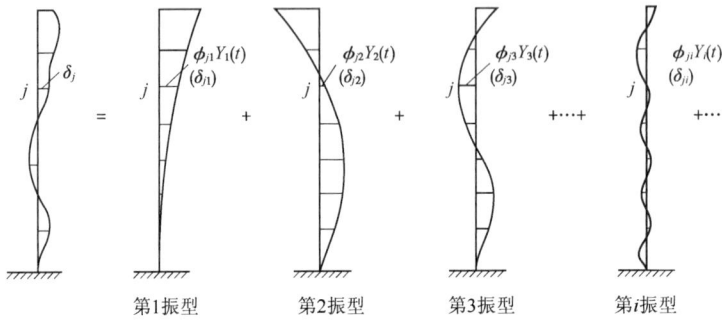

图4.14 振型分解示意图

令ω_i及$\{\boldsymbol{\phi}\}_i$分别为无阻尼多质点体系的第i阶圆频率及其相应的振型,则有:

$$[\boldsymbol{K}]\{\boldsymbol{\phi}\}_i = \omega_i^2[\boldsymbol{M}]\{\boldsymbol{\phi}\}_i \tag{4.26}$$

将式(4.25)代入式(4.24),再以矩阵$[\boldsymbol{\phi}]^{\mathrm{T}}$左乘,则有:

$$[\boldsymbol{\phi}]^{\mathrm{T}}[\boldsymbol{M}][\boldsymbol{\phi}]\{\ddot{\boldsymbol{Y}}(t)\} + [\boldsymbol{\phi}]^{\mathrm{T}}[\boldsymbol{C}][\boldsymbol{\phi}]\{\dot{\boldsymbol{Y}}(t)\} + [\boldsymbol{\phi}]^{\mathrm{T}}[\boldsymbol{K}][\boldsymbol{\phi}]\{\boldsymbol{Y}(t)\}$$

$$= -[\boldsymbol{\phi}]^{\mathrm{T}}[\boldsymbol{M}][\boldsymbol{I}]\{\ddot{\boldsymbol{\delta}}_g(t)\}$$

结构的振型满足正交条件

$$\{\boldsymbol{\phi}\}_j^{\mathrm{T}}[\boldsymbol{M}]\{\boldsymbol{\phi}\}_i = 0 \qquad (i \neq j)$$

$$\{\boldsymbol{\phi}\}_j^{\mathrm{T}}[\boldsymbol{K}]\{\boldsymbol{\phi}\}_i = 0 \qquad (i \neq j)$$

对于比例阻尼矩阵,则有:

$$\{\boldsymbol{\phi}\}_j^{\mathrm{T}}[\boldsymbol{C}]\{\boldsymbol{\phi}\}_i = 0 \qquad (i \neq j)$$

利用上述振型的正交条件,进一步可得一系列独立的振动方程:

$$\{\boldsymbol{\phi}\}_i^{\mathrm{T}}[\boldsymbol{M}]\{\boldsymbol{\phi}\}_i \ddot{Y}_i(t) + \{\boldsymbol{\phi}\}_i^{\mathrm{T}}[\boldsymbol{C}]\{\boldsymbol{\phi}\}_i \dot{Y}_i(t) + \{\boldsymbol{\phi}\}_i^{\mathrm{T}}[\boldsymbol{K}]\{\boldsymbol{\phi}\}_i Y_i(t)$$

$$= -\{\boldsymbol{\phi}\}_i^{\mathrm{T}}[\boldsymbol{M}][\boldsymbol{I}]\{\ddot{\boldsymbol{\delta}}_g(t)\} \tag{4.27}$$

上式两边再同时除以 $\{\boldsymbol{\phi}\}_i^T[M]\{\boldsymbol{\phi}\}_i$，则有：

$$\ddot{Y}_i(t) + 2\xi_i\omega_i\dot{Y}_i(t) + \omega_i^2 Y_i(t) = -[\boldsymbol{\gamma}_i]\{\ddot{\boldsymbol{\delta}}_g(t)\} \tag{4.28}$$

式中，$[\boldsymbol{\gamma}_i]_{1\times3} = \dfrac{\{\boldsymbol{\phi}\}_i^T[M]\cdot[I]}{\{\boldsymbol{\phi}\}_i^T[M]\cdot\{\boldsymbol{\phi}\}_i} = [\gamma_{ix} \quad \gamma_{iy} \quad \gamma_{iz}]$，$\gamma_{ix}$、$\gamma_{iy}$、$\gamma_{iz}$ 分别为 x、y、z 方向的第 i 振型的振型参与系数，表达式为：

$$\gamma_{ix} = \frac{\{\boldsymbol{\phi}\}_i^T[M]\{I_x\}}{\{\boldsymbol{\phi}\}_i^T[M]\{\boldsymbol{\phi}\}_i}, \gamma_{iy} = \frac{\{\boldsymbol{\phi}\}_i^T[M]\{I_y\}}{\{\boldsymbol{\phi}\}_i^T[M]\{\boldsymbol{\phi}\}_i}, \gamma_{iz} = \frac{\{\boldsymbol{\phi}\}_i^T[M]\{I_z\}}{\{\boldsymbol{\phi}\}_i^T[M]\{\boldsymbol{\phi}\}_i}$$

式 (4.28) 可进一步写为：

$$\ddot{Y}_i(t) + 2\xi_i\omega_i\dot{Y}_i(t) + \omega_i^2 Y_i(t) = -[\gamma_{ix}\ddot{\delta}_{gx}(t) + \gamma_{iy}\ddot{\delta}_{gy}(t) + \gamma_{iz}\ddot{\delta}_{gz}(t)] \tag{4.29}$$

根据单自由度系统的反应谱理论，由 x、y、z 方向地震输入引起的 i 振型广义位移最大值 $\bar{Y}_{ix}$、$\bar{Y}_{iy}$、$\bar{Y}_{iz}$ 为：

$$\begin{cases} \bar{Y}_{ix} = \dfrac{S_{xi}\cdot\gamma_{ix}}{\omega_i^2} \\[3mm] \bar{Y}_{iy} = \dfrac{S_{yi}\cdot\gamma_{iy}}{\omega_i^2} \\[3mm] \bar{Y}_{iz} = \dfrac{S_{zi}\cdot\gamma_{iz}}{\omega_i^2} \end{cases} \tag{4.30}$$

式中，S_{xi}、S_{yi}、S_{zi} 分别为第 i 振型对应的 x、y、z 方向地震加速度反应谱谱值。

于是，x、y、z 方向地震各自输入激起的第 i 振型结构位移最大值 $\{\bar{\boldsymbol{\delta}}_{ix}\}$、$\{\bar{\boldsymbol{\delta}}_{iy}\}$、$\{\bar{\boldsymbol{\delta}}_{iz}\}$ 分别为：

$$\{\bar{\boldsymbol{\delta}}_{ix}\} = \{\boldsymbol{\phi}\}_i\bar{Y}_{ix}$$

$$\{\bar{\boldsymbol{\delta}}_{iy}\} = \{\boldsymbol{\phi}\}_i\bar{Y}_{iy}$$

$$\{\bar{\boldsymbol{\delta}}_{iz}\} = \{\boldsymbol{\phi}\}_i\bar{Y}_{iz}$$

x、y、z 方向地震各自激起的结构位移最大值 $\{\bar{\boldsymbol{\delta}}_x\}$、$\{\bar{\boldsymbol{\delta}}_y\}$、$\{\bar{\boldsymbol{\delta}}_z\}$ 由各振型反应最大值组合而成，而三方向地震同时输入引起的结构位移总反应最大值则由三方向反应最大值组合而成。由于各个振型、各个方向地震输入引起的地震反应最大值不一定同时发生，因此不能直接求代数和，于是，在多方向地震动作用下，利用反应谱方法计算结构的地震反应涉及两个组合问题，即振型组合和空间组合。振型组合是指每一方向地震输入时各个振型反应的组合，即 $\delta_{ix} \Rightarrow \delta_x$；空间组合是指各个方向地震输入引起的地震反应的组合，即 $\bar{\delta}_x$、$\bar{\delta}_y$、$\bar{\delta}_z \Rightarrow \bar{\delta}$。

目前，振型组合问题已经得到了较好的解决。国内外学者提出了多种反应谱组合方法。目前应用广泛的是基于随机振动理论提出的各种组合方案，如 CQC、SRSS 方法等。

CQC 方法是一种完全组合方法，建立在相关随机事件处理理论之上，考虑了所有事件之间的关联性，不光包含各个主振型的平方项，而且还考虑耦合项。SRSS 简称"平方和开平方"，该方法建立在随机独立事件的概率统计方法之上，也就是说要求参与数据处理的各个事件之间是完全相互独立的，不存在耦合关联关系，只包含各个主振型的平方项。当结构的自振形态或自振频率相差较大时，可近似认为每个振型的振动是相互独立的，此时，采用 SRSS 方法可以得到很好的结果。而当振型的分布在某个区间内比较密集时,也就是说某些振型的频率值比较接近时,这一部分的振型相互之间存在一定的耦合作用,就不适合采用 SRSS 方法,可采用 CQC 方法。

CQC 方法的表达式为:

$$R_{\max} = \sqrt{\sum_{i=1}^{n} \sum_{j=1}^{n} \rho_{ij} R_{i,\max} R_{j,\max}} \tag{4.31}$$

式中,ρ_{ij} 为模态组合系数。对于所考虑的结构,若地震动可看成宽带随机过程,则白噪声下的 ρ_{ij} 值是实际情况的一个良好近似,此时:

$$\rho_{ij} = \frac{8\sqrt{\xi_i \cdot \xi_j}(\xi_i + \gamma\xi_j) \cdot \gamma^{3/2}}{(1-\gamma^2)^2 + 4\xi_i \cdot \xi_j \cdot \gamma(1+\gamma^2) + 4(\xi_i^2 + \xi_j^2)\gamma^2} \tag{4.32}$$

其中 $\gamma = \omega_j/\omega_i$,若采用等阻尼比,即 $\xi_i = \xi_j = \xi$,则:

$$\rho_{ij} = \frac{8\xi^2 \cdot (1+\gamma) \cdot \gamma^{3/2}}{(1-\gamma^2)^2 + 4\xi^2 \cdot \gamma \cdot (1+\gamma)^2} \tag{4.33}$$

体系的自振周期相隔越远,则 ρ_{ij} 值越小。如当:

$$\gamma > \frac{\xi + 0.2}{0.2} \tag{4.34}$$

则 $\rho_{ij} < 0.1$,便可认为 ρ_{ij} 近似为零,则退化为 SRSS 方法,即:

$$R_{\max} = \sqrt{\sum_{i=1}^{n} R_{i,\max}^2} \tag{4.35}$$

对于空间组合问题,目前主要还是采用经验方法组合,如:

(1)各分量反应最大值绝对值之和(SUM),给出反应最大值的上限估计值,即:

$$E = E_x + E_y + E_z \tag{4.36a}$$

(2)各分量反应最大值平方和的平方根(SRSS),即:

$$E = \sqrt{E_x^2 + E_y^2 + E_z^2} \tag{4.36b}$$

(3)各分量反应最大值中的最大者加上其他分量最大值乘以一个小于 1 的系数,如:

$$\begin{cases} E = E_x + 0.3E_y + 0.3E_z \\ E = 0.3E_x + E_y + 0.3E_z \\ E = 0.3E_x + 0.3E_y + E_z \end{cases} \tag{4.36c}$$

反应谱方法通过反应谱概念巧妙地将动力问题静力化,概念简单、计算方便,可以用较少的计算量获得结构的最大反应值,目前世界各国规范都把它作为一种基本的分析手段。

但是,反应谱方法也存在一些缺陷。如:反应谱只是弹性范围内的概念,当结构在强烈地震下进入塑性工作阶段时即不能直接应用;另一方面,地震作用是一个时间过程,但反应谱方法只能得到最大反应,不能反映结构在地震动过程中的经历,也不能反映地震动持续时间的影响;对多振型反应谱法,还存在振型组合问题等。此外,基于弹性反应谱理论的现行规范设计方法,还往往使设计者只重视结构强度,而忽略了结构所应具有的非弹性变形能力即延性。

4.2.3 动态时程分析法

动态时程分析法是随着强震记录的增多和计算机技术的广泛应用而发展起来的,是公认的精细分析方法。目前,大多数国家除对常用的中小跨度桥梁仍采用反应谱方法计算外,对重要、复杂、大跨的桥梁抗震计算都建议采用动态时程分析法。原因是,大跨复杂桥梁的地震反应比较复杂,往往会受到地基和结构的复杂相互作用、地震时程相位差及不同地震时程多分量多点输入、结构各种复杂非线性因素(包括几何、材料、边界连接条件非线性)以及分块阻尼等的影响,而采用时程分析可以精确地考虑这些因素的影响,是公认的精细分析方法。同时,采用动态时程分析法进行地震反应分析,也可以使桥梁工程师更清楚结构地震动力破坏的机理和正确提高桥梁抗震能力的途径。

动态时程分析法从选定合适的地震动输入(地震动加速度时程)出发,采用多节点多自由度的结构有限元动力计算模型建立地震振动方程,然后采用逐步积分法对方程进行求解,计算地震过程中每一瞬时结构的位移、速度和加速度反应,从而分析出结构在地震作用下弹性和非弹性阶段的内力变化以及构件逐步开裂、损坏直至倒塌的全过程。

一致地震输入下,多质点体系的地震振动方程如式(4.24)所示,即:

$$[M]\{\ddot{\delta}\} + [C]\{\dot{\delta}\} + [K]\{\delta\} = -[M][I]\{\ddot{\delta}_g(t)\} \tag{4.37}$$

如果考虑结构的非线性特性,则上述方程一般写成如下增量形式:

$$[M]\{\Delta\ddot{\delta}\} + [C]\{\Delta\dot{\delta}\} + [K]\{\Delta\delta\} = -[M][I]\{\Delta\ddot{\delta}_g(t)\} \tag{4.38}$$

式中,$\{\Delta\delta\}$ 为在每一微小的时间步长内,质点对地面的相对位移增量矢量,为时间 t 的函数。

直接积分法根据已知的位移、速度、加速度和荷载条件,从前一时刻计算下一时刻地震反应。具体计算步骤分为如下三步:

(1)将振动时程分为一系列相等或不相等的微小时间间隔 Δt,如图4.15所示。

(2)假定在 Δt 时间间隔内,位移、速度、加速度按一定规律变化,建立三者之间关系。

(3)求解 $t_i + \Delta t$ 时刻结构的地震反应。

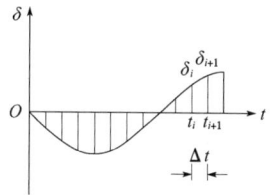

图4.15 数值积分

通过对上述(2)、(3)两个步骤采用不同假定,前人进行了大量的研究,发展了很多直接积分方法,各种积分方法所得到的计算结果的精确度、稳定性以及计算效率,则取决于这些假定是否合理。目前常用的积分方法可分为显式积分和隐式积分两大类,两者的区别在于前述步骤(3)的计算满足哪个时刻的运动方程,显式积分满足起始时刻 t_i 的运动方程,而隐式积分满足 $t_i + \Delta t$ 时刻的运动方程。

常用的显式积分法有中心差分法。由于显式积分法用 t_i 的运动方程计算 $t_i + \Delta t$ 地震反应,而不考虑 $t_i + \Delta t$ 是否满足运动方程,因此,容易产生误差积累而出现发散。于是为了提高计算精度,时间间隔 Δt 必须非常小,大大影响了计算效率。

常用的隐式积分法有 Newmark-β 法、Wilson-θ 法、Runge-Kutta 法等,其中 Newmark-β 法又包含常用的等加速度法和线性加速度法,各种方法的区别在于前述步骤(2)中对加速度、速度、位移的变化规律采取不同的假定。由于隐式积分满足 $t_i + \Delta t$ 的运动方程,可以较好地控制误差积累,计算结果稳定性好,因此,是结构地震反应分析中常用的方法。

在各种隐式积分方法中,Runge-Kutta 法虽然具有精度高、误差容易估计的优点,但是计算稳定性差,而且计算效率低,相对应用较少,而 Newmark-β 法、Wilson-θ 法则比较常用。因此,本节将从较为简单的 Newmark-β 法中的线性加速度法出发,介绍这两种积分方法的计算原理及稳定性。

1)常用积分方法简介

为了表达方便,仅以单自由度地震振动方程的求解为例介绍各种积分方法,而多自由度体系只要把质量、阻尼和刚度表达为矩阵形式,把所述的数值运算改为矩阵运算即可。

单自由度体系的地震振动方程如前述式(4.7)所示,即

$$m\ddot{\delta} + c\dot{\delta} + k\delta = - m\ddot{\delta}_{\mathrm{g}} \tag{4.39}$$

结构的初始位移和速度一般均假定为 0,而初始加速度根据式(4.39)有 $\ddot{\delta}_0 = -\ddot{\delta}_{\mathrm{g},0}$。

以下介绍各种积分方法时,均假定 t_i 时刻的地震反应 $(\ddot{\delta}_i, \dot{\delta}_i, \delta_i)$ 已知,要求 $t_{i+1} = t_i + \Delta t$ 时刻的地震反应 $(\ddot{\delta}_{i+1}, \dot{\delta}_{i+1}, \delta_{i+1})$。

(1)线性加速度法

假定在微小时间间隔 Δt 范围内,加速度按线性变化,即在时间区间 (t_i, t_{i+1}) 内有:

$$\ddot{\delta}(t) = \ddot{\delta}_i + \frac{\ddot{\delta}_{i+1} - \ddot{\delta}_i}{\Delta t}(t - t_i) \tag{4.40}$$

则有:

$$\dot{\delta}_{i+1} = \dot{\delta}_i + \frac{1}{2}(\ddot{\delta}_i + \ddot{\delta}_{i+1})\Delta t \tag{4.41}$$

$$\delta_{i+1} = \delta_i + \dot{\delta}_i \Delta t + \frac{1}{2}\ddot{\delta}_i(\Delta t)^2 + \frac{1}{6}(\ddot{\delta}_{i+1} - \ddot{\delta}_i)(\Delta t)^2 \tag{4.42}$$

线性加速度法假定的加速度、速度和位移在微小时间间隔 Δt 内的变化规律如图 4.16 所示。

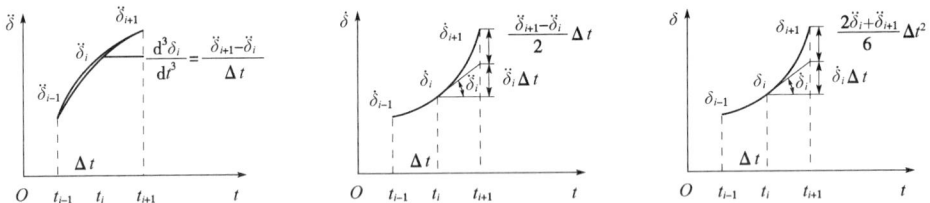

图 4.16 线性加速度法

将上述两式带入式(4.39),即满足 t_{i+1} 时刻的地震振动方程,则有:

$$m\ddot{\delta}_{i+1} + c\left[\dot{\delta}_i + \frac{1}{2}(\ddot{\delta}_i + \ddot{\delta}_{i+1})\Delta t\right] + k\begin{bmatrix}\delta_i + \dot{\delta}_i \Delta t + \frac{1}{2}\ddot{\delta}_i(\Delta t)^2 \\ + \frac{1}{6}(\ddot{\delta}_{i+1} - \ddot{\delta}_i)(\Delta t)^2\end{bmatrix} = - m\ddot{\delta}_{\mathrm{g},i+1} \tag{4.43}$$

进一步有:

$$\left[m + \frac{c}{2}\Delta t + \frac{k}{6}(\Delta t)^2\right]\ddot{\delta}_{i+1} = - m\ddot{\delta}_{\mathrm{g},i+1} - c\left[\dot{\delta}_i + \frac{1}{2}\ddot{\delta}_i \Delta t\right]$$

$$- k\left[\delta_i + \dot{\delta}_i \Delta t + \frac{1}{3}\ddot{\delta}_i(\Delta t)^2\right] \tag{4.44}$$

于是,可得到 t_{i+1} 时刻的加速度 $\ddot{\delta}_{i+1}$

$$\ddot{\delta}_{i+1} = -\frac{m\ddot{\delta}_{g,i+1} + c\left[\dot{\delta}_i + \frac{1}{2}\ddot{\delta}_i\Delta t\right] + k\left[\delta_i + \dot{\delta}_i\Delta t + \frac{1}{3}\ddot{\delta}_i(\Delta t)^2\right]}{m + \frac{c}{2}\Delta t + \frac{k}{6}(\Delta t)^2} \tag{4.45}$$

将上式代入式(4.41)、式(4.42),就可得到 t_{i+1} 时刻的速度 $\dot{\delta}_{i+1}$ 和位移 δ_{i+1}。依此逐步计算,可以计算得到地震反应加速度时程。

在结构地震反应分析中,还经常将地震振动方程写成增量形式,特别是在非线性地震反应分析中。将式(4.39)改写为:

$$m\Delta\ddot{\delta} + c\Delta\dot{\delta} + k\Delta\delta = -m\Delta\ddot{\delta}_g \tag{4.46}$$

式中, $\Delta\ddot{\delta}$、$\Delta\dot{\delta}$、$\Delta\delta$、$\Delta\ddot{\delta}_g$ 分别对应于 Δt 步长的结构加速度、速度、位移以及地震输入加速度增量。

将式(4.41)、式(4.42)改写为:

$$\Delta\dot{\delta}_i = \ddot{\delta}_i\Delta t + \frac{1}{2}\Delta\ddot{\delta}_i\Delta t \tag{4.47}$$

$$\Delta\delta_i = \dot{\delta}_i\Delta t + \frac{1}{2}\ddot{\delta}_i(\Delta t)^2 + \frac{1}{6}\Delta\ddot{\delta}_i(\Delta t)^2 \tag{4.48}$$

将上述两式带入式(4.46),则可得到:

$$\Delta\ddot{\delta}_i = -\frac{m\Delta\ddot{\delta}_{g,i} + c\ddot{\delta}_i\Delta t + k\left[\dot{\delta}_i\Delta t + \frac{1}{2}\ddot{\delta}_i(\Delta t)^2\right]}{m + \frac{c}{2}\Delta t + \frac{k}{6}(\Delta t)^2} \tag{4.49}$$

代入式(4.47)、式(4.48),可得到速度和位移增量,进一步得到 t_{i+1} 时刻的速度 $\dot{\delta}_{i+1}$ 和位移 δ_{i+1}。

通常,为了方便计算,程序中把 $\Delta\delta$ 作为首先计算的未知变量,即将式(4.47)、式(4.48)改写为:

$$\Delta\ddot{\delta}_i = \frac{6}{(\Delta t)^2}\Delta\delta_i - \frac{6}{\Delta t}\dot{\delta}_i - 3\ddot{\delta}_i \tag{4.50}$$

$$\Delta\dot{\delta}_i = \frac{3}{\Delta t}\Delta\delta_i - 3\dot{\delta}_i - \frac{\Delta t}{2}\ddot{\delta}_i \tag{4.51}$$

将上述两式带入式(4.46),经整理后可表达为一般静力方程的形式,称为拟静力方程,即:

$$\overline{K}\Delta\delta = \Delta\overline{P} \tag{4.52}$$

其中

$$\overline{K} = k + \frac{6}{(\Delta t)^2}m + \frac{3}{\Delta t}c \tag{4.53}$$

$$\overline{P} = -m\Delta\ddot{\delta}_{g,i} + m\left(\frac{6}{\Delta t}\dot{\delta}_i + 3\ddot{\delta}_i\right) + c\left(3\dot{\delta}_i + \frac{\Delta t}{2}\ddot{\delta}_i\right) \tag{4.54}$$

由式(4.52)可得到 $\Delta\delta$,然后由式(4.50)、式(4.51)求得 $\Delta\ddot{\delta}$、$\Delta\dot{\delta}$。

（2）等加速度法

等加速度法假定在微小时间间隔 Δt 范围内加速度为常数,其大小为 t_i 时刻和 t_{i+1} 时刻加速度的平均值,即有:

$$\ddot{\delta}(t) = \frac{1}{2}(\ddot{\delta}_i + \ddot{\delta}_{i+1}) \tag{4.55}$$

则有:

$$\dot{\delta}_{i+1} = \dot{\delta}_i + \frac{1}{2}(\ddot{\delta}_i + \ddot{\delta}_{i+1})\Delta t \tag{4.56}$$

$$\delta_{i+1} = \delta_i + \dot{\delta}_i\Delta t + \frac{1}{4}(\ddot{\delta}_i + \ddot{\delta}_{i+1})\Delta t^2 \tag{4.57}$$

等加速度法假定的加速度、速度和位移在微小时间间隔 Δt 内的变化规律如图 4.17 所示。

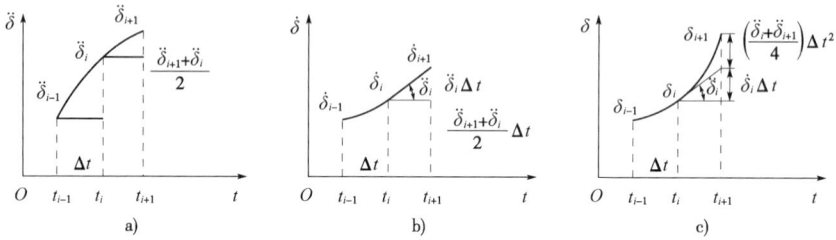

图 4.17 等加速度法

采用等加速度法计算每一步长的地震反应过程与前述线性加速度法类似,在此不再赘述。

（3）Newmark-β 法

Newmark-β 法引入一个 β 系数,将加速度、速度、位移之间的关系统一用以下两个公式来表达:

$$\dot{\delta}_{i+1} = \dot{\delta}_i + \frac{1}{2}(\ddot{\delta}_i + \ddot{\delta}_{i+1})\Delta t \tag{4.58}$$

$$\delta_{i+1} = \delta_i + \dot{\delta}_i\Delta t + \left(\frac{1}{2} - \beta\right)\ddot{\delta}_i(\Delta t)^2 + \beta\ddot{\delta}_{i+1}(\Delta t)^2 \tag{4.59}$$

改变 β 系数,就改变了 Δt 范围内加速度的变化规律。显然,当 $\beta = 1/4$ 时,为等加速度法,当 $\beta = 1/6$ 时,则为线性加速度法。Newmark 经过分析后,认为 $\beta = 1/5$ 为最佳值,可以得到最好的精度,线性加速度法次之,而等加速度法再次之。

需要注意的是,采用直接积分法计算结构的地震反应时,计算精度取决于时间步长 Δt 的大小。当时间步长 Δt 与结构固有周期 T 相比超过一定值时,常常会发生发散的现象,得不到精确的结果。因此,对于每一种积分方法,除了关心其计算精度外,还关心其计算稳定性。

对于 Newmark-β 法,研究表明,当 $\beta \geq 1/4$ 时,是无条件稳定的,即无论 Δt 取多大,计算结果都不会出现发散;而当 $0 \leq \beta < 1/4$ 时,是有条件稳定的,只有当 $\Delta t/T \leq 1/\pi\sqrt{1-4\beta}$ 时,计算结果才能收敛。可见,等加速法是无条件稳定的,而线性加速度法是有条件稳定的,

对于有条件稳定的积分方法,往往要取相当小的时间步长才能得到稳定的计算结果。比如,当 Newmark $-\beta$ 法的 $\beta = \frac{1}{5}$ 时,要使结果收敛,必须满足 $\Delta t/T \leq 0.712$。这对于单自由度体

系,不难做到,但对于多自由度体系,高阶振型的周期往往很短,则时间步长 Δt 就需要取很小的值,计算效率则很低,积分计算则变得相当困难。

（4）Wilson-θ 法

Wilson-θ 法同样采用计算步长内加速度线性变化假定,基本思路是在每一步长的计算中,不是直接根据 t_i 时刻的反应计算 $t_{i+1} = t_i + \Delta t$ 时刻的反应,而是超前计算 $t_i + \tau = t_i + \theta\Delta t (\theta \geq 1.0)$ 时刻的加速度,然后线性内插求得 $t_{i+1} = t_i + \Delta t$ 时刻的加速度,进一步求得 t_{i+1} 时刻的速度和加速度,如图4.18所示。

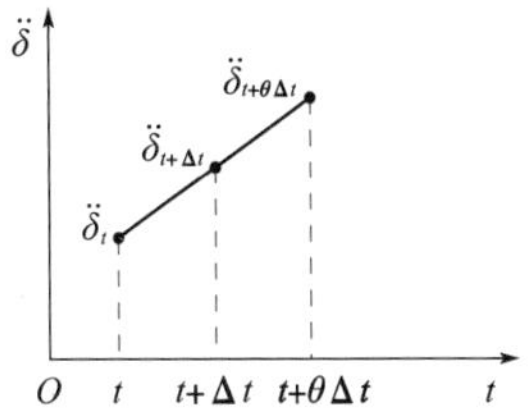

图4.18 Wilson-θ 法

根据加速度线性变化假定,$t_i + \tau$ 时刻的速度和位移分别可表达为式（4.60）、式（4.61）。

$$\dot{\delta}_{i+\tau} = \dot{\delta}_i + \frac{1}{2}(\ddot{\delta}_i + \ddot{\delta}_{i+\tau})\tau \tag{4.60}$$

$$\delta_{i+\tau} = \delta_i + \dot{\delta}_i\tau + \frac{1}{2}\ddot{\delta}_i\tau^2 + \frac{1}{6}(\ddot{\delta}_{i+\tau} - \ddot{\delta}_i)\tau^2 \tag{4.61}$$

进一步地,以 $t_i + \tau$ 时刻的位移为首先计算的位移未知量,则上述两式可改写为：

$$\ddot{\delta}_{i+\tau} = \frac{6}{\tau^2}(\delta_{i+\tau} - \delta_i) - \frac{6}{\tau}\dot{\delta}_i - 2\ddot{\delta}_i \tag{4.62}$$

$$\dot{\delta}_{i+\tau} = \frac{3}{\tau}(\delta_{i+\tau} - \delta_i) - 2\dot{\delta}_i - \frac{1}{2}\ddot{\delta}_i\tau \tag{4.63}$$

将上述两式代入 $t_i + \tau$ 时刻的地震运动方程,可得：

$$m\ddot{\delta}_{i+\tau} + c\dot{\delta}_{i+\tau} + k\delta_{i+\tau} = -m\ddot{\delta}_{g,i+\tau} \tag{4.64}$$

可以得到 $t_i + \tau$ 时刻的拟静力方程：

$$\overline{K}\delta_{i+\tau} = \overline{P}_{i+\tau} \tag{4.65}$$

其中

$$\overline{K} = k + \frac{6}{\tau^2}m + \frac{3}{\tau}c \tag{4.66}$$

$$\overline{P} = -m\ddot{\delta}_{g,i+\tau} + m\left(\frac{6}{\tau^2}\delta_i + \frac{6}{\tau}\dot{\delta}_i + 2\ddot{\delta}_i\right) + c\left(\frac{3}{\tau}\delta_i + 2\dot{\delta}_i + \frac{\tau}{2}\ddot{\delta}_i\right) \tag{4.67}$$

由式（4.65）求得 $t_i + \tau$ 时刻的位移 $\delta_{i+\tau}$,然后代入式（4.62）得到 $t_i + \tau$ 时刻的加速度 $\ddot{\delta}_{i+\tau}$,之后线性内插,得到 $t_i + \Delta t$ 时刻的加速度 $\ddot{\delta}_{i+1}$,最后,根据式（4.60）、式（4.61）计算 $t_i + \Delta t$ 时刻的速度 $\dot{\delta}_{i+1}$、位移 δ_{i+1}。

理论上,当 $\theta \geq 1.37$ 时,Wilson-θ 法为无条件稳定的计算方法。

2）基于振型分解法的时程反应分析方法

前述的直接积分方法适用于各种单自由度体系和多自由度体系,而且,由于没有应用叠加原理,因此既适用于线性地震反应分析,也适用于非线性地震反应分析（对增量平衡方程进行求解,需要迭代计算）。不过,对于多自由体系的线性地震反应分析,还可以基于振型分解法进行时程反应分析。

对于线性多自由度体系,可如前述所示采用振型分解法,将多质点体系的复杂振动分解为

各个振型的独立振动,得到如式(4.28)所示的每一振型对应的振动方程,即:

$$\ddot{Y}_i(t) + 2\xi_i\omega_i\dot{Y}_i(t) + \omega_i^2 Y_i(t) = -[\boldsymbol{\gamma}_i]\{\ddot{\boldsymbol{\delta}}_g(t)\} \tag{4.68}$$

对于这一振动方程,可以采用前述的各种积分方法进行求解,得到每一振型的广义函数 $Y_i(t)$,代入下式即可得到结构的时程反应 $\{\boldsymbol{\delta}(t)\}$:

$$\{\boldsymbol{\delta}(t)\} = \sum_{i=1}^{n}\{\boldsymbol{\phi}\}_i Y_i(t) \tag{4.69}$$

与前述的反应谱方法相比,相同的是,这种时程反应分析方法同样需要选择计算的振型阶数;不同的是,由于时程分析是针对每一时刻对各方向、各振型的反应进行叠加,因此没有反应谱的振型组合和方向组合带来的误差。

与一般的直接积分法相比,对于一般的桥梁工程,可以通过计算少量振型的反应得到结构的反应时程。此外,由于结构振型是基于自由振动系统运动方程求得的,因此,这种方法不用建立阻尼矩阵,可以避免建立瑞利阻尼矩阵时两阶控制振型的选择,一般采用各阶振型等阻尼比假定。

不过,需要强调的是,由于这种方法需满足振型分解的条件,因此,其只适用于线弹性,而且采用比例阻尼矩阵的结构的时程反应分析。

4.3 一般桥梁结构的地震反应分析

对一般桥梁结构进行地震反应分析时,首先要选择合适的地震输入,然后建立有限元模型(FEM)对原型结构的受力特性进行数学描述,即将结构离散为一系列相互关联的数学单元,建立地震振动方程,最后选择合适的地震反应分析方法,进行地震反应计算。其中,地震输入问题在3.3节中已详细介绍,而地震反应的计算过程主要依靠计算程序进行,因此,对于抗震设计来说,关键问题是建立正确的动力计算模型,然后正确进行地震反应计算。

考虑到内容的完整性,本节首先介绍基于有限元方法的地震振动方程,然后重点阐述桥梁结构的动力计算模型,最后简单介绍桥梁地震反应计算的要点。

4.3.1 桥梁结构地震振动方程

基于有限元方法,在各支承点采用一致地震输入时,多质点体系的地震振动方程为:

$$[\boldsymbol{M}]\{\ddot{\boldsymbol{\delta}}\} + [\boldsymbol{C}]\{\dot{\boldsymbol{\delta}}\} + [\boldsymbol{K}]\{\boldsymbol{\delta}\} = -[\boldsymbol{M}][\boldsymbol{I}]\{\ddot{\boldsymbol{\delta}}_g(t)\} \tag{4.70}$$

式中,$[\boldsymbol{M}]$、$[\boldsymbol{C}]$ 和 $[\boldsymbol{K}]$ 分别为 n 质点体系的质量矩阵、阻尼矩阵和刚度矩阵;$\{\boldsymbol{\delta}\}$ 为质点对地面的相对位移矢量,是时间 t 的函数;$\{\boldsymbol{I}\}$ 为列阵,如仅有纵桥向的地震输入,则对应于纵桥向自由度取1,其余为0;$\ddot{\delta}_g(t)$ 为地面地震动加速度时程。

1)总刚度矩阵

结构总刚度矩阵由各单元刚度矩阵经坐标变换聚合而成。如假定结构单元的恢复力特性是线性的,则单元刚度矩阵为弹性刚度矩阵,对应的地震反应分析为线性地震反应分析。但是,在强震作用下,桥梁结构的构件将会进入塑性工作阶段,要模拟结构进入塑性时逐步开裂、损坏甚至倒塌的全过程,结构构件的恢复力模型应假定为非线性的,则刚度矩阵将是变系数的,所对应的地震反应分析为非线性的地震反应分析。桥梁结构的非线性,除了构件材料的物理非线性(恢复力与位移的非线性关系)以外,还有支承连接条件的非线性,大跨度桥梁在大变形状态下还有几何非线性问题。

2)总质量矩阵

结构总质量矩阵由各单元质量矩阵经坐标变换聚合而成。严格来说,单元质量矩阵应与单元刚度矩阵一样,采用有限元方法推导得到,这种质量矩阵称为一致质量矩阵(具有非零非对角元素)。但在实际的结构动力分析中,一般都采用集中(堆聚)质量矩阵,即直接将整个单元的质量人为地集中(堆聚)在单元节点上,这样得到的质量矩阵为对角矩阵。分析比较表明,采用集中质量矩阵计算结构动力特性的结果,并不比采用一致质量矩阵时差(与试验值相比),有时甚至还更好些,且相应计算工作量少。

3)总阻尼矩阵

大部分的桥梁结构基本上是均质的,可以认为阻尼不引起振型耦合,这样的阻尼即我们通常所说的比例阻尼。比例阻尼一般采用瑞利阻尼假设,即结构阻尼矩阵可由结构质量矩阵和刚度矩阵线性组合而得:

$$[C] = a_0[M] + a_1[K] \tag{4.71}$$

此时,阻尼矩阵具有正交性,即:

$$\{\phi\}_j^T[C]\{\phi\}_i = 0 \qquad (i \neq j) \tag{4.72}$$

式中,$\{\phi\}_{i,j}$ 为结构的第 i,j 阶振型矢量。

由式(4.70)可得:

$$\xi_n = \frac{a_0}{2\omega_n} + \frac{a_1\omega_n}{2} \tag{4.73}$$

因此,根据瑞利阻尼假定,阻尼比和频率的关系可由图4.19表示。

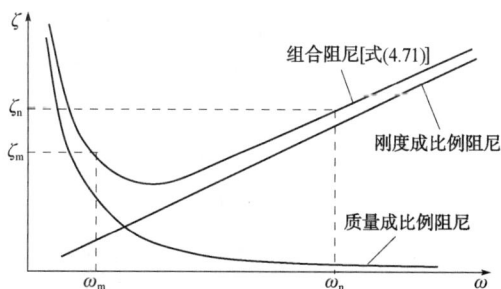

图4.19 阻尼比和频率的关系(瑞利阻尼假定)

一般情况下,可以认为控制频率 ω_n、ω_m 的阻尼比相等,即 $\xi_m = \xi_n = \xi$,代入式(4.73),可得:

$$\begin{Bmatrix} a_0 \\ a_1 \end{Bmatrix} = \frac{2\xi}{\omega_n + \omega_m} \begin{bmatrix} \omega_n\omega_m \\ 1 \end{bmatrix} \tag{4.74}$$

可见,确定结构的阻尼矩阵,关键在于确定结构的振型阻尼比 ξ,以及两阶控制频率 ω_n、ω_m。结构的振型阻尼比与结构材料和所承受的应力水平有关,应力水平越大,阻尼比则越大,对于桥梁地震反应分析,混凝土结构的振型阻尼比 ξ 一般取5%。两阶控制频率取值,要考虑对结构总反应的贡献较大的阵型,对于梁式桥,ω_n 一般取计算方向的第一阶振型频率,ω_m 则可取后几阶对结构振动贡献大的振型的频率。

对材料明显非均质的桥梁,如斜拉桥、悬索桥等,结构的不同部分由不同类型的材料组成,各部分有不同的阻尼机理,此时会引起振型耦合,即阻尼矩阵的正交性不存在了。这种阻尼称为非比例阻尼。用 Clough 的非比例阻尼理论,假设一结构由几种不同类型的材料组成,则结构中的同种材料部分,其阻尼矩阵仍满足瑞利假设,即:

$$[C]_i = a_{0i}[M]_i + a_{1i}[K]_i \qquad (i = 1,\cdots,n) \qquad (4.75)$$

当把各个阻尼矩阵$[C]_i$如同单刚叠加成总刚那样进行叠加,就可形成总的非比例阻尼矩阵$[C]$。此时,$[C]$不具有正交性。

4.3.2 桥梁结构动力计算模型

在地震反应分析中,桥梁结构的动力计算模型必须真实反映结构的动力特性,因此,必须真实地模拟桥梁结构的刚度、质量和阻尼分布,具体来说,就是要真实描述结构各构件的几何、材料特性,以及各构件的边界连接条件。

本节将依次介绍计算模型类型的选择、后续结构的模拟方法以及结构各部分构件的模拟方法,最后介绍一个实际桥梁的建模实例。

1)模型类型的选择

根据对桥梁结构的离散化程度,可以将常用的桥梁结构动力计算模型分为三个层次,从粗糙到精细排列依次为集中参数模型、构件模型和有限元模型,如图 4.20 所示。其中,集中参数模型看起来最为简单,通常将结构的质量、刚度和阻尼集中堆聚在一系列离散的节点上,适用于比较规则的桥梁,而且要求使用者熟悉桥梁的动力特性和地震反应特性,能够正确地对结构参数进行等效简化。构件模型基于每一构件的力和位移关系建立振动方程,能够模拟结构的总体几何形状和地震反应。而有限元模型直接基于材料本构关系建立,能够用大量的微小单元精确模拟结构的几何形状,理论上能够非常精确地描述结构的动力特性。从集中参数模型、构件模型到有限元模型,结构的离散化程度越来越高,模型越来越精细,参数取值越来越复杂,而地震反应计算越来越困难。另一方面,与线弹性的地震反应分析相比,弹塑性的地震反应分析工作量更大,计算更困难。所以,通常采用较简单的模型进行较复杂的地震反应过程分析,如非线性时程分析;而采用较复杂的模型进行较简单的地震反应过程分析,如弹性反应谱分析。

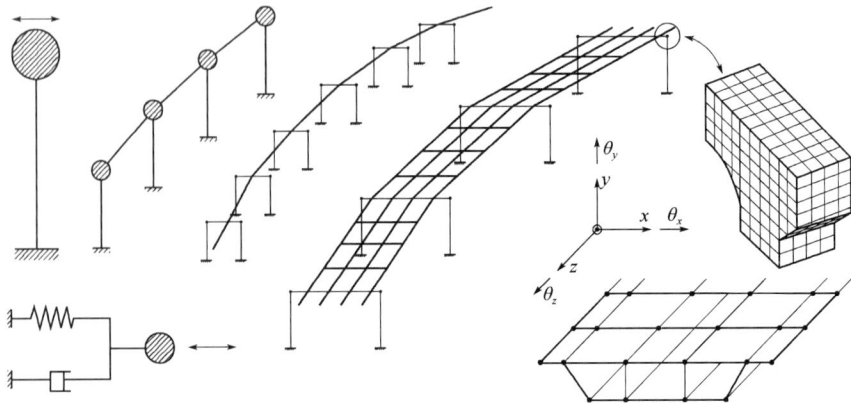

图 4.20 桥梁动力计算模型分类

在实际桥梁工程的地震反应分析中,需要根据结构的动力特性和分析目的(需要得到的地震反应分量)选择合适的动力模型,一般来说,对于规则桥梁,通常采用集中参数模型,而对于非规则桥梁,通常采用构件模型。本节主要介绍构件层次的模型,关于集中参数模型,详见下一节。

2)后续结构的模拟方法

建立一般桥梁的动力计算模型时,应尽量建立全桥计算模型。但是,对于桥梁长度很长的桥梁,可以选取具有典型结构或特殊地段或有特殊构造的多联梁桥(一般不少于3联),建立多个局部桥梁模型,进行地震反应分析。

实际上,在地震作用下,整座桥梁不论在纵桥向和横桥向都是耦联在一起振动的,因此,对于每一个局部桥梁模型,应合理考虑后续结构的耦联振动影响。常用的方法是,在所取计算模型的末端再加上一联梁桥或桥台模拟(图4.21),但这附加的结构部分仅作为边界条件,其地震反应分析结果一般不作为设计依据。

3)结构各部分构件的模拟方法

采用有限元法对桥梁结构进行离散、建立动力计算模型时,可以将结构分为上部结构、桥墩柱、支座以及墩台基础等几部分分别描述,下面依次对这几部分的模拟方法进行简单介绍。

(1)上部结构的模拟

一般来说,桥梁上部结构的设计主要由运营荷载控制。震害资料也表明,上部结构自身的震害非常少见。在桥梁抗震设计中,也希望上部结构在设计地震下基本保持弹性。因此,进行桥梁抗震分析时,一般不采用复杂的三维实体单元或板单元,而是采用能反映上部结构质量分布和刚度特征的简化的脊梁模型(梁单元)来模拟上部结构的工作特性,如图4.22所示。

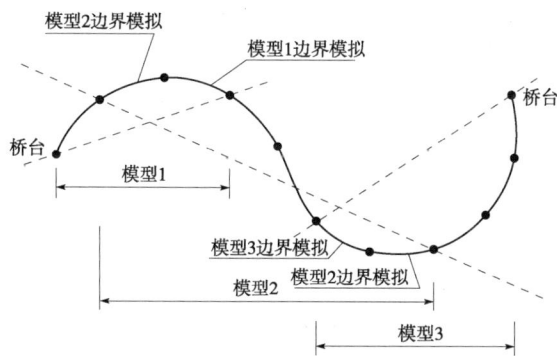

图4.21 桥梁后续结构模拟

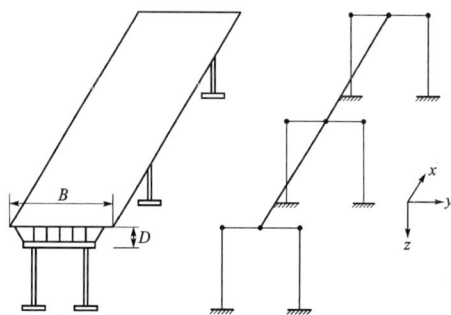

图4.22 上部结构模型

桥梁结构的地震惯性力主要集中在上部结构,控制下部结构(抗震设计的重点)设计的主要是上部结构通过支座传递下来的水平惯性力。而这一惯性力,主要取决于上部结构的质量、下部结构的刚度以及支座连接条件。因此,在桥梁抗震设计中,桥梁上部结构的刚度模拟不必太精细,梁桥的主梁在许多情况下甚至可以假设为刚体,但上部结构的质量必须尽可能正确模拟,其中除了结构自身的质量以外,还包括桥面铺装、护栏等二期恒载的质量。

叠合梁是桥梁上部结构经常采用的一种形式,如果要真实反映上部结构的动力特性,则可以采用梁单元和板单元组合的方法来模拟上部结构的刚度和质量特性,即纵梁和横梁采用梁单元模拟,而混凝土桥面板采用板单元模拟。

(2)墩柱的模拟

在桥梁地震反应分析中,墩柱是关键的结构构件。上部结构的重力和地震惯性力通过墩柱传递给基础,而地震动输入又通过墩柱传递给上部结构。另一方面,目前普遍接受的抗震设计思想一般要求墩柱具备一定的非弹性变形及耗能能力。因此,正确建立墩柱的计算模型,即正确模拟墩柱的刚度和质量分布非常重要。

桥梁墩柱一般采用梁单元模拟,但单元的划分要恰当。因为单元的划分决定了堆聚质量的分布,从而决定振型的形状和地震惯性力的分布。对于一般的混凝土梁桥,上部结构的惯性力贡献对墩柱的地震反应起控制作用,墩柱自身的贡献较小。这时,墩柱的单元划分可以适当粗糙,但每个墩柱至少三个单元。反之,如果是重力式桥墩,或者高墩,桥墩自身的贡献则比较大,此时,墩柱的单元划分就不能太粗糙,如图4.23所示。

在地震作用下,桥梁钢筋混凝土桥墩一般会产生裂缝,截面刚度也将因此而发生变化,应该采用合适的开裂截面惯性矩来代替毛截面惯性矩,但实际构件的开裂截面惯性矩是与截面的开裂程度相关的。我国《公路桥梁抗震设计细则》(JTG/T B02-01—2008)以及《城市桥梁抗震设计规范》(CJJ 166—2011)中规定,在E1地震作用下,构件一般可采用毛截面惯性矩,以期得到更加偏于安全的地震内力反应分析结果,但在E2地震作用下,延性构件应采用有效截面惯性矩式[式(4.76)],对应的截面刚度为钢筋首次屈服时的割线刚度(图4.24),以期得到更偏于安全的地震位移反应分析结果。

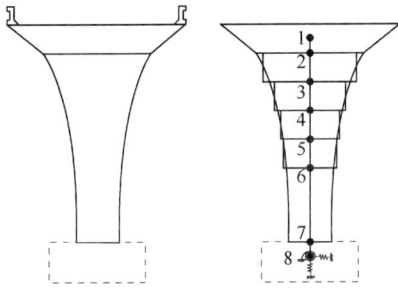

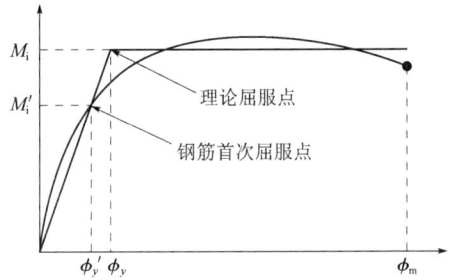

图4.23 桥墩模型   图4.24 截面弯矩—曲率关系曲线

$$E_c \times I_{eff} = \frac{M_y}{\phi_y} \tag{4.76}$$

式中,E_c为桥墩混凝土的弹性模量;I_{eff}为桥墩有效截面抗弯惯性矩;M_y为理论屈服弯矩;ϕ_y为截面理论屈服曲率。

另外,如果需要分析墩柱的弹塑性反应,则应采用适当的弹塑性单元模拟潜在塑性铰区的工作特性。目前,模拟钢筋混凝土墩柱弹塑性性能的方法很多,主要有实体有限元方法、纤维单元法,基于屈服面概念的弹塑性梁柱单元,弹簧模型等。这些方法的离散化程度和模型的粗细程度不同,难度和实际效果也大不一样。一般来说,越精细的模型,所要求的计算量和存储量越大,数值计算的难度也越大,结果的稳定性也越差。反之,简单易行的方法却往往能得到稳定合理的结果。由于地震动本身是随机的,而混凝土材料的离散性又比较大,因此在地震反应分析中过分追求精度没有多大意义。所以,对实际桥梁工程进行弹塑性地震反应分析时,基于屈服面的弹塑性梁柱单元能正确把握墩柱的整体弹塑性性能,是目前比较实用的一种分析方法。图4.25为一典型的钢筋混凝土桥墩屈服面,屈服面以内代表未屈服,屈服面以外代表已经屈服,而屈服面上代表刚刚屈服。

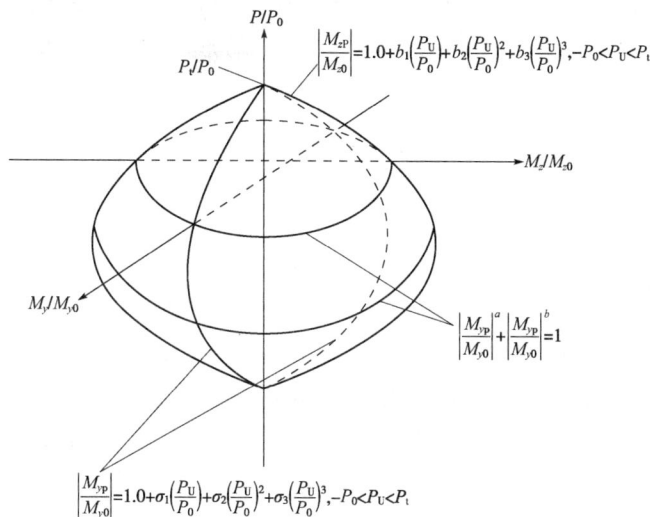

图4.25 典型的钢筋混凝土墩柱截面屈服面

(3)支座的模拟

支承连接条件的变化,对桥梁的动力特性、内力和位移反应均有很大的影响。在地震反应分析中,固定支座一般可采用主从关系(从节点的位移与主节点一致)进行处理;而桥梁中广泛采用的各种橡胶支座、减隔震支座,以及各种限位装置(如各种挡块)等,严格地说都是非线性的,需要采用特殊的非线性单元进行处理。

各种支座的可活动方向与约束性是很复杂的,很难进行准确的模拟。在工程应用中,对支座的非线性特性大多采用较简单的恢复力模型来表达。一般来说,在地震作用下,支座的水平刚度对桥梁主体结构的地震反应影响较大。因而在地震反应分析中,支座在竖向和三个转动方向的刚度可根据其在各个方向的可活动性,粗略地取完全自由或主从,以简化分析;而支座在水平方向的刚度,对于不能移动的自由度,可取大刚度或主从处理,对于可移动的自由度,则应根据支座的特点选取合适的恢复力模型加以确定。

目前,桥梁工程中常用的可活动支座可以分成三类:一是仅提供纵向柔性的普通板式橡胶支座;二是聚四氟乙烯滑板支座,包括滑板式板橡胶支座、盆式支座和球形钢支座;三是减隔震支座,包括铅芯橡胶支座、双曲面减隔震钢支座等。下面依次介绍这三种支座的恢复力模型。

对于板式橡胶支座,大量试验结果表明,其滞回曲线呈狭长形,可以近似作线性处理。因此,地震反应分析中,恢复力模型可以取为直线型,即:

$$F(x) = K \cdot x \tag{4.77}$$

式中,x 为上部结构与墩顶的相对位移;K 为支座的等效剪切刚度,计算公式为:

$$K = \frac{GA}{\sum t} \tag{4.78}$$

式中,G 为支座的动剪切模量,现行规范建议取 1 200kN/m²;A 为支座的剪切面积;$\sum t$ 为橡胶片的总厚度。

各种聚四氟乙烯滑板支座的试验表明,其动力滞回曲线类似于理想弹塑性材料的应力—应变关系,可采用如图4.26所示的恢复力模型。图中,F_{max}为滑动摩擦力,x为上部结构与墩顶的相对位移,x_y为滑动位移。弹性恢复力最大值与滑动摩擦力相等,即:

$$K \cdot x_y = F_{max} = f \cdot N \tag{4.79}$$

式中,f为滑动摩擦系数,现行规范建议取0.02;N为支座所承担的上部结构恒载。

因此临界位移值为:

$$x_y = \frac{f \cdot N}{K} \tag{4.80}$$

在聚四氟乙烯滑板橡胶支座中,弹性位移x_y是由橡胶的剪切变形完成的。因此,K为橡胶支座的水平剪切刚度。在活动盆式支座和活动球形支座中,相对位移几乎完全是由聚四氟乙烯滑板和不锈钢板的相对滑动完成的,因此,它们同样可以采用如图4.26所示的恢复力模型,只是临界位移x_y很小,可根据试验取值,建议取2~3mm,这一取值对地震反应影响很小。

理想的减隔震支座的恢复力模型与一般的聚四氟乙烯滑板支座类似,只是滑动后刚度不为零(图4.27),因此具有自复位能力。对于减隔震支座,滑动后刚度值对支座位移影响很大,需要进行优化。

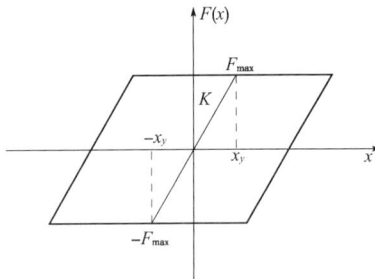

图4.26 滑板支座的恢复力模型　　图4.27 减隔震支座的恢复力模型

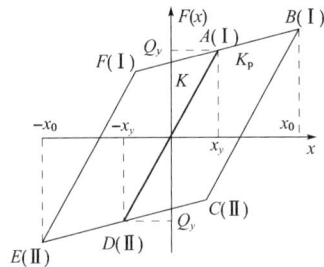

(4)基础的模拟

地震时,桥梁上部结构的惯性力通过基础传给地基,会使地基产生变形。在较硬土层中,这种变形远比地震动产生的变形小。因此,当桥梁建在坚硬的地基上时,往往可以忽略这一变形,即假定地基是刚性的。然而,当桥梁建于软弱土层时,地基的变形则不会很小,不仅会使上部结构产生移动和摆动,而且会改变结构的地震输入,此时,按刚性地基假定的计算结果就会有较大的误差,这是由地基与结构的动力相互作用引起的。

在较坚硬的场地土中,桥梁基础往往采用刚性扩大基础,此时,桥梁墩底一般可采用固定边界条件,即进行固结处理。

而在软弱土层中,桥梁基础的最常用形式是桩基础。桩—土—结构动力相互作用使结构的动力特性、阻尼和地震反应发生改变,而忽略这种改变并不总是偏安全的。

对于中小跨度桩基桥梁,分析表明,对于桥梁结构本身的反应,只要对边界作适当的模拟就能得到较满意的结果。考虑桩基边界条件最常用的处理方法是用承台底六个自由度的弹簧刚度模拟桩土相互作用(图4.28),这六个弹簧刚度是竖向刚度、顺桥向和横桥向的抗推刚度、绕竖轴的抗转动刚度和绕两个水平轴的抗转动刚度。它们的计算方法与静力计算相同,所不

86

同的仅是土的抗力取值比静力的大、一般取 $m_{动} = (2 \sim 3)m_{静}$。六刚度弹簧模型其实是近似考虑了基础的刚度特性，忽略了刚度矩阵中的非对角项(基础平转动耦合项)的影响，对于基础平面尺寸较大、桩数较多的状况误差较小，对于桩柱式或者单排桩的状况则会引起较大的误差，这种状况下应换用 6×6 全刚度矩阵。

在大跨度桥梁的地震反应分析中，一般应考虑桩—土—结构相互作用。考虑这一相互作用的理想模型是将桥梁结构和一定范围内的场地土共同建模，输入基岩地震动，进行一体化分析，但这种方法过于复杂，难以应用于实际工程。目前的常用方法是集中质量法，即将地基和基础离散为质量—弹簧—阻尼系统，并与上部结构系统联合作为一个整体，沿深度方向输入相应土层的地震动进行地震反应分析。如图 4.29 所示，将各单桩按同样的方式集中为若干个质点，然后将两个水平方向的弹簧和阻尼器直接加在群桩中每一单桩的相应节点上，在每一土弹簧处输入对应土层的自由场地地震动加速度时程。这一方法力学意义简单明了，可直接算出单桩内力，但对于大规模的群桩基础，所需附加的弹簧和阻尼器数量庞大，模型相当复杂，不利于工程的实际运用。对于每一弹簧，一种方法是采用线性刚度假定，如采用我国规范的"m"法计算刚度，另一种方法是考虑土的非线性，如采用 P-y 曲线法。

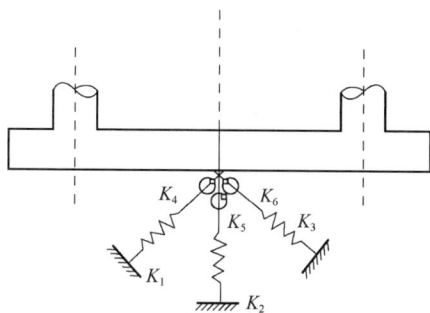

图4.28 群桩基础六弹簧模型

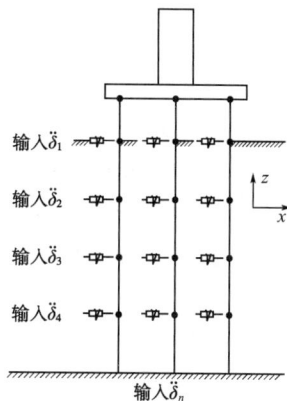

图4.29 群桩基础集中质量模型

"m 法"是我国公路桥梁常用的一种桩基静力设计方法，m 值定义如下式所示：

$$\sigma_{zx} = mzx_z \qquad (4.81)$$

式中，σ_{zx} 是土体对桩的横向抗力；z 为土层的深度；x_z 为桩在 z 处的横向位移(即该处土的横向变位值)，由此可求出等代土弹簧的刚度 k_s：

$$k_s = \frac{P_s}{x_z} = \frac{1}{x_z}A\sigma_{zx} = \frac{1}{x_z}(ab_p)(mzx_z) = ab_p mz \qquad (4.82)$$

式中，a 为土层的厚度，b_p 为桩的计算宽度，按照规范的有关规定取值。

对于高桩承台基础，还可以采用一些简化模型近似模拟桩土系统对桥梁结构地震反应的影响，如等效嵌固模型和弹性嵌固模型，分别如图 4.30、图 4.31 所示。

等效嵌固模型将桩身在冲刷线以下一定深度处嵌固，并输入冲刷线处自由场地地震动加速度时程，而等效嵌固深度 H 根据单桩的水平刚度等效的原则来确定。在不考虑桩与桩之间所产生的群桩效应时，嵌固深度 H 的数学表达式为：

$$H = \sqrt[3]{\frac{12EI}{\rho_2}} - l_0 \tag{4.83}$$

式中,EI 为单桩的抗弯惯性矩;ρ_2 为单桩的水平抗推刚度;l_0 为桩在冲刷线或地面线以上的长度。许多桩基础的计算分析表明,根据单桩水平刚度等效的原则确定的嵌固深度 H 仍然处于 3~5 倍直径范围内。该模型大幅度简化了基础部分的建模和计算需求,计入了冲刷线以上自由桩长部分的桩身惯性力影响,忽略了土中桩身惯性力以及分土层输入的影响,对群桩平动刚度有较好的模拟效果,但对转动刚度模拟较差,适用于承台平面尺寸较大、桩数较多、埋深较深、在水平力作用下转动变形相对平动变形非常不明显的大型桥梁群桩基础。

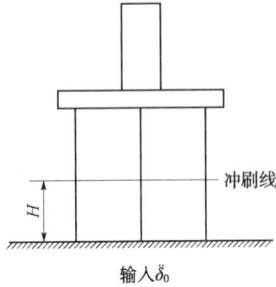

图 4.30 等效嵌固模型   图 4.31 弹性嵌固模型

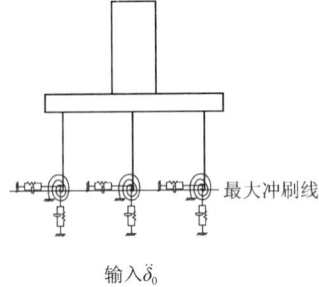

弹性嵌固模型在冲刷线处将桩身截断,将地震作用下冲刷线以下的桩土相互作用,用弹簧单元或阻抗矩阵来模拟,并输入冲刷线处自由场地地震动加速度时程。如果不考虑土体非线性影响,该阻抗矩阵一般形式如下式所示:

$$K = \begin{bmatrix} K_{x,x} & & & & & K_{x,ry} \\ & K_{y,y} & & & K_{y,rx} & \\ & & K_{z,z} & & & \\ & & & K_{rx,rx} & & \\ 对称 & & & & K_{ry,ry} & \\ & & & & & K_{rz,rz} \end{bmatrix} \tag{4.84}$$

式中,$K_{x,x}$、$K_{y,y}$、$K_{z,z}$、$K_{rx,rx}$、$K_{ry,ry}$、$K_{rz,rz}$ 分别为冲刷线以下桩土系统在纵桥向、横桥向、竖向的平动和转动刚度;$K_{x,ry}$ 为纵桥向平动和横桥向转动的耦合刚度;$K_{y,rx}$ 为横桥向平动和纵桥向转动的耦合刚度。这些参数都可以由桩基的地质资料由刚度静力等效采用桩基础设计规范"m 法"求得。相比等效嵌固模型,该模型在单桩建模中考虑了冲刷线以下部分平转动耦合项的影响,对基础的平转动刚度都有较好的模拟。

我国《城市轨道交通结构抗震设计规范》(GB 50909—2014)则允许基础进入塑性工作状态,当采用弹塑性反应谱法进行结构地震反应分析时,桩基础采用集中参数模型,考虑桩与土的非线性,如图 4.32a)所示。对于桩的模拟,当塑性铰位置明确时,可采用塑性铰模型;当塑性铰位置不明确或需考虑动轴力对桩身截面弯曲特性的影响时,可采用纤维单元模型或实体有限元模型等,其中图 4.32b)为桩身纤维截面示意图。对于桩与土的相互作用则采用如

图4.32c)、d)、e)所示的理想弹塑性本构模型模拟。

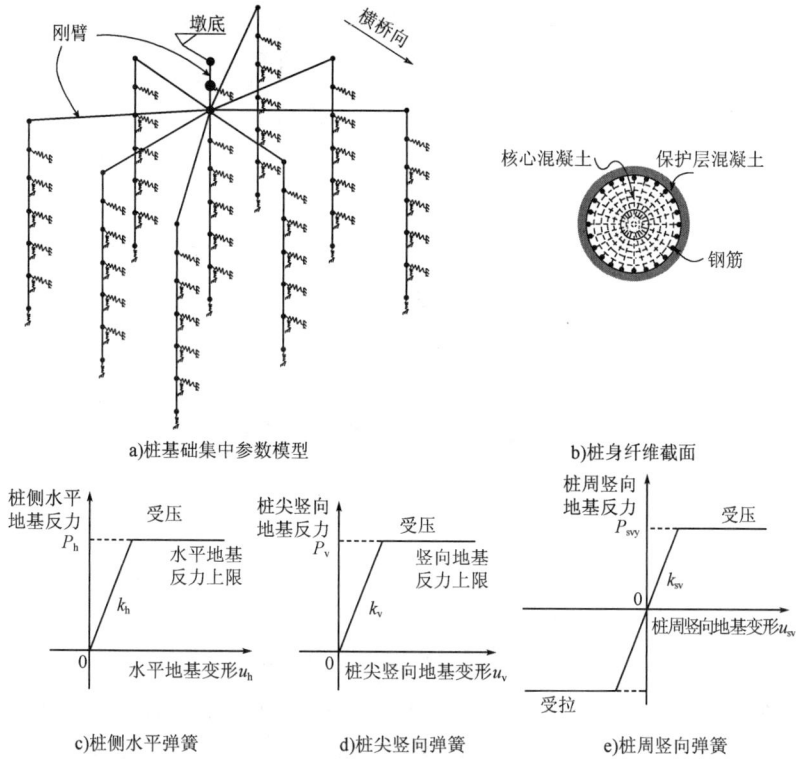

图4.32 桩基础集中参数模型

图4.32，k_h为桩侧水平地基弹簧初始刚度；P_h为水平地基反力；k_v为桩尖竖向地基弹簧初始刚度；P_v为桩尖竖向地基反力；k_{sv}为桩周竖向地基弹簧初始刚度；P_{sv}为桩周竖向地基反力。上述土弹簧的各参数按照规范的有关规定计算。

4)桥梁建模实例

某城市快速路四跨高架连续梁桥，标准联跨径组合为$4 \times 29m$，见图4.33。梁宽24.3m，双向六车道，主梁为单箱四室截面；下部结构为带系梁双柱墩，墩高为10m，墩柱采用实心钢筋混凝土截面，尺寸为$1.3m \times 1.8m$，墩柱轴线横向间距为5.7m；矩形承台，$11.6m \times 7.2m$，高2.5m，重522t；群桩基础，桩长40m，桩数12根，桩径1.0m；断面布置如图4.34所示。

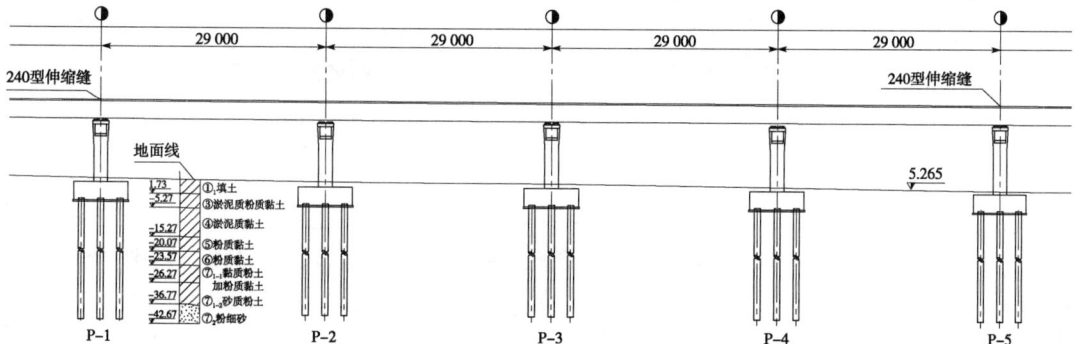

图4.33 四跨高架连续梁(尺寸单位：mm)

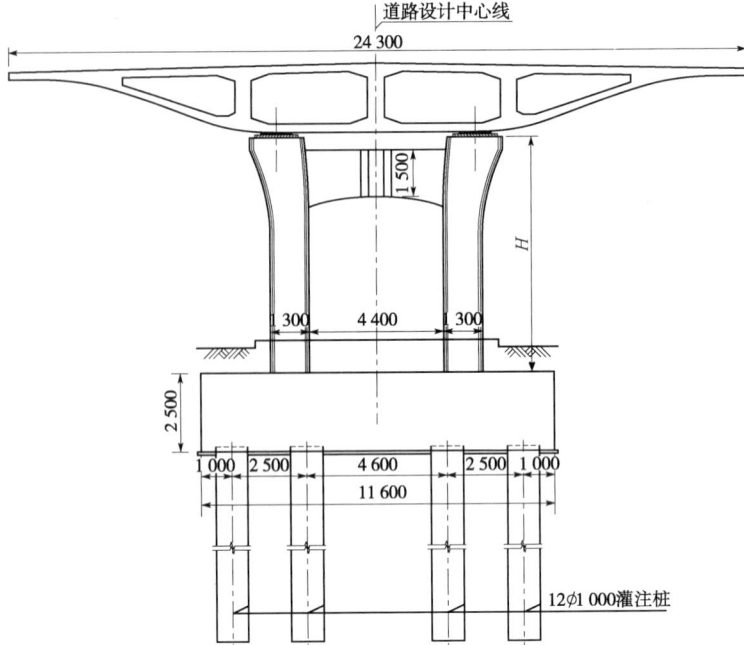

图 4.34 标准跨横断面(尺寸单位:mm)

对该高架桥进行地震反应分析时,主梁简化为沿轴线方向上的单梁模型,每一跨主梁划分为三个梁单元,单元的截面刚度由整个箱梁截面计算得到,而每一单元的质量包括箱梁自身的质量、桥面铺装和防撞栏杆的质量,堆聚在单元两节点上,单元的节点位置通常选在截面的质心处,同时为模拟主梁与支座的连接,在各墩位处的支座顶,同时也是梁底处建立节点,并与相同截面位置处的主梁单元节点间建立刚臂连接或刚性主从约束,如图 4.35 所示,由此形成典型的脊梁单元模型。

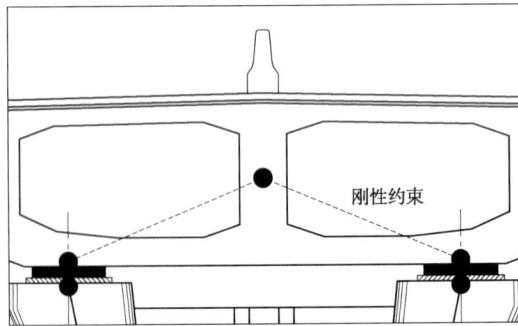

图 4.35 主梁模拟

该桥支座为球形钢支座,支座布置如表 4.1 所示。支座采用连接单元模拟,各方向的力学特性根据各类支座的约束条件确定,具体各类型支座的约束参数详见表 4.2。其中,支座在三个转动方向的刚度取 0,而支座在三个平动方向的刚度,对于约束自由度,取大刚度或主从处理,对于可滑动自由度,动力特性和反应谱分析时取 0,时程反应分析时则采用如图 4.26 所示的恢复力模型。

支座布置状况 表 4.1

墩号	P-1	P-2	P-3	P-4	P-5
左支座	QZ6000DX	QZ15000DX	QZ12500GD	QZ15000DX	QZ6000DX
右支座	QZ6000SX	QZ15000SX	QZ12500DY	QZ15000SX	QZ6000SX

注:GD-固定支座;DX-纵向滑动支座;DY-横向滑动支座;SX-双向滑动支座。

支座约束参数 表 4.2

支座类型	X	Y	Z	RX	RY	RZ
GD 系列	1	1	1	0	0	0
DX 系列	0/B	1	1	0	0	0
DY 系列	1	0/B	1	0	0	0
SX 系列	0/B	0/B	1	0	0	0

注:1. X、Y、Z 分别为纵向、横向和竖向;RX、RY、RZ 分别为绕 X 轴、绕 Y 轴和绕 Z 轴方向。

2. "0"表示自由,"1"表示固结,"/B"表示时程分析时用非线性滑动支座模拟。

桥墩的立柱与系梁模拟为梁柱单元,每一立柱划分为四个单元,系梁划分两个单元,系梁端部与墩身节点连接采用刚性主从约束,如图 4.36 所示。此外,弹塑性地震反应分析时,还应在潜在塑性铰部位建立合适的塑性铰机制。

如图 4.37 所示,承台视为刚体,模拟为质点,并与墩底以及桩顶各节点之间形成刚性主从约束。

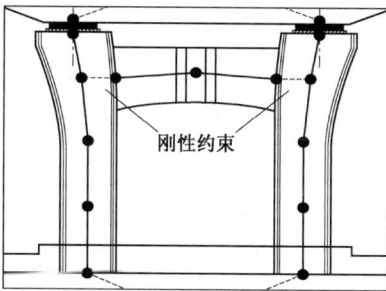

图 4.36 桥墩模拟

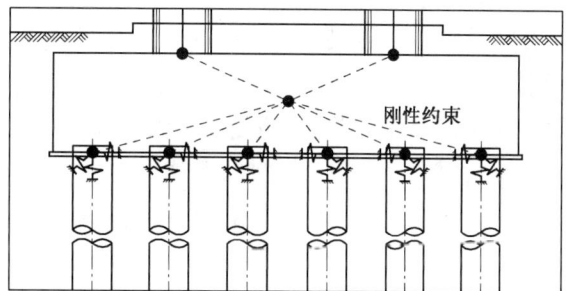

图 4.37 基础模拟

为简化起见,对于桩基仅考虑其刚度因素的影响,而忽略其惯性力的影响(考虑土层中的桩基运动加速度相对较小)。在此选用弹性嵌固模型,即在桩顶每根单桩处施加 6×6 的桩土相互作用弹簧刚度矩阵,用以模拟单桩子结构在桩顶处的刚度,其中单桩土弹簧的刚度计算采用"m"法,并考虑了群桩效应的影响,详细的刚度如下:

$$
K = \begin{bmatrix}
48\,550 & 0 & 0 & 0 & -133\,700 & 0 \\
0 & 468\,80 & 0 & 130\,600 & 0 & 0 \\
0 & 0 & 851\,500 & 0 & 0 & 0 \\
0 & 130\,600 & 0 & 588\,000 & 0 & 0 \\
-133\,700 & 0 & 0 & 0 & 594\,900 & 0 \\
0 & 0 & 0 & 0 & 0 & 118\,300
\end{bmatrix} \quad (\text{单位体系:kN,m})
$$

最后,该标准联桥的动力有限元分析模型如图 4.38 所示。需要指出的是,为考虑后续结构的影响,在计算模型的两端还应各加建一联桥梁模型。

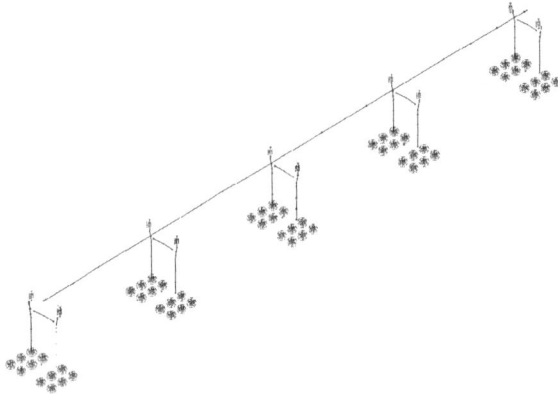

图4.38　标准联桥有限元分析模型

4.3.3　桥梁地震反应计算要点

我国现行的《公路桥梁抗震设计细则》(JTG　B02-01—2008)和《城市桥梁抗震设计规范》(CJJ　166—2011)均规定,对于规则桥梁,即地震反应由某一阶振型控制的桥梁,选用单自由度或多自由度反应谱法,而对于非规则桥梁,则要求选用多振型反应谱和时程分析法进行地震反应分析。

1)地震反应谱分析

反应谱方法一般只适用于线弹性地震反应分析,而且对于复杂桥梁,一般只能作为估算手段。

对于可以简化为单质点体系的规则桥梁,可以采用单自由度反应谱法进行地震反应分析,采用桥梁抗震设计规范公式进行手算。

对于非规则桥梁,必须采用多自由度反应谱方法进行地震反应分析,过程比较繁琐,一般需借助计算程序进行计算。多自由度反应谱分析时,需要解决好三个问题:一是计算的振型阶数要足够多,否则会低估结构的反应;二是要采用合适的振型组合方法;对于多方向地震输入时,还要选择合适的方向组合方法。

一般来说,对于振型组合,梁式桥等中小跨度桥梁的各阶振型分布相对稀疏,可采用SRSS方法组合,而大跨度桥梁的许多振型周期可能非常接近,应采用CQC方法组合,它们是我国现行桥梁抗震设计规范采用的两种组合方法;对于方向组合,我国桥梁抗震设计规范采用SRSS方法,而欧美桥梁抗震设计规范则采用前述方向的组合方法,见式(4.36c)。

在反应谱分析中,计算的振型阶数是一个需要慎重确定的问题,计算的振型阶数少了会低估结构的地震反应,而计算的振型阶数过多又会导致计算量显著增大。每一阶振型的贡献,不仅和振型参与系数有关,还和该振型形状、周期及其对应的反应谱值有关,因此,理论上仅仅根据结构的振型参与系数不能合理地反映各阶振型对于结构动力反应的贡献。

在建筑结构中,首先提出了采用振型参与质量系数来确定合理的计算振型阶数的方法,之后,在桥梁结构中得到了验证和应用。下面对这一方法进行简单阐述。

根据4.2.2节的推导,假设SA_i为第i阶振型的周期对应的加速度反应谱的谱值,第i阶

振型产生的惯性力最大值为:

$$\{F_{I,max}\}_i = [M]\{\ddot{\delta}\}_i = [M]\{\phi\}_i \ddot{Y}_i = [M]\{\phi\}_i \gamma_i SA_i$$

$$= \frac{[M]\{\phi\}_i\{\phi\}_i^T[M]\{I\}}{\{\phi\}_i^T[M]\{\phi\}_i} SA_i \qquad (4.85)$$

式中,$[M]$为多自由度体系的质量矩阵;$\{\phi\}_i$为第i阶振型列向量;$Y_i(t)$为第i阶振型坐标;$\{I\}$为惯性力影响矩阵,其中元素只有0或1;γ_i为第i阶振型的振型参与系数。

$$\gamma_i = \frac{\{\phi\}_i^T[M]\{I\}}{\{\phi\}_i^T[M]\{\phi\}_i} \qquad (4.86)$$

对于某一水平方向上,第i阶振型各自由度惯性力最大值的代数和$|F_{I,max}|_i$为:

$$|F_{I,max}|_i = \frac{\{I\}^T[M]\{\phi\}_i\{\phi\}_i^T[M]\{I\}}{\{\phi\}_i^T[M]\{\phi\}_i} SA_i$$

$$= \frac{(\{\phi\}_i^T[M]\{I\})^T(\{\phi\}_i^T[M]\{I\})}{\{\phi\}_i^T[M]\{\phi\}_i} SA_i$$

$$= \gamma_i^2 M_i SA_i \qquad (4.87)$$

式(4.87)中,令$\{\phi\}_i^T[M]\{\phi\}_i = M_i$为第$i$阶振型的广义质量。假设下式成立:

$$SA_i \equiv 1 \qquad (4.88)$$

于是有:

$$\sum_{i=1}^n |F_{I,max}|_i = \sum_{i=1}^n \gamma_i^2 M_i = M_{total} SA \qquad (4.89)$$

式(4.89)中:M_{total}为所有自由度的总质量,且结构整体加速度$SA = SA_i \equiv 1$,则:

$$\sum_{i=1}^n \gamma_i^2 M_i = M_{total} \qquad (4.90)$$

定义$\gamma_i^2 M_i$为第i阶振型的振型参与质量,得前j阶$(j < n)$振型参与质量系数r_j为:

$$r_j = \frac{\sum_{i=1}^j \gamma_i^2 M_i}{M_{total}} \qquad (4.91)$$

从式(4.90)、式(4.91)可知:r_i唯一确定,不随$\{\phi\}_i$形式不同而改变;r_i无量纲且$\sum_{i=1}^n r_i = 1$。

故理论上,振型参与质量系数r比振型参与系数γ更准确地反映各阶振型对于结构总反应的贡献。

式(4.87)中第i阶振型各自由度惯性力最大值的代数和$|F_{I,max}|_i$有如下解释:

(1)对于普通建筑结构,$|F_{I,max}|_i$为第i阶振型的基底剪力,对建筑结构抗震设计起控制作用,即说明振型参与质量系数在建筑结构抗震设计中意义明确。

(2)对于桥梁结构,$|F_{I,max}|_i$为某一方向第i阶振型各桥墩底剪力的代数和,显然,对于抗

震设计,存在各桥墩底剪力分配问题,因此这个物理量在桥梁的地震反应谱分析中存在一定的模糊性。此外,根据式(4.86)可知,桥梁各墩的实际反应还与桥梁的质量分布和振型形状有关。

于是,x、y、z 方向上第 i 振型的质量参与系数 $X_{\text{mass},i}$、$Y_{\text{mass},i}$、$Z_{\text{mass},i}$,可分别表达为:

$$\begin{cases} X_{\text{mass},i} = \dfrac{\gamma_{ix}^2 M_i}{\sum M_x} \\[2mm] Y_{\text{mass},i} = \dfrac{\gamma_{iy}^2 M_i}{\sum M_y} \\[2mm] Z_{\text{mass},i} = \dfrac{\gamma_{iz}^2 M_i}{\sum M_z} \end{cases} \tag{4.92}$$

式中,γ_{ix}、γ_{iy}、γ_{iz} 分别为第 i 振型 x、y、z 方向的振型参与系数;M_i 为第 i 振型的广义质量;$\sum M_x$、$\sum M_y$、$\sum M_z$ 分别为 x、y、z 方向所有质点质量之和。

x 方向第 i 振型的质量参与系数 $X_{\text{mass},i}$ 表示的是当 x 方向输入地震动加速度为常数时,由第 i 振型激起的所有质点惯性力之和与所有振型激起的所有质点惯性力之和之比。我国现有的桥梁抗震设计规范均规定,用多振型反应谱法计算时,所考虑的振型阶数应在计算方向获得90%以上的有效参与质量。如计算 x 方向的地震反应,则要求:

$$X_{\text{mass}} = \dfrac{\sum\limits_{i=1}^{N} \gamma_{ix}^2 M_i}{\sum M_x} \geqslant 0.9 \tag{4.93}$$

经过验证,即使对于大跨度斜拉桥,这一"90%标准"也是合理的。不过,在水平向及竖向地震联合激励下,由于竖向地震下主要控制振型阶数较水平输入下高很多,因此应以竖向振型参与质量系数达到90%所确定的振型阶数作为斜拉桥计算振型数来进行反应谱分析。

2)时程反应分析

对于非规则桥梁,特别是复杂桥梁,以及需要考虑非线性因素影响的桥梁地震反应,往往要求进行时程反应分析。时程反应分析的过程相当冗繁,一般都需要借助于计算程序进行。

在实际结构的地震反应分析中,时程分析一般采用直接积分法,而具体的积分方法,通常选用无条件稳定的积分方法,特别是在非线性地震反应分析中,为了提高计算效率,往往采用等加速度法进行积分计算。但是,即使采用无条件稳定的积分方法,在实际结构的地震反应分析中也不应选择过大的时间步长,否则会影响计算精度。当然,时间步长也不必取得过小,否则计算效率太差。一般来说,地震动加速度时程的时间间隔通常为 0.01s 或 0.02s,在进行线弹性的地震反应分析时,积分步长可以和地震动加速度时程的间隔取一样,而进行弹塑性地震反应分析时,往往还需要对每一步长进行细分,或者仅对出现塑性的部分时段局部细分,如每一步长再细分为 10 步计算。

对于线弹性,而且采用比例阻尼矩阵的桥梁结构,其时程反应分析也常常会选用基于振型分解法的时程反应分析方法,此时,计算振型阶数可参考反应谱方法。

需要特别强调的是,一条地震动时程只是地震这一随机事件的一个样本,因此,从理论上说,采用时程法进行地震反应分析时,需要输入多条地震动时程进行分析,然后取平均值。我国现行桥梁抗震设计规范规定:时程分析的最终结果,当采用 3 组地震加速度时程计算时,应取各组计算结果的最大值;当采用 7 组及以上地震加速度时程计算时,可取结果的平均值。

4.4 规则桥梁的地震反应简化分析

4.4.1 规则桥梁的定义

规则桥梁是指其地震反应以一阶振型为主的桥梁。因此规则桥梁的地震反应可以通过简化模型或计算方法进行分析。

从规则桥梁的定义可以看出,要满足其受一阶振型主导的条件,桥梁结构应在跨数、几何形状、质量分布、刚度分布以及桥址的地质条件上满足一定的限制。一般情况下,要求实际桥梁的跨数不应太多,跨径不宜太大,在桥梁纵向和横向上的质量分布、刚度分布以及几何形状都不应有突变,相邻桥墩的刚度差异不应太大,桥墩长细比应处于一定范围,桥址的地形、地质没有突变,而且桥址场地不会有发生液化和地基失效的危险等;对弯桥,要求其最大圆心角应处于一定范围;斜桥以及安装有隔震支座和(或)阻尼器的桥梁,则不属于规则桥梁。为了便于实际操作,我国《公路桥梁抗震设计细则》(JTG/T B02-02—2008)以及《城市桥梁抗震设计规范》(CJJ 166—2011)借鉴国外一些桥梁抗震设计规范的规定并结合国内已有的一些研究成果,对判定一座桥梁是否属于规则桥梁给出了具体的参数要求。其中,《城市桥梁抗震设计规范》(CJJ 166—2011)考虑到滑板支座在城市桥梁中应用非常广泛,并且滑板支座在水平方向上的荷载—位移关系也符合理想弹塑性本构关系,因此将该类桥梁也划归至规则桥的范围。表4.3所示即为我国《城市桥梁抗震设计规范》(CJJ 166—2011)中对规则桥梁给出的参数要求。需要指出的是,尽管不在此表限定范围内的桥梁,都按非规则桥梁处理,但并不意味着都属于非规则桥梁。

规则桥梁的定义　　　　　　　　　　　　　　　　　　　　表4.3

参　　数	参　数　值				
单跨最大跨径	≤90m				
墩高	≤30m				
单墩长细比	大于2.5且小于10				
跨数	2	3	4	5	6
曲线桥梁圆心角 φ 及半径 R	单跨 $\varphi<30°$ 且一联累计 $\varphi<90°$,同时曲梁半径 $R\geq20B_0$(B_0 为桥宽)				
跨与跨间最大跨长比	3	2	2	1.5	1.5
轴压比	<0.3				
跨与跨间桥墩最大刚度比	—	4	4	3	2
下部结构类型	桥墩为单柱墩、双柱框架墩、多柱排架墩				
地基条件	不易液化、侧向滑移或易冲刷的场地,远离断层				

4.4.2 规则桥梁的地震反应简化分析方法

由于规则桥梁的地震反应受一阶振型主导,因此对于规则桥梁的地震反应分析可以采用单自由度体系的简化分析方法。

求解规则桥梁的弹性地震反应,首先需要确定控制结构地震反应的主振型,即需要求解振型的刚度、质量以及振型的频率等相关信息。

对于振型相关信息的求解可以直接采用对结构动力特性的分析结果,例如我国 89 版《公路桥梁抗震设计规范》以及 2008 年新颁布的《公路桥梁抗震设计细则》(JTG/T B02-01—2008),对于采用实体墩的桥梁地震内力就直接采用了基本振型的动力求解。事实上,对于一些柔性墩规则桥梁,其地震内力求解可通过等效静力方法近似得到,即以某种水平荷载作用下的结构变形近似作为结构的主导振型形状。美国的 AASHTO 抗震规范对于规则桥梁推荐了这种方法,我国的《城市桥梁抗震设计规范》也采用了这一方法。其求解的关键包括确定等效振型刚度与等效振型质量。

1)等效振型刚度

我国《城市桥梁抗震设计规范》对简支梁,采用的水平荷载模式是在顺桥向或横桥向作用于支座顶面或上部结构质量重心上单位水平力,求取在该点引起的水平位移,从而确定顺桥向和横桥向的等效刚度。对于连续梁一联中一个墩采用顺桥向固定支座,其余均为顺桥向活动支座的,由于其在顺桥向的主要约束是由固定墩提供的,因此其顺桥向地震反应采用的水平荷载模式是在固定墩支座顶面作用单位水平力,并根据相应的水平位移确定顺桥向的等效刚度,如下式所示:

$$K = \frac{1}{\delta} \tag{4.94}$$

式中,δ 为在顺桥向或横桥向作用于支座顶面或上部结构质量重心上单位水平力在该点引起的水平位移(m/kN),顺桥向和横桥向应分别计算,计算时可按现行的《公路桥涵地基与基础设计规范》(JTG D63—2007)的有关规定计算地基变形作用效应。

对于求解采用板式橡胶支座的规则性连续梁在顺桥向的地震反应,以及所有连续梁桥和连续刚构桥在横桥向上的地震反应,由于提供结构水平抗力的桥墩不止一个,因此其水平荷载模式一般选择为主梁全长上的均布荷载,并根据需要分别选择顺桥向或横桥向,如图 4.39 和图 4.40 所示,其中,对于计算多联连续梁或连续刚构在横桥向上的地震反应时,为考虑边界联约束的影响,均布荷载的作用范围还应至少包含左右各一联。对于等效振型刚度的计算,同样也是根据这一荷载下的位移来得到,见式(4.95)和式(4.96)。

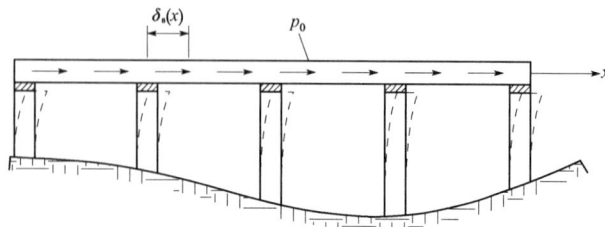

图 4.39 顺桥向计算模型

$$K_l = \frac{p_0 L}{\delta_{s,max}} \tag{4.95}$$

$$K_t = \frac{p_0 L}{\delta_{s,max}} \tag{4.96}$$

式中，p_0 为均布荷载；L 为一联桥梁总长；$\delta_{s,\max}$ 为 p_0 作用下的最大水平位移；K_l 为桥梁的顺桥向刚度；K_t 为桥梁的横桥向刚度。

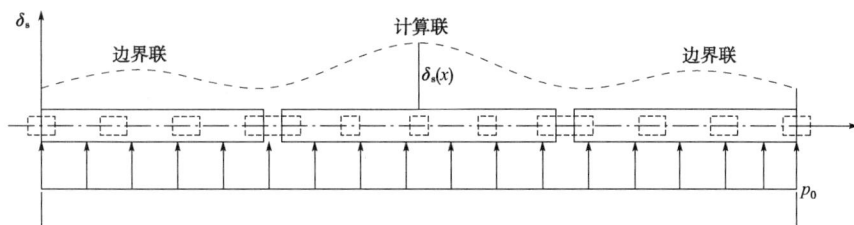

图 4.40　横桥向计算模型

需要指出的是，在求解等效振型刚度时，对于地震作用相对较小的 E1 地震，由于性能目标实际上是要求各组成构件保持弹性工作状态，因此各构件的刚度计算也是基于毛截面的刚度进行的；而对于地震作用相对较大的 E2 地震，结构性能目标中允许部分构件进入延性状态，但应确保结构不倒塌，因此对于确实已进入延性状态的延性构件的刚度计算，则应考虑开裂截面刚度折减效应的影响。

2）等效振型质量

对于振型质量，不仅应考虑上部结构的质量，还应考虑墩身、盖梁等的质量参与作用。对于规则桥梁的上部结构，其在地震作用下一般可视为满足刚体运动，因此可以简化为质点，但对于墩身则不同，在不同的位置质量有不同的质量参与度，因此等效振型质量的关键是如何求解墩身及盖梁的参与质量。

我国 89 版《公路工程抗震设计规范》在基于动能相等的条件提出了柔性墩墩身质量参与系数的计算方法，该方法在 2008 年颁布的《公路桥梁抗震设计细则》(JTG/T B02-01—2008)中得以继续应用，在《城市桥梁抗震设计规范》(CJJ 166—2011)中，又对考虑桥墩盖梁以及采用板式橡胶支座的状况进行了改进。在此，仅对改进后的等效振型质量计算方法予以简单介绍：

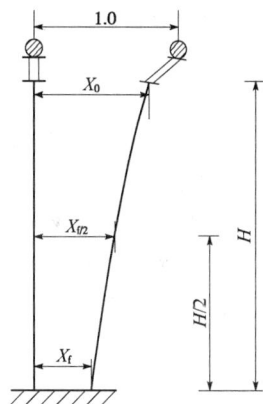

图 4.41　柱式墩计算简图

如图 4.41 所示，假设在给定的水平荷载模式下，上部结构质心处产生单位水平位移，此时，盖梁质心处的位移为 X_0，墩柱中部的位移为 $X_{f/2}$，柱底部的位移为 X_f。

假设墩身位移在底部、中点以及盖梁质心处为折线模式，则在墩身任意一高度 y 处的位移为：

$$\delta_y = \begin{cases} X_f + \dfrac{2(X_{f/2} - X_f)}{H}y & 0 \leq y < H/2 \\ X_{f/2} + \dfrac{2(X_0 - X_{f/2})}{H}\left(y - \dfrac{H}{2}\right) & H/2 \leq y \leq H \end{cases} \tag{4.97}$$

则等效墩身参与质量为：

$$M = \int_0^H (\delta_y)^2 \cdot m\mathrm{d}y$$
$$= \frac{1}{6}(X_0^2 + X_f^2 + 2X_{f/2}^2 + X_f X_{f/2} + X_0 X_{f/2}) \cdot mH \tag{4.98}$$

上述公式未考虑振型形状,为此,以岩石地基条件(不考虑地基变形)以及普通球钢支座的墩身质量换算系数加以修正。根据振型曲线,可得:

$$X_0 = 1 \qquad X_f = 0 \qquad X_{f/2} = 5/16$$

通过振型分析可得,此时的墩身换算系数理论值为 0.24,代入经过修正可得:

$$\eta_p = 0.16(X_0^2 + X_f^2 + 2X_{f/2}^2 + X_f X_{f/2} + X_0 X_{f/2}) \tag{4.99}$$

对于盖梁,其换算质量系数则为:

$$\eta_{cp} = X_0^2 \tag{4.100}$$

则包含上部结构在内的总的振型质量则为:

$$M_t = M_{sp} + \eta_{cp} M_{cp} + \eta_p M_p \tag{4.101}$$

式中,M_{sp} 为桥梁上部结构的质量;M_{cp} 为盖梁的质量;M_p 为墩身质量,对于扩大基础,为基础顶面以上墩身的质量。

3)结构地震反应

求得规则桥梁的等效振型刚度和等效振型质量后,则可确定振型的周期:

$$T = 2\pi \sqrt{\frac{M_t}{K}} \tag{4.102}$$

则桥梁总的水平地震力可按下式计算:

$$E_{ktp} = SM_t \tag{4.103}$$

式中,S 为根据结构基本周期计算出的反应谱值。

对于简支梁,墩身水平地震力可直接采用式(4.103)的结果。

对于连续梁一联中仅一个墩采用顺桥向固定支座,其余均为顺桥向活动支座,其固定支座的顺桥向地震反应还应扣除活动墩的摩擦力:

$$E_{ktp} = SM_t - \sum_{i=1}^{N} \mu_i R_i \tag{4.104}$$

式中,R_i 为第 i 个活动支座的恒载反力;μ_i 为第 i 个活动支座的摩擦系数,一般取 0.02。

活动墩的支座地震力则为相应的摩擦力:

$$E_{kti} = \mu_i R_i \tag{4.105}$$

对于其他情况,当水平荷载模式为线荷载时,则等效地震线荷载为:

$$p_e = \frac{SM_t}{L} \tag{4.106}$$

各墩支座处地震反应则可按静力法计算均布荷载 p_e 作用下的结构内力反应。

4)延性结构 E2 地震作用下的位移反应

对于在 E2 地震作用下进入延性的规则桥梁,由于墩顶的位移反应与墩底的塑性铰变形存在较好的一一对应关系,因此可以通过验算墩顶的位移来等效验算塑性铰区的变形。但由于结构进入塑性状态后,在结构刚度上有较大的改变,原来的振型刚度已不再适用,因此如何合理求取桥梁的墩顶位移反应则成为延性结构桥梁 E2 地震作用下性能目标验算的一个关键问题。

研究表明:对于长周期的单自由度系统,非线性系统的最大反应位移与完全弹性系统的最大反应位移在统计平均意义上相等,这就是等位移准则[图4.42a)]。新西兰规范和欧洲规范都规定,当结构自振周期大于0.7s时,等位移准则就可以适用。根据等位移准则,可得:

$$\Delta_p = \Delta_e \qquad (4.107)$$

式中,Δ_p、Δ_e 为非线性系统位移、弹性系统位移。

对于中等周期的单自由度系统,弹性体系在最大位移时所储存的变形能与弹塑性体系达到最大位移时的耗能相等,这就是等能量准则[图4.42b)]。根据等能量准则,非线性系统的位移将略大于弹性体系的最大位移,可通过采用适当的位移调整系数来计算非线性系统的位移,即:

$$\Delta_p = R_d \cdot \Delta_e \qquad (4.108)$$

式中,R_d 为位移修正系数。

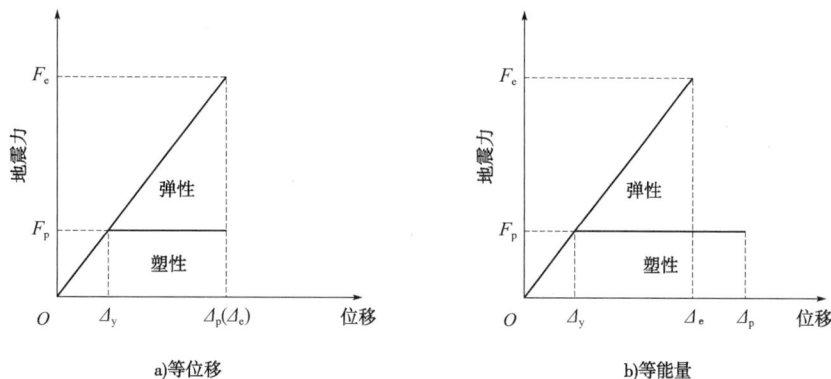

图4.42 等位移准则与等能量准则

美国《AASHTO Guide Specifications for LRFD Seismic Bridge Design》通过研究,提出位移修正系数 R_d 可按下式计算:

$$\frac{T^*}{T} > 1.0 \text{ 时}, R_d = \left(1 - \frac{1}{\mu_D}\right)\frac{T^*}{T} + \frac{1}{\mu_D} \geq 1.0 \qquad (4.109)$$

式中,$T^* = 1.25T_g$;T_g 为反应谱特征周期;μ_d 为桥墩构件延性系数;一般情况可取3。

我国《城市桥梁抗震设计规范》(CJJ 166—2011)也采用了相同的修正系数。

本章参考文献

[1] 范立础. 桥梁抗震[M]. 上海:同济大学出版社,1997.

[2] 范立础,胡世德,叶爱君. 大跨度桥梁抗震设计[M]. 北京:人民交通出版社,2001.

[3] 范立础,卓卫东. 桥梁延性抗震设计[M]. 北京:人民交通出版社,2001.

[4] 范立础,李建中,王君杰. 高架桥抗震设计[M]. 北京:人民交通出版社,2001.

[5] Priestley M. J. N. , Seible F. , Calvi G. M. Seismic design and retrofit of bridge[M]. New York:John Wiley & Sons, 1996.

[6] 中华人民共和国行业标准.JTG B02—2013 公路工程抗震规范[S].北京:人民交通出版

社,2013.

[7] Seismic Design Criteria, Version1.1, Sacraments, California, California Department of Transportation (CALTRANS), Division of Structures,1999.7.

[8] AASHTO. Specifications for LRFD Seismic Bridge Design[S]. Washington DC: American Association of State Highway and Transportation Officials, 2007.

[9] Eurocode 8. Design provisions for earthquake resistance of structures[S]. London: European Committee for Standardization, 1994.

[10] 中华人民共和国行业标准. JTG/T B02-01—2008 公路桥梁抗震设计细则[S]. 北京:人民交通出版社,2008.

[11] 中华人民共和国行业标准. CJJ 166—2011 城市桥梁抗震设计规范[S]. 北京:中国建筑工业出版社,2011.

[12] 中华人民共和国国家标准. GB 50909—2014 城市轨道交通结构抗震设计规范[S]. 北京:中国计划出版社,2014.

第 5 章

桥梁延性抗震设计

20 世纪 60 年代,以纽马克(Newmark)为首的学者基于结构的非线性地震反应研究,提出用"延性"的概念来概括结构物超过弹性阶段后的抗震能力。他们认为在抗震设计中,除了强度与刚度之外,还必须重视加强结构延性。

另一方面,人们也从震害中认识到了结构的延性。震害调查显示,在强烈的地震动作用下,按规范进行抗震设计的结构很多情况下并不具备抵抗强震的足够强度,但有些结构却没有倒塌,甚至没有发生严重破坏。这些结构能够在地震中幸存,是因为结构的初始强度能够基本维持,没有因非弹性变形的加剧而过度下降,也即具有较好的延性。

然而,直到 1971 年美国发生圣·费尔南多地震,桥梁结构遭到严重破坏之后,延性抗震才真正得到重视。这次地震的震害,使人们开始从单一强度设防转入强度和延性双重设防的研究。

20 世纪 70 年代初,以 R·帕克(R. Park)和 T·鲍雷(T. Paulay)为首的新西兰学者在总结震害教训和试验研究成果的基础上,提出了延性抗震设计理论,以及能力设计方法。

目前,抗震设计方法正在从传统的强度理论向延性抗震理论过渡,大多数多地震国家的桥梁抗震设计规范已采纳了延性抗震理论。延性抗震理论不同于强度理论的是,它是通过结构选定部位的塑性变形(形成塑性铰)来抵抗地震作用的。利用选定部位的塑性变形,不仅能消耗地震能量,还能延长结构周期,从而减小地震反应。

为了顺应桥梁抗震设计的这一发展趋势,使桥梁工程师们能够采用延性概念来实现桥梁结构的抗震设防目标,本章将系统地介绍桥梁延性抗震设计的基本理论。内容包括:延性的基本概念、延性抗震设计基本理论、钢筋混凝土墩柱的延性设计方法、能力保护构件的设计方法、单柱墩连续梁桥延性设计实例以及双柱墩连续梁桥延性设计实例。

5.1 延性的基本概念

5.1.1 延性的定义

材料、构件或结构的延性,通常定义为在初始强度没有明显退化情况下的非弹性变形能力。它包括两个方面的能力:一是承受较大的非弹性变形,同时强度没有明显下降的能力;二是利用滞回特性吸收能量的能力。

从延性的本质来看,它反映了一种非弹性变形的能力,即结构从屈服到破坏的后期变形能力,这种能力能保证强度不会因为发生非弹性变形而急剧下降。

对材料而言,延性材料是指在发生较大的非弹性变形时强度没有明显下降的材料,与之相对应的脆性材料,则指一出现非弹性变形或在非弹性变形极小的情况下即破坏的材料。不同材料的延性是不同的,低碳钢的延性较好,素混凝土的延性较差,而混凝土当配有适当箍筋时延性就会有显著提高。

对结构和结构构件而言,如果结构或结构构件在发生较大的非弹性变形时,其抗力仍没有明显的下降,则这类结构或结构构件称为延性结构或延性构件。结构的延性称为整体延性,结构构件的延性称为局部延性。结构的整体延性与结构中延性构件的局部延性密切相关,而延性构件的局部延性又和构成构件的材料的延性密切相关。

在地震动这种随机反复荷载作用下,结构和构件的延性会有所降低,因此,在延性抗震设计中,延性系数应具有一定的安全度。

5.1.2 延性指标

在利用延性概念设计抗震结构时,首先必须确定度量延性的量化指标,即延性指标。最常用的延性指标为:曲率延性系数(简称曲率延性)和位移延性系数(简称位移延性)。

1)曲率延性系数

钢筋混凝土延性构件的非弹性变形能力,来自塑性铰区截面的塑性转动能力,因此可以采用截面的曲率延性系数来反映。曲率延性系数定义为截面的极限曲率与屈服曲率之比,即:

$$\mu_\phi = \frac{\phi_u}{\phi_y} \tag{5.1}$$

式中,ϕ_y、ϕ_u 分别表示塑性铰区截面的屈服曲率和极限曲率(图5.1)。

对钢筋混凝土构件,塑性铰区截面的屈服曲率,一般指截面最外层受拉钢筋初始屈服时的曲率(适筋构件)或截面混凝土受压区最外层纤维初次达到峰值应变值时的曲率(超筋构件或高轴压比构件,轴压比为截面所受的轴力与其名义抗压强度之比)。

按不同的屈服曲率定义,计算得到的延性指标一般不同,这一点一直被认为是延性设计理论中的一个缺陷。实际上,只要在计算延性需求和评估延性能力时,基于同样的屈服点定义,这个问题就显得次要了。

在美国加州 Caltrans 抗震设计规范中,采用的理论屈服曲率定义为(图 5.2)。

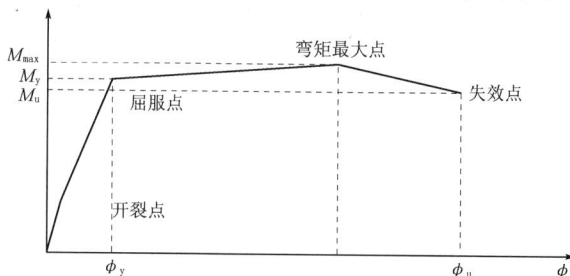

图 5.1 截面弯矩—曲率关系示意图

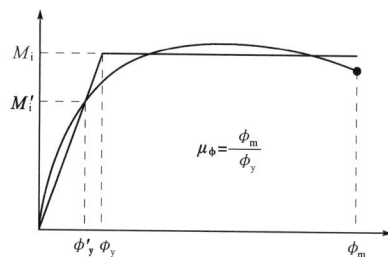

图 5.2 理论屈服曲率定义

$$\phi_y = \frac{M_i}{M_i'}\phi_y'$$

式中,ϕ_y' 为截面最外层受拉钢筋初始屈服时的曲率;M_i' 为截面最外层受拉钢筋初始屈服弯矩;理论屈服弯矩 M_i 则根据实际的和理论的(双线性)M-ϕ 曲线在 $\phi_y' - \phi_u$ 之间所包围的面积相等的原则确定。

钢筋混凝土延性构件塑性铰区截面的极限曲率,通常由两个条件控制,即被箍筋约束的核心混凝土达到极限压应变值,或临界截面的抗弯能力下降到最大弯矩值的 85%。

2)位移延性系数

与曲率延性系数的定义相似,钢筋混凝土构件的位移延性系数定义为构件的极限位移与屈服位移之比,即:

$$\mu_\Delta = \frac{\Delta_u}{\Delta_y} \tag{5.2}$$

式中,Δ_y、Δ_u 分别表示延性构件的屈服位移和极限位移,定义与临界截面的屈服曲率和极限曲率的定义相似。

钢筋混凝土结构的位移延性系数与结构体系布置有关,一般没有统一的表达式。

5.1.3 延性、位移延性系数与变形能力

构件或结构的延性、位移延性系数与变形能力,这三者之间既存在密切的联系,但又有一定的区别。

材料、构件或结构的变形能力,是指其达到破坏极限状态时的最大变形;延性指其非弹性变形的能力;而位移延性系数则是指最大位移与屈服位移之比。因此,这三者都是与变形有关的量。图 5.3 以图示方式显示这三者的不同定义。

需要指出的是,一个结构或构件可能有较大的变形能力,但它实际可利用的延性却可能较低。如图 5.4 所示:与刚度较大的矮墩相比,柔性高墩的变形能力相对较大,但由于受容许变形值的限制,它实际可利用的延性($\Delta_{su} - \Delta_{ty}$)却反而较低。另外,一个结构或构件可能有较大的延性,但最大位移延性系数却可能较低。如图中的柔性高墩与刚性矮墩相比,延性较高,但位移延性系数却较低。

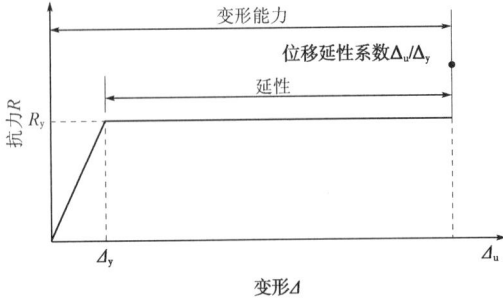

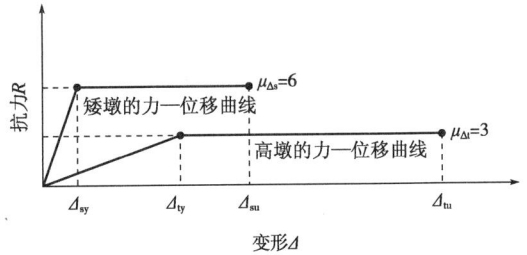

图 5.3　延性、位移延性系数和变形能力　　　　图 5.4　柔性高墩与延性矮墩的比较

5.1.4　曲率延性系数与位移延性系数的关系

对于简单的结构构件，可以通过曲率与位移的对应关系，推得曲率延性系数 μ_ϕ 与位移延性系数 μ_Δ 之间的对应关系。下面以悬臂墩为例说明。

如图 5.5a)所示的独柱式悬臂桥墩，其墩顶位移与桥墩的曲率分布之间，存在如下关系：

$$\Delta = \iint \phi(x)\,\mathrm{d}x\mathrm{d}x \tag{5.3}$$

在墩底截面刚刚屈服时，可认为曲率沿墩高成线性分布[图 5.5c)]：

$$\phi(x) = \frac{x}{l}\phi_y \tag{5.4}$$

则墩顶的屈服位移为：

$$\Delta_y = \frac{1}{3}\phi_y l^2 \tag{5.5}$$

在墩底截面达到极限状态时，沿墩高的实际曲率分布曲线如图 5.5d)所示。为了便于计算，引入"等效塑性铰长度"的概念，即假设在墩底附近存在一个长度为 l_p 的等塑性曲率段，在该段长度内，截面的塑性曲率等于墩底截面的最大塑性曲率 ϕ_p[图 5.5d)]。由等效塑性铰长度 l_p 计算的墩顶塑性位移，应与在式(5.3)中代入实际曲率分布计算的结果相等。

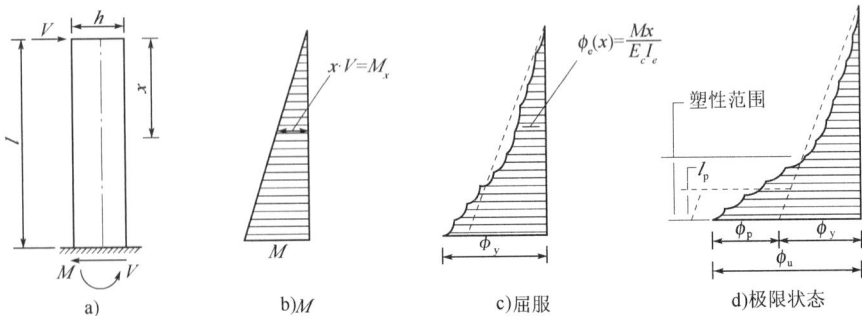

图 5.5　悬臂墩曲率分布

按照等效塑性铰长度的概念，在墩底截面达到极限状态时，桥墩的塑性转角可表示为：

$$\theta_p = l_p(\phi_u - \phi_y) \tag{5.6}$$

假定在到达极限状态时，桥墩绕等效塑性铰区的中心点转动，则墩顶的塑性位移为：

$$\Delta_p = \theta_p(l - 0.5l_p) = (\phi_u - \phi_y)l_p(l - 0.5l_p) \tag{5.7}$$

于是，有：

$$\mu_\Delta = \frac{\Delta_y + \Delta_p}{\Delta_y} = 1 + \frac{\Delta_p}{\Delta_y} = 1 + 3(\mu_\phi - 1)\frac{l_p}{l}\left(1 - 0.5\frac{l_p}{l}\right) \tag{5.8}$$

从理论上讲,等效塑性铰长度 l_p 可以通过积分计算,但由于实际的曲率分布函数难以确定,理论计算的结果与试验测量结果往往不相吻合。实际应用中,大都以试验得到的经验公式来近似估算。一般来讲,等效塑性铰长度 l_p 与塑性变形历史和混凝土的极限压应变有关,但不同的试验结果离散性很大。表5.1中列出了国外规范中的一些经验公式。

等效塑性铰长度经验公式　　　　　表5.1

公　式	来　源	注　释
$\dfrac{l_p}{h} = 0.5 + 0.05\dfrac{l}{h}$	新西兰规范	l、h 分别为墩高和截面高度
$l_p = 0.081 + 0.022d_s f_y$ 或 $l_p = (0.4 \sim 0.6)h$	欧洲规范 Eurocode 8	d_s 和 f_y 分别为纵筋直径和屈服应力
$l_p = 0.081 + 9d_{bl}$	美国 AASHTO 规范	d_{bl} 为纵筋直径

根据式(5.8),若给定 $l_p = 0.5h$ 和 $\mu_\phi = 20$,则墩顶位移延性系数 μ_Δ 与桥墩的高宽比 l/h 有关,而且随高宽比的增大而减小,如表5.2中所示。从表中可以得到两个重要结论:①临界截面的曲率延性系数比相应的墩顶位移延性系数要大得多;②在截面和截面材料特性均相同的条件下,墩越高,具有的位移延性系数越低。

桥墩位移延性系数与高宽比的关系　　　　　表5.2

l/h	2.5	5	10
μ_ϕ	20	20	20
μ_Δ	11.3	6.4	3.8

5.1.5　桥梁结构的整体延性与构件局部延性的关系

结构的整体延性与结构中构件的局部延性密切相关,但这并不意味着结构中有一些延性很高的构件,其整体延性就一定高。实际上,如果设计不合理,即使个别构件的延性很高,但结构的整体延性却可能相当低。

桥梁具有"头重脚轻"的特点,质量基本集中在上部结构,因此,在很多时候,桥梁结构的地震反应可以近似采用单自由度系统计算。而桥梁结构的位移延性系数,通常也就定义为上部结构质量中心处的极限位移与屈服位移之比。

下面以最为简单的一种情况,即桥梁结构可以简化为单墩模型的情况(图5.6)为例,讲述桥梁结构的整体延性与桥墩的局部延性之间的关系。对于单墩模型,水平地震惯性力作用在上部结构质量中心,结构的屈服位移和极限位移分别定义为墩底截面到达屈服曲率和极限曲率时上部结构质量中心处的位移。

图5.6显示,如果假定只有桥墩发生非弹性变形,结构的屈服位移 Δ_y^t 由三部分组成:

$$\Delta_y^t = \Delta_y + \Delta_b + \Delta_f = \Delta_y + \Delta_T + \Delta_r = C\Delta_y \tag{5.9}$$

式中,Δ_y 为桥墩自身的墩顶屈服位移;Δ_b 为支座弹性剪切变形;Δ_f 为基础柔性产生的弹性变形,它包括基础的平动位移 Δ_T 和转动位移 Δ_r 两项;$C = 1 + \dfrac{\Delta_T + \Delta_r + \Delta_b}{\Delta_y} \geq 1$,称为变形增大

系数,用于反映支座弹性变形和基础柔性的影响。

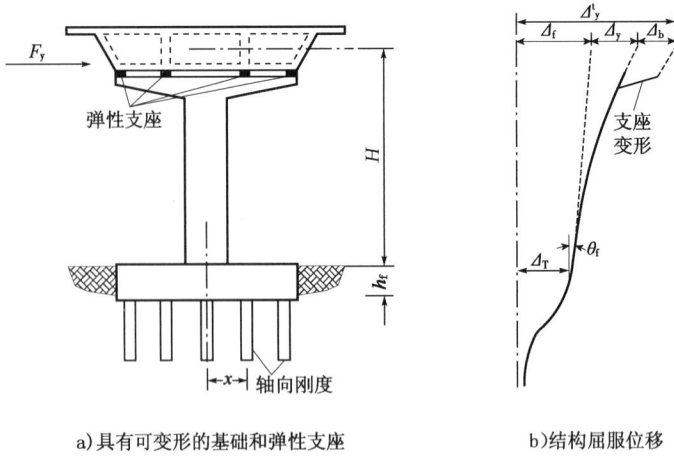

a)具有可变形的基础和弹性支座   b)结构屈服位移

图5.6 "单墩模型"桥梁结构的屈服位移

在桥墩屈服后直到到达极限状态为止,结构的变形能力主要来自墩底塑性铰区的塑性转动,因此,结构的极限位移 Δ_u^t 可表示为:

$$\Delta_u^t = \Delta_y^t + \Delta_p = C\Delta_y + \Delta_p = (C-1)\Delta_y + \Delta_u \tag{5.10}$$

结构位移延性系数为:

$$\mu_\Delta^t = \frac{\Delta_u^t}{\Delta_y^t} = \frac{(C-1)\Delta_y + \Delta_u}{C\Delta_y} = \frac{(C-1) + \mu_\Delta}{C} \tag{5.11}$$

上式反映了结构整体延性与构件局部延性之间的关系。当 $C=1$ 时,结构的整体位移延性系数 μ_Δ^t 等于桥墩的局部位移延性系数 μ_Δ;当 $C>1$ 时,μ_Δ^t 小于 μ_Δ。因此,当考虑支座弹性变形和基础柔度影响时,结构的位移延性系数比桥墩的位移延性系数小;而且支座和基础的附加柔度越大,结构的位移延性系数越小。

5.2 桥梁延性抗震设计基本理论

采用延性概念来设计抗震结构,要求结构在预期的设计地震作用下必须有一定可靠度保证的延性储备。也就是说,必须在概率意义上保证结构具有的延性超过预期地震动所能激起的最大非弹性变形(延性需求)。

为了实现这个目标,在设计延性抗震结构时,就必须进行延性需求(Ductility Demand)与能力(Ductility Capacity)分析比较。由于延性概念涉及结构的非弹性变形问题,因此延性需求的计算相对比较困难。

延性需求可以通过弹塑性动力时程分析来获得,但这种方法计算工作量大,计算分析过程比较复杂,不利于在工程设计中推广应用。目前,对于量多面广的规则桥梁(可以近似简化为单自由度系统进行地震反应分析的桥梁),一般采用简化的延性抗震设计理论,以简化抗震设计计算过程;但对于复杂桥梁,只能进行结构弹塑性动力时程分析以获得结构的延性需求。实际上,由于无法可靠地预测未来发生的地震地面运动,在分析中刻意追求"精确"意义不大,还不如简化计算过程,把注意力集中在选择合理的抗震结构体系和细部构造设计上面。

另一方面,要保证延性结构在大震下以延性的形式反应,能够充分发挥延性构件的延性能力,就必须确保不发生脆性的破坏模式(如剪切破坏),以及防止脆性构件和不希望发生非弹性变形的构件发生破坏。要达到这一目的,就要采用能力设计方法进行延性抗震设计。这一方法,目前正逐渐为世界各国的规范所接受。

5.2.1 能力设计方法

能力设计方法的基本原理,可以通过一个简单的链接来阐明。图 5.7 表示 n 个强度为 P'_{ib} 的脆性链子与 1 个强度为 P_d 的延性链子构成的链接,其中,延性链子具有相当大的塑性变形能力。

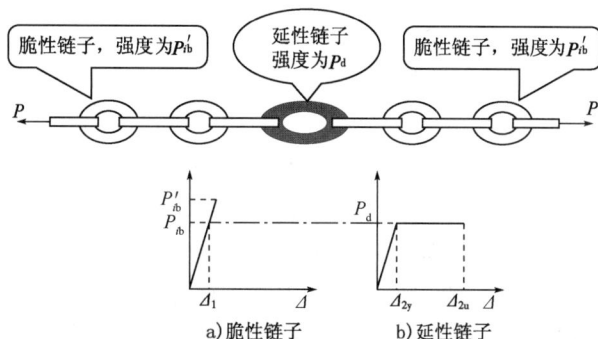

图 5.7 能力设计方法的原理示意图

在图 5.7 的链接中,如果所有的脆性链子都被设计成具有与延性链子相同的的强度(等安全度设计),则一旦拉力 P 超过两者的强度,考虑到所有链子强度变异的可能性,整个链子发生脆性断裂的概率相当高,延性链子的塑性变形能力根本得不到发挥;相反地,如果在设计脆性链子时,所有链子的强度都取得比延性链子可能发挥的最大强度还要高(不等安全度设计),则脆性链子就会受到延性链子的保护,整个链接在断裂时将表现出延性行为——因为当拉力 P 不断增大时,延性链子的屈服强度总是最先达到,并发生非弹性变形直至断裂。在这个过程中,延性链子所起的作用如同保险丝,整个链接的最大强度由延性链子可能发挥的最大强度决定,脆性链子受到的拉力因始终低于其设计强度而不会遭受破坏。

能力设计方法的基本思想就是:假设延性链子的设计强度为 P_d,其可能发挥的最大强度(超强)为 $\lambda_0 P_d$,其中,λ_0 为超强因子。为保证整个链接破坏时是延性的,要求所有脆性链子的设计强度 P'_{ib} 满足:

$$P'_{ib} \geq \lambda_0 P_d \tag{5.12}$$

简而言之,能力设计方法的基本原理为:在结构体系中的延性构件和能力保护构件(脆性构件以及不希望发生非弹性变形的构件,统称为能力保护构件)之间建立强度安全等级差异,以确保结构不会发生脆性的破坏模式。

对于桥梁结构,地震作用下希望在桥墩中产生塑性铰,利用其滞回变形来耗散地震能力。那么为了充分发挥桥墩的延性性能,必须确保不发生脆性的破坏模式。按照能力设计方法,要求桥梁结构的脆性破坏强度比延性破坏强度高一个等级,比如,要求墩柱的抗剪强度比抗弯强度高一个等级。

对于墩柱塑性铰区的抗弯强度验算,通常采用的验算公式是:

$$\phi_f M_n \geq M_r$$

式中,左边代表截面抗弯设计强度,由强度折减系数乘以截面抗弯标准强度得到,右边代表地震强度需求。因此,由于强度折减系数以及材料可能会超过标准强度,塑性铰区截面的实际抗弯强度会显著大于强度需求,而这会导致地震下墩柱的水平剪力相应地增大。

下面将通过一个简单的例子来直观地阐述能力设计方法。如图 5.8 所示,一座具有圆形截面独柱墩的规则梁桥,墩梁固结。在横向地震作用下,可以简化为悬臂墩来简化,弯矩图如图 5.8a)所示,而在纵向地震作用下,由于墩梁固结,桥墩弯矩图则如图 5.8b)所示。采用弹性反应谱分析方法,同时延性设计采用折减系数为5,得到:在横向地震作用下,墩底的抗弯强度需求是 1 200,对应的剪力是 100;而在纵向地震作用下,墩底、顶的抗弯强度需求分别是 700、600,对应的剪力是 130。圆形截面在各个方向的强度都是一样的,于是,进行墩柱截面的抗弯强度设计时,墩底强度需求由横向地震控制,而墩顶强度需求由纵向地震控制,分别是 1 200 和 600。进行强度验算时,强度折减系数采用 0.75,通过截面的配筋设计,得到墩底截面的抗弯强度标准值为 1 600,刚好满足抗弯强度需求,而墩顶截面的抗弯强度标准值为 1 066,比抗弯强度需求大了 33%。接下来进行墩柱抗剪强度验算时,作为能力保护对象,抗剪强度需求应该采用能力设计方法计算。显然,抗剪强度需求由纵桥向控制,如图 5.8c)所示,当墩底、墩顶都达到抗弯强度标准值时,桥墩对应的剪力为 266.6。再考虑钢筋和混凝土材料的超强,假定截面抗弯强度超强系数为 1.43,则按能力保护设计方法,桥墩抗剪强度需求为 381.2。再比较一下,如果按弹性反应谱计算,最大剪力由纵向地震反应控制,考虑了折减系数之后为 130,不考虑折减系数则为 650。这个例子很清晰地说明,按能力设计方法,能力保护构件的强度需求只取决于延性构件的超强抗弯强度,与地震反应没有关系;而相较于弹性反应,延性构件的合理强度设计会显著减小能力保护构件的强度需求。

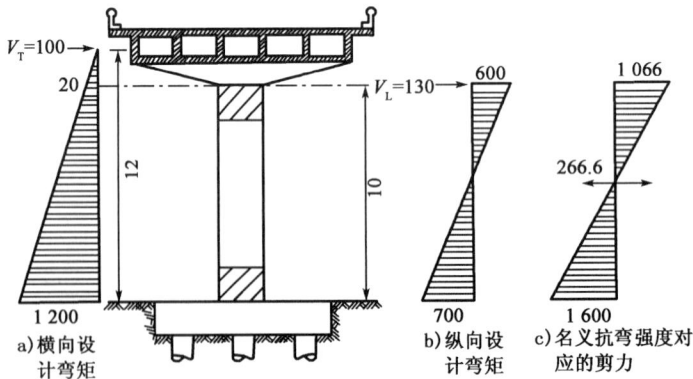

图 5.8 能力设计方法示例

与常规的强度设计方法相比,采用能力设计方法设计的抗震结构具有明显的优势。表 5.3 对基于这两种设计方法设计的结构的抗震性能进行了比较。

总的来说,能力设计方法是结构动力概念设计的一种体现,它的主要优点是设计人员可对结构在屈服时、屈服后的性状给予合理的控制,即结构屈服后的性能是按照设计人员的意图出现的,这是传统抗震设计方法所达不到的。此外,根据能力设计方法设计的结构具有很好的延性,能最大限度地避免结构倒塌,同时也降低了结构对许多不确定因素的敏感性。

结构抗震性能比较 表5.3

结构抗震性能	常规设计方法	能力设计方法
塑性铰出现位置	不明确	预定的构件部位
塑性铰的布局	随机	预先选择
局部延性需求	难以估计	与整体延性需求直接联系
结构整体抗震性能	难以预测	可以预测
防止结构倒塌破坏概率	有限	概率意义上的最大限度

采用能力设计方法进行延性抗震设计,一般分为以下四步进行:

(1)根据桥梁结构体系的受力特点以及结构的预期性能要求,选择合适的延性构件。

(2)选定延性构件中的潜在塑性铰区的位置,把塑性铰区截面的抗弯强度尽可能设计得与需求的强度接近。然后对塑性铰区进行仔细的构造设计,以确保塑性铰区截面能够提供设计预期的塑性转动能力,这主要依靠约束混凝土概念来实现。

(3)在含有塑性铰的构件中,诸如剪切破坏、锚固失效和失稳等脆性破坏模式,依靠提供足够的强度安全系数加以避免。

(4)对于脆性构件或不希望出现塑性变形的构件,确保其强度安全等级高于包含塑性铰的构件。这样,不论可能出现的地震动强度有多大,这些构件都因其"能力"高于包含塑性铰的构件而始终处于弹性状态。

5.2.2 延性构件与能力保护构件的选择

延性抗震设计的第一步,是选择合适的延性构件,要求既能够切实使结构在强震下通过整体延性来减轻地震损害、避免倒塌,同时又能使桥梁的功能要求以及结构的自身安全得到最大的保障。因此,选择延性构件时,应综合考虑结构的预期性能以及结构体系的受力特点,分析各个构件的重要性、发生损伤后检查、(抢)修复的难易程度、是否可进行更换、损伤的过程是否为延性可控,以及是否会引发结构连锁倒塌等诸多因素。

一座常规的梁桥通常由主梁、支承连接构件(支座)、盖(帽)梁、桥墩、基础等几部分组成。在地震作用下,主梁产生水平惯性力,并通过支承连接构件传递给盖梁以及桥墩,进一步传递给基础,最终传递给地基承受。在抗震设计时,必须保证这条传力路径不中断,而且还应保证震后桥梁的行车功能。震害调查表明,上部结构很少会因直接的地震动作用而破坏,而下部结构则常常因遭受巨大的水平地震惯性力作用而导致破坏。因此,作为支承车辆通行主要构件的主梁,若发生损伤,难免会影响桥梁的可通行性,不适宜选择为延性构件;延性抗震体系中的支座一般表现为脆性破坏,破坏后会造成原有的传力路径丧失,导致梁体位移过大甚至发生落梁震害,应选择作为能力保护构件设计;盖(帽)梁是支承主梁的关键构件,若发生地震损伤势必会影响桥梁的可通行性,甚至会进一步造成落梁震害,也应视为能力保护构件设计。而桥墩在地震作用下,主要负责将上部结构传递过来的惯性力向基础传递,进入延性后会形成结构整体的延性机制,而且发生损伤后也易于检查和修复,当发生的损伤较大且场地条件允许的情况下还可以进行置换。一般情况下,长宽比大于2.5的悬臂墩以及长宽比大于5的双柱墩,在水平力作用下较容易形成塑性铰,因此适宜作为延性构件设计;但对于长宽比较小的墩柱,则较容易发生脆性的剪切破坏,墩柱难以形成整体延性机制,则不宜作为延性构件设计,应进行强度设计。钢筋混凝土构件的剪切破坏属于脆性破坏,会大大降低结构的延性能力,应采用能力保护设计方法进行延性墩柱的抗剪设计。对于桥梁基础,由于一般属于隐蔽工程,发生损伤后,难以检查和修复,所以通常选择作为能力保护构件进行设计。

5.2.3 潜在塑性铰位置的选择

延性构件主要是通过在特定位置形成塑性铰来提供延性的,在选择和设计结构中预期出现的塑性铰位置,除了应能使结构获得最优的耗能,并尽可能使预期的塑性铰出现在易于发现和易于修复的结构部位外,还应尽可能减小由于塑性损伤而对结构造成的不利影响。

如图5.9所示,独柱墩的潜在塑性铰区一般选择在墩底,双柱墩在纵桥向的潜在塑性铰区也在墩底,而双柱墩在横桥向以及刚构桥在纵向上,则潜在塑性铰区一般选择在墩顶和墩底部位。对于系梁式双柱墩,由于系梁本身并不是能力保护构件,其发生损伤后对结构整体的影响也较小,因此在条件许可的情况下应尽量使墩上部的塑性铰发生在系梁上。

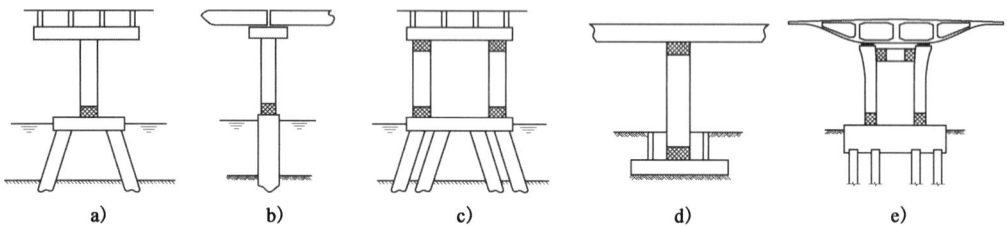

a)　　　　　b)　　　　　c)　　　　　d)　　　　　e)

图5.9　潜在塑性铰位置的选择

5.3　延性构件的强度设计与验算

延性抗震设计实质上是通过让结构在特定部位形成塑性铰,结构整体进入延性状态而起到减震耗能的作用。很显然,这一过程势必造成结构的损伤,而且延性系数越大,所造成的结构损伤程度也越大。因此,为了防止结构在较小的地震作用下即发生损伤,同时也为了控制损伤发生的程度,必须赋予延性构件一定的强度要求,使其在构件强度和延性水平之间进行合理的平衡。

我国89版《公路工程抗震设计规范》采用单一水准抗震设防、进行一阶段抗震设计,而现行的我国《公路桥梁抗震设计细则》(JTG/T B02-01—2008)以及《城市桥梁抗震设计规范》(CJJ 166—2011)采用两水准抗震设防、进行两阶段抗震设计。这两种设计方法对应的延性构件强度需求计算方法是完全不同的,为便于理解,下面分别进行介绍,最后进行简单比较。

5.3.1 一水准抗震设防

采用一水准抗震设防、进行一阶段抗震设计时,必须认识到,进行延性抗震设计时,所选择的位移延性水平将直接影响到结构的地震破坏程度。一般情况下,结构经历的非弹性变形越大,其破坏程度也越高。因此,在设计延性抗震结构时,应在设计地震力和位移延性水平之间进行合理平衡。

图5.10表示结构位移延性与设计地震力之间的相互对应关系。从图中可见,结构具有的

位移延性水平越高,相应的设计地震力越小,结构所需的强度也越低;反过来,结构具有的强度越高,所需具备的位移延性水平越低。但是,不管结构的位移延性水平有多高,其设计地震力始终都有一个最低的限值,换句话说,可利用的位移延性水平有个限值。

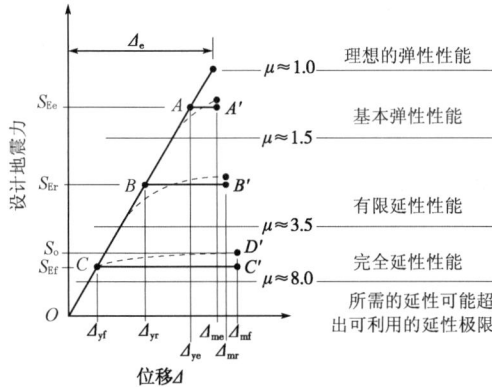

图 5.10 设计地震力与位移延性系数关系

延性结构根据延性性能的发挥程度,可以分为三类,即完全延性结构、有限延性结构和完全弹性结构。

在预期的设计地震作用下,完全延性结构的延性完全得到发挥;有限延性结构的延性需求比完全延性结构低(结构具备的抗力效应高于按完全延性结构计算的设计地震力,或者结构具备的位移延性没有完全得到发挥);完全弹性结构总体处于弹性反应范围,任何结构构件都不出现明显的损坏。

因此,按完全延性结构类型设计的桥梁,因结构的位移延性可以完全发挥,所以其设计地震力可以较大地折减;按有限延性结构类型设计的桥梁,因其位移延性没有全部发挥,所以其设计地震力虽有一定折减,但相对前者要高,不过这类结构可以获得比完全延性结构更佳的抗震性能;按完全弹性结构类型设计的桥梁,则全部依靠强度抵抗地震作用,结构总体保持弹性,设计地震力不能折减,相对于完全延性结构和有限延性结构,其造价要高许多。

通常情况下,对普通的公路桥梁,应尽可能采用完全延性结构类型进行抗震设计,以获得最佳的经济效益;对重要性桥梁,应采用有限延性结构形式,以获得更佳的抗震性能;对结构破坏可能引起社会动荡、造成严重经济损失或为国防、救灾提供紧急车辆通行的关键性桥梁,则应采用完全弹性结构形式进行抗震设计。

进行一阶段抗震设计时,延性构件的抗弯强度需求计算需要引入地震力折减系数这一概念。地震力折减系数 R 的定义为强震动激起的单自由度弹性系统的最大地震惯性力 F_E 与相应的延性系统的屈服力 F_y 之比,即 $R = F_E/F_y$,反映了具有一定位移延性水平的延性振动系统因发生弹塑性变形而对弹性地震力的折减关系。

对于长周期结构,地震力折减系数一般采用等位移准则进行确定:

$$R = \frac{F_E}{F_y} = \frac{\Delta_m}{\Delta_y} = \mu_\Delta \tag{5.13}$$

对于中等周期结构,地震力折减系数则依据等能量准则来确定:

$$R = \frac{F_E}{F_y} = \sqrt{2\mu_\Delta - 1} \tag{5.14}$$

我国89版《公路工程抗震设计规范》采用综合影响系数 C_z(相当于地震力折减系数 R 的倒数)对弹性地震力进行折减。综合影响系数 C_z 主要反映结构的弹塑性特性,但还反映计算图式简化、结构阻尼以及几何非线性等因素的综合影响,取值与桥梁和墩台的类型以及墩高有关。表5.4 为规范规定的综合影响系数 C_z。

89 版《公路工程抗震设计规范》规定的综合影响系数 C_z

表5.4

桥梁和墩、台类型			桥墩计算高度 H(m)		
			$H < 10$	$10 \leqslant H < 20$	$20 \leqslant H < 30$
梁桥	柔性墩	柱式桥墩、排架桩墩、薄壁桥墩	0.30	0.33	0.35
	实体墩	天然基础和沉井基础上的实体桥墩	0.20	0.25	0.30
		多排桩基础上的桥墩	0.25	0.30	0.35
	桥台		0.35		
拱桥			0.35		

根据地震力折减系数的定义,在强震作用下,规则桥梁结构质量中心处的水平设计地震力,可以根据结构的延性类型,利用地震力折减系数和弹性反应谱理论来计算。

对属于完全延性结构类型的规则桥梁,一般情况下可采用以下公式计算设计地震力:

$$F = \frac{F_E}{R} = \frac{K_h \beta_1 G_{tp}}{R} \tag{5.15}$$

式中,F_E 为按弹性反应谱理论计算的弹性地震力;R 为强度折减系数;K_h 为水平地震系数,β_1 为结构的动力放大系数,根据规范反应谱确定;G_{tp} 为桥梁总重,包括上部结构的重量以及桥墩和盖梁的换算重量。

对属于有限延性结构类型的规则桥梁,一般情况下可采用以下公式计算设计地震力:

$$F = \frac{\alpha F_E}{R} = \frac{\alpha K_h \beta_1 G_{tp}}{R} \tag{5.16}$$

式中,参数 α 反映有限延性结构的变形能力储备,其取值恒大于1.0,具体取值可根据设计需要确定;其余符号意义同上。

对属于完全弹性结构类型的规则桥梁,设计地震力等于弹性地震力,即:

$$F = F_E = K_h \beta_1 G_{tp} \tag{5.17}$$

得到规则桥梁结构质量中心处的水平设计地震力 F 之后,按各个桥墩的抗推刚度,把 F 分配到各桥墩上,就可得到各桥墩的水平设计地震力,进一步可得到延性构件的抗弯强度需求。

5.3.2 两水准抗震设防

我国《公路桥梁抗震设计细则》(JTG/T B02-01—2008)以及《城市桥梁抗震设计规范》(CJJ 166—2011)要求进行两个水准的地震(E1、E2 地震)设防,进行 E1 地震作用和 E2 地震作用下的抗震设计。在 E1 地震作用下,各类桥梁结构总体反应在弹性,基本无损伤,震后立即使用;在 E2 地震作用下,桥梁根据重要性可遭受不同程度的损伤,但不致倒塌。

按规范要求,在 E1 地震作用下,应进行桥梁结构的弹性地震反应分析,并验算包括延性构件在内的结构全部构件是否满足弹性性能要求。根据延性抗震设计中的能力设计方法,在整个结构体系中,强度上的首要薄弱部位应是延性构件的弯曲塑性铰区,因此,在 E1 地震作用下,实际上只要进行延性构件潜在塑性铰区的抗弯强度验算即可。

因此,采用两水准抗震设防进行两阶段抗震设计时,延性构件的设计强度需求可直接由 E1 地震作用下桥梁结构的弹性地震反应谱分析得到。

尽管单一水准的抗震设防理念和两水准的抗震设防理念在对延性构件潜在塑性铰区抗弯强度的基本理论和计算方法上都存在很大的差异,但两者实际上仍存在一定的延续性。对于89 版《公路工程抗震设计规范》,从本章表 5.4 中所示的综合影响系数可以看出,规范对各种桥梁地震力折减系数在 2.85 ~ 5.00 之间,其中绝大部分为 3.00 左右,只与构件类型有关,而与桥梁的重要性无关。而两水准抗震设防要求结构在 E1 地震下保持弹性,在 E2 地震下满足延性变形要求,因此,从另外一个角度看,E2 地震作用与 E1 地震作用的比值也可近似视为结构的地震力折减系数。《公路桥梁抗震设计细则》(JTG/T B02-01—2008)中规定的各类桥梁E1 和 E2 地震重要性系数见第 3 章表 3.1,从表中可以看出,E2 地震作用与 E1 地震作用的比值,对于 A 类桥为 1.7,B 类桥为 3.02 ~ 3.40,C 类桥为 2.94。而《城市桥梁抗震设计规范》(CJJ 166—2011)中规定的各类桥梁 E1 和 E2 地震调整系数见第 3 章表 3.3,从表中可以看出,E2 地震作用与 E1 地震作用的比值,乙类桥梁为 2.54 ~ 3.61,丙类桥梁为 3.37 ~ 4.78。总体上来说,随着结构重要性的下降,地震力折减系数增大,延性构件的强度需求减小,所利用的延性水平上升,而对应的延性构件损伤程度变大。

5.4 延性构件的延性设计与验算

确保延性构件的延性能力满足设计需要,对于延性抗震体系的安全至关重要。

在一水准设防一阶段抗震设计中,实际上未对结构的延性需求与延性能力进行直接的检算,如上所述,只是通过规定不同的地震力折减系数间接给出了延性需求,而在结构的延性能力上仅提出了相关的构造要求,并认为结构在满足这一前提下总能达到某一最低延性能力。事实上大量研究表明,结构的实际延性能力并不是一个稳定不变的数值,而是与支座形式、基础柔度、墩柱截面形式、纵筋配置、轴压比、混凝土强度等级以及截面的箍筋配置水平等设计参数息息相关。因此,如果要进行延性能力验算,首先要根据等位移准则或等能量准则,由地震力折减系数反推需要的体系延性能力,然后进一步计算延性构件的延性能力需求,并进行验算。这一过程对于规则桥梁不难,但对于非规则桥梁来说就非常困难了。

在两水准设防两阶段抗震设计中,要求 E1 地震下验算延性构件的抗弯强度,E2 地震下验算延性构件的延性能力或变形能力。一般来说,在 E2 地震作用下,可以采用弹塑性时程反应分析直接得到塑性铰区域的塑性转动需求,并直接验算塑性铰区域的塑性转动能力。而对于规则桥梁,还可以进一步简化为墩顶位移能力的验算。

在影响钢筋混凝土墩柱延性能力的因素中,截面的箍筋配置水平是影响塑性铰区延性能力的一个主要因素。在静力设计完成后,除箍筋配置以外的各个结构影响参数已基本确定,因此,钢筋混凝土桥墩的延性设计,主要就是根据结构预期的位移延性水平,确定桥墩塑性铰区范围内所需要的约束箍筋用量,以及约束箍筋的配置方案。为此,需要了解箍筋对混凝土的约束作用,钢筋混凝土墩柱的延性指标计算,以及钢筋混凝土墩柱的构造设计。

5.4.1　横向箍筋对混凝土的约束作用

在许多情况下,无约束混凝土的极限压应变不足于保证桥墩塑性铰区具有设计预期的塑性转动能力。当塑性铰区截面最外层混凝土达到压碎应变时,混凝土保护层首先剥落,如果核心混凝土没有得到足够的约束,纵向裂缝将很快向核心扩展,使混凝土横向膨胀,并导致核心混凝土受压区的压溃;对承受较高轴压比的钢筋混凝土桥墩,纵向裂缝扩展还将引起纵向受压钢筋的屈曲。所以,对采用无约束混凝土概念设计的钢筋混凝土桥墩,一旦塑性铰区截面最外层混凝土达到极限压应变,即意味着桥墩达到破坏极限状态。

大量试验研究表明,数量足够、配置合理的横向箍筋,能和纵向钢筋一起对核心混凝土提供有效约束作用。当混凝土中的应力较低时,横向钢筋几乎不受力,所以混凝土是不受约束的;当混凝土中的应力接近单轴强度时,内部开裂不断发展,横向应变不断增大,使横向钢筋受拉,混凝土就变成受约束的了。横向箍筋能有效地限制混凝土的横向膨胀,维持核心混凝土的完整,提高核心混凝土的极限压应力,并阻止纵向受压钢筋出现屈曲。

螺旋形或圆形箍筋因混凝土的横向扩张而处于受拉状态,沿其周线上产生连续的约束应力,如图5.11a)、图5.12a)所示。所以,螺旋形或圆形箍筋的约束效率较高。而各种方形箍筋,由于作用于箍筋各边上的混凝土压力使各边趋于向外弯曲[如图5.11c)中虚线所示],因而箍筋仅对其角隅附近和核心部分的混凝土提供充分的约束作用。采用局部重叠的箍筋或者在箍筋中设置交叉拉筋,可以显著地改善方形或矩形箍筋对混凝土的约束作用,如图5.12b)和图5.12c)所示。由于增加了若干肢加劲箍筋,使压力拱相对较为平坦,所以可约束更多的混凝土面积。

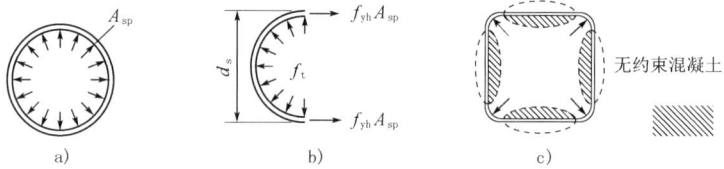

图5.11　箍筋对核心混凝土的约束作用

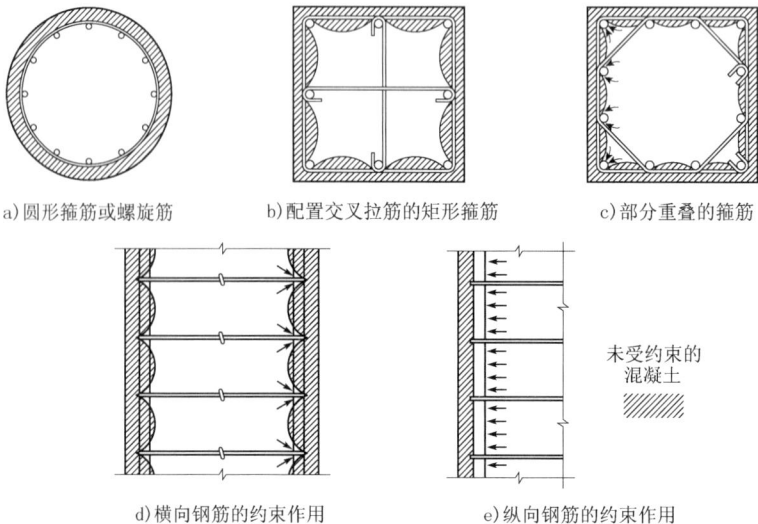

a)圆形箍筋或螺旋筋　　b)配置交叉拉筋的矩形箍筋　　c)部分重叠的箍筋

d)横向钢筋的约束作用　　　e)纵向钢筋的约束作用

图5.12　横向钢筋和纵向钢筋对核心混凝土的约束作用

沿截面周边适当布置的纵向钢筋,也会对核心混凝土起一定的约束作用[图5.12d)、e)]。因为纵向钢筋和横向箍筋一道构成了约束核心混凝土的钢筋网架,尤其是当箍筋焊接到纵向钢筋上时,对核心混凝土的约束作用更为明显。

在箍筋约束混凝土桥墩中,横向箍筋有三个重要的作用:①提供斜截面的抗剪能力;②约束核心混凝土,大大提高混凝土的极限压应变,从而大大提高塑性铰区截面的转动能力;③阻止纵向受压钢筋过早屈曲。

大量研究表明,钢筋混凝土墩柱的延性与以下因素有关:

(1)轴压比:轴压比对延性影响很大,轴压提高,延性下降,当轴压较大时(如轴压比达到或超过25%),延性下降幅度较大。

(2)箍筋用量:适当加密箍筋配置,可以大幅度提高延性。

(3)箍筋形状:同样数量的螺旋箍筋与矩形箍筋相比,可以获得更好的约束效果,但方形箍筋与矩形箍筋相比,约束效果差别不大。

(4)混凝土强度:混凝土强度对柱的延性有一定影响,强度越高,延性越低。

(5)保护层厚度:保护层厚度增大,对延性不利。

(6)纵向钢筋:纵向钢筋的增加会改变截面的中性轴位置,从而改变截面的屈服曲率和极限曲率,总体上对延性有不利的影响。

(7)截面形式:空心截面与相应的实心截面相比具有更好的延性;圆形截面与矩形截面相比具有更好的延性。

5.4.2 钢筋混凝土墩柱的延性验算

除了试验方法以外,钢筋混凝土墩柱的延性指标可以通过塑性铰区截面的弯矩—曲率分析,从理论上确定。在保护层混凝土、核心混凝土和钢筋的应力—应变关系已知的情况下,利用计算程序进行数值积分,可以计算出塑性铰区截面的弯矩—曲率关系曲线,得到屈服曲率和极限曲率,确定截面的曲率延性系数,进一步得到桥墩的位移延性系数。

1)约束混凝土的应力—应变关系

对于约束混凝土的特性,国内外学者进行了很多试验研究,并提出了很多应力—应变关系模式。其中,得到最广泛认可的是 Mander 等人提出的约束混凝土的应力—应变曲线(图5.13),这一曲线适用于任何截面形状和约束水平,并可用下式表示:

$$f_c = \frac{f'_{cc} \cdot x \cdot r}{r - 1 + x^r} \tag{5.18}$$

式中,f'_{cc}是约束混凝土的峰值纵压应力。

$$x = \frac{\varepsilon_c}{\varepsilon_{cc}}$$

式中,ε_c为混凝土的纵向压应变;ε_{cc}为相应于f'_{cc}的纵压应变。

$$\varepsilon_{cc} = \left[5\left(\frac{f'_{cc}}{f'_c} - 1\right) + 1\right]\varepsilon_{c0}$$

式中,f'_c、ε_{c0}分别为无约束混凝土的圆柱体抗压强度及相应的纵向压应变(一般取0.002),混凝土的圆柱体强度与我国混凝土立方体强度之间的换算关系为:

$$f'_c = 0.85f_{cu,k}$$

$$r = \frac{E_c}{E_c - E_{sec}}$$

$$E_c = 5\,000\sqrt{f'_c} \quad (f'_c \text{、} E_c \text{ 单位：MPa})$$

$$E_{sec} = \frac{f'_{cc}}{\varepsilon_{cc}}$$

为了定义保护层混凝土的应力—应变关系，假定 $|\varepsilon| > |2\varepsilon_{co}|$ 时 $f_c \to 0$，应变达到碎裂应变 ε_{sp}。

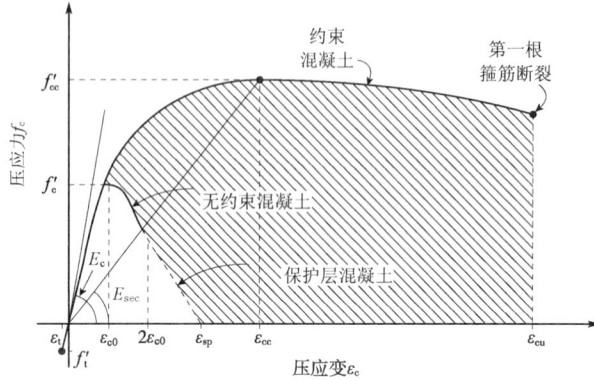

图 5.13　普通约束混凝土的应力—应变曲线

约束混凝土的峰值纵压应力 f'_{cc} 分两种情况计算：

（1）圆形截面

$$f'_{cc} = f'_c \cdot \left(2.254\sqrt{1 + \frac{7.94f'_l}{f'_c}} - 2\frac{f'_l}{f'_c} - 1.254 \right) \tag{5.19}$$

式中，f'_l 为有效横向约束应力。

$$f'_l = K_e \cdot f_l = K_e \cdot \frac{2f_{yh} \cdot A_{sp}}{D' \cdot s} \quad （见图 5.11）$$

式中，K_e 为截面的有效约束系数，是有效约束核芯混凝土面积与核芯混凝土总面积之比，圆形截面一般可取 0.95；f_{yh}、A_{sp} 分别为圆形或螺旋箍筋的屈服强度和截面积；D'、s 分别是圆形或螺旋箍筋环的直径和纵向间距。

（2）矩形截面

矩形截面在两个主轴方向的有效约束应力分别为：

$$f'_{lx} = K_e \cdot \rho_x \cdot f_{yh} \quad f'_{ly} = K_e \cdot \rho_y \cdot f_{yh}$$

式中：$\rho_x = A_{sx}/(s \cdot d_c)$，$\rho_y = A_{sy}/(s \cdot b_c)$ 分别为箍筋在两个主轴方向 x、y 的体积配箍率；A_{sx}、A_{sy} 分别为沿 x、y 方向箍筋的总截面积；d_c、b_c 分别为截面 y、x 方向的核心混凝土尺寸，按周边箍筋中心线计算；截面的有效约束系数 k_e，一般矩形截面可取 0.75，狭长矩形截面可取 0.6。

峰值纵压应力 f'_{cc} 可利用图 5.14 中约束应力与约束强度的关系曲线，根据约束应力比查出约束强度比。

约束混凝土的极限压应变 ε_{cu}，定义为横向约束箍筋开始发生断裂时的混凝土压应变，可由横向约束钢筋达到最大应力时所释放的总应变能与混凝土由于横向钢筋的约束作用而吸收的能量(图 5.13 中阴影部分面积)相等的条件进行推导。下式给出了混凝土极限压应变的保守估计：

$$\varepsilon_{cu} = 0.004 + \frac{1.4\rho_s \cdot f_{yh} \cdot \varepsilon_{su}}{f'_{cc}} \tag{5.20}$$

式中，ε_{su} 为箍筋在最大拉应力时的应变(一般取 0.09)；ρ_s 是约束钢筋的体积配箍率，对于矩形箍筋，$\rho_s = \rho_x + \rho_y$；f'_{cc} 是约束混凝土的峰值纵压应力；f_{yh} 是约束箍筋的最大拉应力。

2）钢筋的应力—应变关系

纵向钢筋的应力—应变关系可采用如图 5.15 所示的理想弹塑性模式。其中：σ_y、ε_y 分别为钢筋的屈服应力和应变；ε_m 为钢筋的极限应变。

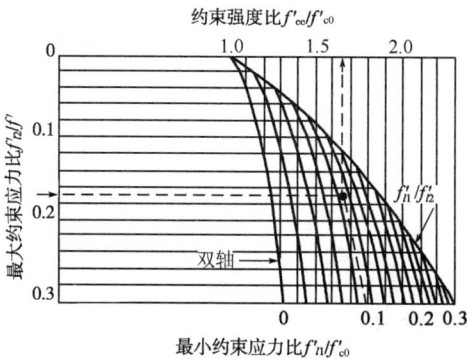

图 5.14 约束应力比—约束强度比关系曲线

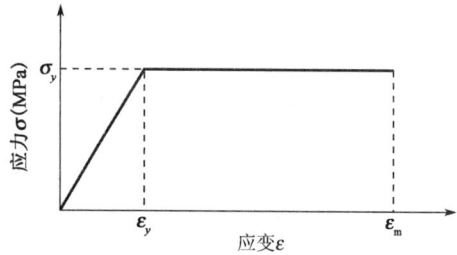

图 5.15 纵向钢筋的应力—应变关系

3）截面的弯矩—曲率分析

在给定轴力 P 下，钢筋混凝土延性构件的截面塑性弯曲能力和曲率延系数可以根据材料的本构关系，通过截面的弯矩—曲率(M-ϕ)分析得到，计算截面 M-ϕ 的基本假设为：

（1）平截面假定：假定变形前为平面的截面，变形后仍保持为平面。

（2）剪切应变的影响忽略不计。

（3）钢筋和混凝土之间无滑移现象。

（4）采用指定的钢筋和混凝土的应力—应变关系。

（5）忽略混凝土的抗拉强度。

截面的 M-ϕ 关系曲线通常采用条带法计算。首先根据截面特性将截面划分为图 5.16 所示的条带。在划分条带时应将约束混凝土、无约束混凝土以及钢筋分别划分，其中，约束混凝土和保护层混凝土分别采用图 5.13 所示的应力—应变关系；钢筋采用图 5.15 所示的应力—应变关系。

用条带法计算 M-ϕ 关系时有两种方法，即逐级加荷载法和逐级加变形(曲率)法。逐级加荷载法的主要问题是每改变一次荷载，截面曲率和应变都在同时改变，而且加载到最大弯矩处，曲线进入软化段，很难确定相应的曲率和应变，所以一般采用逐级加变形法。逐级加变形法的计算流程如下：

设 ϕ 表示截面曲率，形心轴的应变为 ε_0(图 5.16)，根据平截面假设可求得截面各条带的应变，对于图 5.16 所示的受到单向弯矩作用的截面，第 i 条带的应变为：

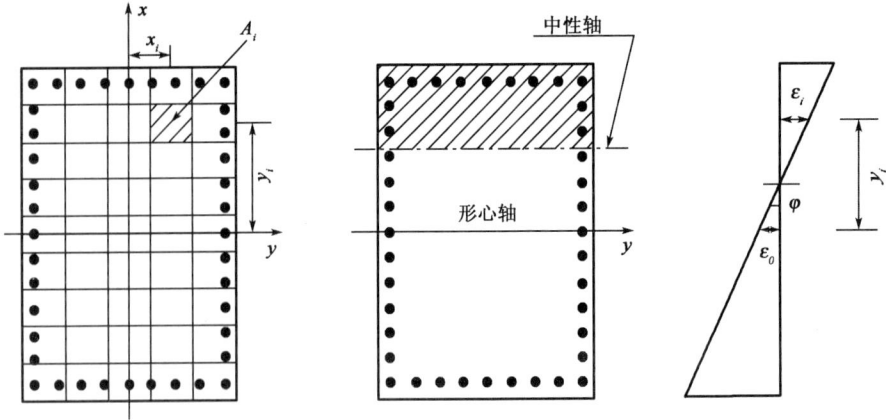

图 5.16　计算简图

$$\varepsilon_i = \varepsilon_0 + \phi y_i \tag{5.21}$$

式中，y_i 为第 i 条带的中心到截面形心轴的垂直距离。

计算出截面第 i 条带应变分布后，即可根据材料特性采用相应的应力—应变关系求出各条带的应力。

$$\sigma_i = \sigma_i(\varepsilon_i) = \sigma_i(\varepsilon_0 + \phi y_i) \tag{5.22}$$

然后利用平衡条件可得：

$$P = \int_A \sigma \mathrm{d}A = \sum_{i=1}^n \sigma_1(\varepsilon_0 + \phi y_i) A_i \tag{5.23a}$$

$$M = \int_A \sigma y \mathrm{d}A = \sum_{i=1}^n \sigma_1(\varepsilon_0 + \phi y_i) y_i A_i \tag{5.23b}$$

式中，A_i 为第 i 条带的面积；y_i 为第 i 条带的中心到截面形心轴的垂直距离；P 为轴力。

对于给定轴力 P，由式(5.23a)可求得 ε_0，代入式(5.23b)，可求得 M-ϕ 关系。但一般很难求出 M-ϕ 关系，需用数值解法。对于某一轴向力 P，逐级加变形法的计算步骤为：

(1)每次取曲率 $\phi_i = \phi_{i-1} + \Delta\phi(\phi_u = 0)$。

(2)选择参考轴，一般选取截面形心轴，假定其应变为 ε_0。

(3)由式(5.21)求出各条带的应变。

(4)按钢筋和混凝土的应力—应变关系求对应于 ε 的应力。

(5)把各条带的内力总和加起来，看是否满足截面的平衡条件。

(6)如果不满足，修改 ε_0，重复步骤(3)~(5)，直到满足平衡条件。

(7)将得到的 ε_0 代入式(5.23b)，求得对应于 ϕ 的内力矩 M。

(8)重复步骤(1)~(5)。

其中，主轴向受力数值计算可采用下述方法逐次逼近的：

第一次假定 $\varepsilon_0 = \varepsilon_1$，求出各条带内力总和 P_1。显然，ε_1 不太可能正好满足平衡条件，即 $P_1 \rightarrow P \rightarrow 0$。因此，需要调整 ε_1，使 $a_1 = P_1 - P \rightarrow 0$。给定 ε_1 一个微小的增量 $\Delta\varepsilon$，求得各条带力总和 P_2，$a_2 = P_2 - P$，从而可以确定上述总和力的变化值 $\Delta a_1 = P_2 - P_1 = a_2 - a_1$。按外插法从下式可得到新的 ε_1 的调整值 ε_Δ：

$$\frac{\Delta a_1}{\Delta\varepsilon} \cdot \varepsilon_\Delta + a_1 = 0 \tag{5.24}$$

则：

$$\varepsilon_\Delta = -\Delta\varepsilon \cdot \frac{a_1}{\Delta a_1} = -\Delta\varepsilon \cdot \frac{P_1 - P}{P_2 - P_1} \tag{5.25}$$

取 $\varepsilon_3 = \varepsilon_1 + \varepsilon_\Delta$，求出 P_3 及 $a_3 = P_3 - P$。重复以上步骤，直到满足误差要求为止。

为了求出曲率延性，需要确定截面的屈服状态和极限状态。一般情况下截面的屈服条件是：$\sigma_{st} = f_{sy}$（少筋和小轴压比构件），$\varepsilon_{cmax} = \varepsilon_{c0}$（超筋和大轴压比构件）；截面的极限状态为：$\varepsilon_{cmax} = \varepsilon_{cu}$。其中，$\sigma_{st}$、$f_{sy}$ 分别为受拉钢筋的应力和屈服强度；ε_{cmax} 为受压区混凝土的最大压应变；ε_{c0}、ε_{cu} 分别为混凝土应力—应变曲线上应力最大点和失效点对应的应变。

轴力对钢筋混凝土截面抗弯屈服强度和极限曲率有很大的影响，当轴力较低时截面抗弯屈服强度随轴力的增加而增加，但当轴力增大一定程度后，轴力的增加会减小截面的抗弯屈服强度。同时，轴力的增加会降低截面的极限曲率，从而减小构件的延性。

纤维单元程序 Ucfyber 是一个计算 M-ϕ 关系的专用程序，首先将截面分为无约束混凝土、约束混凝土和纵筋，然后对各部分划分网格。其中，无约束混凝土和约束混凝土的应力—应变关系采用 Mander 模型；纵筋的应力—应变关系可采用一般的抛物线硬化模型、双线性模型，也可采用理想弹塑性模型。

4）截面弯矩曲率分析实例

如图 5.17 所示的矩形截面构件，核心混凝土受到大小两肢矩形箍筋和一肢拉筋的共同约束。纵筋直径为 25mm，箍筋直径为 12mm，竖向间距 s_k 为 90mm，混凝土强度等级为 C30，箍筋和纵筋均为 HRB335。已知截面尺寸为 500mm×400mm，混凝土核心尺寸为 440mm×340mm，轴压力为 100kN。试采用 Ucfyber 程序，进行截面的弯矩曲率分析。

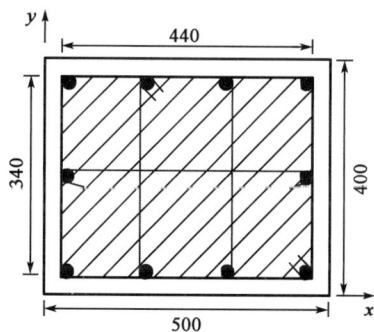

图 5.17 矩形截面约束混凝土

钢筋采用一般的理想弹塑性模型，极限拉应变取 0.1。

保护层混凝土和核心混凝土采用 Mander 模型，不考虑混凝土抗拉强度。其中，保护层混凝土的 28d 圆柱体抗压强度标准值为：

$$f_c' = 30 \times 0.85 = 25.5 (\text{MPa})$$

混凝土屈服应变和极限应变分别取 0.002、0.004，混凝土弹性模量为：

$$E_c = 5\,000\sqrt{f_c'} = 5\,000\sqrt{25.5} = 2.525 \times 10^4 (\text{MPa})$$

核心混凝土的峰值应力与应变以及极限压应变计算如下：

在 y 方向，有 4 肢、12 箍筋，因此，y 方向的配箍率 ρ_y 为：

$$\rho_y = \frac{4A_{sh}}{s_k a_h} = \frac{4 \times 113}{90 \times 440} = 0.011\,4$$

在 x 方向，截面中心的 1/3 截面有 5 肢箍筋同时约束，而两侧的 1/3 截面只有 3 肢箍筋约束。所以，x 方向的有效约束箍筋的肢数为 $5 \times 1/3 + 3 \times 1/3 + 3 \times 1/3 = 3.67$，相应的配箍率 ρ_x 为：

$$\rho_x = \frac{3.67A_{sh}}{s_k b_h} = \frac{3.67 \times 113}{90 \times 340} = 0.013\,6$$

对于矩形截面，有效约束系数 K_e 可取 0.75，则矩形截面在两个主轴方向的有效约束应力比分别为：

$$f'_{lx}/f'_c = 0.75 \times 0.013\,6 \times 335/25.5 = 0.134$$

$$f'_{ly}/f'_c = 0.75 \times 0.011\,4 \times 335/25.5 = 0.112$$

由图 5.14，取左坐标轴上 0.134 和曲线坐标上 0.112 对应的点，得到 $f'_{cc}/f'_c = 1.55$，从而求得约束核心区混凝土的抗压强度为：

$$f'_{cc} = 1.55 \times 0.85 \times 30 = 39.53(\text{MPa})$$

约束核心区混凝土的峰值应变为：

$$\varepsilon_{cc} = 0.002 \times [1 + 5 \times (1.55 - 1)] = 0.007\,5$$

箍筋的极限拉应变 ε_{su} 取 0.09，则约束核心区混凝土的极限压应变为：

$$\varepsilon_{cu} = 0.004 + 1.4 \times (0.013\,6 + 0.011\,4) \times 335 \times 0.09/39.53 = 0.030\,7$$

施加轴力（Ucfyber 中，压力取正值）后，进行绕 X 轴方向的弯矩曲率分析，得到截面弯矩—曲率的等效双折线曲线，再将其等效为理想弹塑性弯矩—曲率曲线如图 5.18 所示。

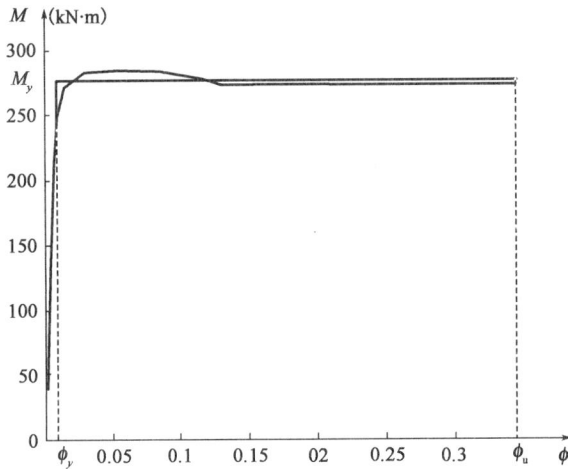

图 5.18　截面弯矩曲率

其中，截面的等效屈服弯矩和极限弯矩均为 276.5kN·m、等效屈服曲率和极限曲率分别为 $9.5 \times 10^{-3}\text{m}^{-1}$ 和 0.3452m^{-1}，曲率延性系数为 36.34。

5.4.3　钢筋混凝土墩柱的延性构造设计

对于延性桥梁，钢筋混凝土墩柱的细部构造设计是保证结构能够发挥预期延性水平的一个重要因素。因此，各国规范都十分重视延性桥墩的构造设计，并都规定了具体的细部构造要求。

1）横向箍筋配置

横向箍筋在延性桥墩中有三个重要作用，即约束塑性铰区混凝土，提供抗剪能力，以及防止纵向钢筋压屈。因此，各国规范对延性桥墩中横向箍筋的有关规定也是最多的。

Caltrans 规范对钢筋混凝土桥墩塑性铰区范围内的最低约束箍筋用量的规定，与 AASHTO 规范类似，但考虑了轴压比的影响，表 5.5 为 Caltrans 规范采用的计算公式。Caltrans 规范还规定塑性铰区内横向箍筋间距为 min（$1/5b_{min}$，$6d_{bl}$，20cm），b_{min} 为最小截面尺寸，d_{bl} 为纵向钢筋直径。

Caltrans 规范计算公式 表 5.5

螺旋箍筋或圆形箍筋	矩 形 箍 筋
$\rho_s = 0.45\left(\dfrac{A_g}{A_c} - 1\right)\dfrac{f_c'}{f_{yh}}\left(0.5 + 1.25\,\dfrac{P}{f_c'}\right), D \leqslant 900\text{mm}$	$\rho_s = 0.30\left(\dfrac{A_g}{A_c} - 1\right)\dfrac{f_c'}{f_{yh}}\left(0.5 + 1.25\,\dfrac{P}{f_c'}\right), D \leqslant 900\text{mm}$
或 $\rho_s = 0.12\,\dfrac{f_c'}{f_{yh}}\left(0.5 + 1.25\,\dfrac{P}{f_c'}\right), D > 900\text{mm}$	或 $\rho_s = 0.12\,\dfrac{f_c'}{f_{yh}}\left(0.5 + 1.25\,\dfrac{P}{f_c'}\right), D > 900\text{mm}$

注:A_g 为构件横截面毛面积;A_c 为受压构件的核心面积,从箍筋的外边缘算起;f_c' 为混凝土圆柱体抗压强度;f_{yh} 为箍筋屈服强度;P 为由重力和地震力产生的墩柱设计轴向应力;D 为墩柱直径(圆形墩柱)或最小边长(矩形墩柱)。

我国《公路桥梁抗震设计细则》(JTG/T B02-01—2008)和《城市桥梁抗震设计规范》(CJJ 166—2011)对地震基本烈度为 7 度、8 度的地区,给出了圆形、矩形墩柱潜在塑性铰区域内加密箍筋的最小体积含箍率 ρ_{smin},见式(5.26a)和式(5.26b)。并对地震基本烈度为 9 度及以上的地区,潜在塑性铰区域内加密箍筋还应适当增加,以提高其延性能力。

(1)圆形截面

$$\rho_{smin} = \left[0.14\eta_k + 5.84(\eta_k - 0.1)(\rho_t - 0.01) + 0.028\right]\dfrac{f_{ck}}{f_{hk}} \geqslant 0.004 \qquad (5.26a)$$

(2)矩形截面

$$\rho_{smin} = \left[0.1\eta_k + 4.17(\eta_k - 0.1)(\rho_t - 0.01) + 0.02\right]\dfrac{f_{ck}}{f_{hk}} \geqslant 0.004 \qquad (5.26b)$$

式中,η_k 为轴压比;ρ_t 为纵向配筋;f_{ck} 为混凝土抗压强度标准值;f_{hk} 为箍筋强度标准值。

此外,对空心截面墩柱的潜在塑性铰区域内加密箍筋配置,除满足对实体桥墩的要求外,还应配置内外两层环形箍筋,在内外两层环形箍筋之间应配置足够的拉筋,如图 5.19 所示。

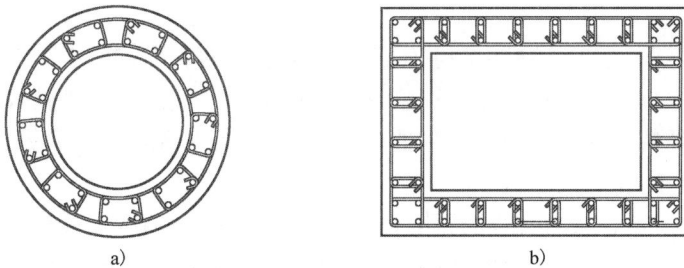

图 5.19 常用空心截面类型

2)塑性铰区长度

桥墩塑性铰区长度与等效塑性铰长度是两个不同的概念,前者是用于确定实际施工中延性桥墩箍筋加密段的长度,后者则只是理论上的一个概念。各国现行规范都对延性桥墩的塑性铰区长度作了明确的规定,Caltrans 规范为 $\max(1.5b, h_c, 0.25h_l)$,b 为弯曲方向的截面宽度,h_c 为弯矩值大于 75% 最大塑性弯矩值的区域长度,h_l 为墩柱最大弯矩点到反弯点之间的长度。我国规范要求地震基本烈度 7 度及以上地区,墩柱潜在塑性铰加密区的长度不应小于墩柱弯曲方向截面边长或墩柱上弯矩超过最大弯矩 80% 的范围,当墩柱的高度与弯曲方向截面边长之比小于 2.5 时,墩柱加密区的长度应取全高。

3)纵向钢筋的配筋率

理论分析表明,桥墩中纵向钢筋含量对桥墩的延性有一定的影响。一般来说,延性桥墩中纵向钢筋的含量不宜太低,也不宜太高。对纵向钢筋配筋率的规定:Caltrans 规范为 0.01 ~ 0.08,纵筋之间的最大间距不得超过 20cm。我国规范规定墩柱的纵向钢筋宜对称配置,纵向钢筋的面积不宜小于 0.6%;不应超过 4%。

4)钢筋的锚固与搭接

因钢筋锚固与搭接设计不当引起的桥梁震害,在多次破坏性地震中都时有发现。为了保证桥墩的延性能力,对塑性铰区截面内钢筋的锚固和搭接细节都必须加以仔细的考虑。各国现行规范对这方面也都作了明确的规定,Caltrans 规范规定纵向钢筋不应在塑性铰区内搭接,箍筋接头必须焊接。我国规范规定箍筋的直径不应小于 10mm,加密箍筋的最大间距不应大于 10cm 或 6 倍纵筋直径或墩柱弯曲方向的截面边长的 1/4,螺旋式箍筋的接头必须采用焊接,矩形箍筋应有 135°弯勾,并伸入核心混凝土之内 6 倍钢筋直径以上,此外,还要求塑性铰加密区域配置的箍筋应延续到盖梁和承台内,墩柱的纵筋也应尽可能地延伸至盖梁和承台的另一侧面。

5.5 能力保护构件的强度设计与验算

5.5.1 塑性铰区超强弯矩

在延性桥墩截面通过抗弯强度验算后,塑性铰区截面的纵向钢筋就已经确定下来,因此塑性铰区的实际抗弯能力也就确定下来。根据能力设计原理,为了确保强震作用下塑性铰切实发生在延性构件上,能力保护构件的设计荷载应根据延性构件塑性铰区的实际抗弯能力来加以确定。

从大量震害和试验结果的观察发现,钢筋混凝土墩柱的实际抗弯承载能力要大于其设计承载能力,这种现象称为墩柱抗弯超强现象(Overstrength)。如果墩柱塑性铰的抗弯承载能力出现很大的超强,所能承受的地震力超过了能力保护构件,则将导致能力保护构件先失效,预设的塑性铰不能产生,桥梁发生脆性破坏。

引起钢筋混凝土墩柱抗弯超强的原因很多,主要的原因是钢筋实际屈服强度大于设计强度、钢筋硬化引起极限强度大于屈服强度、混凝土实际抗压强度大于设计强度,而约束混凝土的极限压应变显著大于屈服压应变,其中,前两个因素影响更大。因此,钢筋混凝土墩柱的超强系数与设计规范对材料相关指标的规定直接相关,材料设计强度的安全系数越大,则产生的超强系数也更大。而对一个钢筋混凝土墩柱截面来说,则超强系数又和墩柱轴压比、主筋配筋率有很大关系,配筋率越高,则超强系数越大。图 5.20 为按美国 ACI 规范设计的一个钢筋混凝土圆形截面和矩形截面的抗弯超强系数随轴压比和纵筋配筋率变化的曲线。

因此,为了确保结构不会发生脆性的破坏模式,在确定能力保护构件的强度设计值时,需要引入抗弯超强系数 ϕ^0 来考虑延性构件的超强现象。各国规范对 ϕ^0 取值的差异较大,对钢筋混凝土结构,欧洲规范(Eurocode 8:Part2,1998 年)中 ϕ^0 取值为 1.375,美国 AASHTO 规范(2004 版)取值为 1.25,而《Caltrans Seismic Design Criteria》(version 1.3)中 ϕ^0 取值为 1.2。同济大学结合我国现行行业标准《公路钢筋混凝土及预应力混凝土桥涵设计规范》(JTG D62—2004)对超强系数的取值也进行了研究,结果表明:当轴压比大于 0.2 时,超强系数随轴压比的增加而增加,当轴压比小于 0.2 时,超强系数在 1.1~1.3 之间。这里建议 ϕ^0 取 1.2。我国《公路桥梁抗震设计细则》(JTG/T B02-01—2008)和《城市桥梁抗震抗震设计规范》(CJJ 166—2011)中 ϕ^0 取值为 1.2。

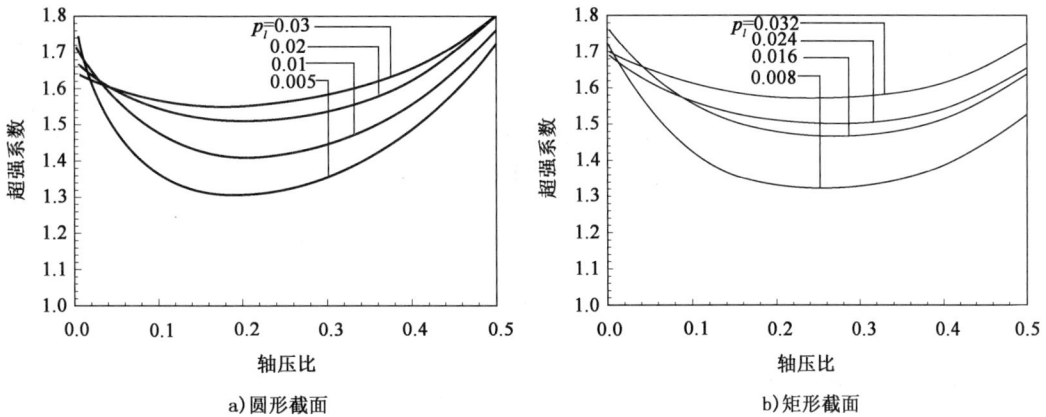

a)圆形截面　　　　　　　b)矩形截面

图 5.20　钢筋混凝土桥墩的抗弯超强系数

于是,桥墩塑性铰区截面的超强弯矩 M_0 为:

$$M_0 = \phi^0 \cdot M_R \tag{5.27}$$

式中,M_R 为塑性铰区截面的名义抗弯强度(按截面实配钢筋,采用材料强度标准值,在恒载轴力作用下计算)。ϕ^0 为超强系数,按规范取 1.2。

5.5.2　延性构件的抗剪强度

根据能力设计原则,延性构件的抗剪强度应采用塑性铰区截面超强弯矩对应的剪力值来进行验算。以独柱墩为例,桥墩的最大水平剪力需求 V_0 为:

$$V_0 = \frac{M_0}{H} \tag{5.28}$$

式中,M_0 为塑性铰区截面超强弯矩;H 为墩高。

我国现行公路桥涵设计规范中的抗剪强度计算公式只适用于梁,因此现行《公路桥梁抗震设计细则》(JTG/T B02-01—2008)和《城市桥梁抗震设计规范》(CJJ 166—2011)中,对于钢筋混凝土墩柱的抗剪强度计算主要引入了美国抗震设计规范推荐的计算公式。《公路桥梁抗震设计细则》(JTG/T B02-01—2008)采用了《美国加州抗震设计准则》(Caltrans 2000)的抗剪计算公式,但对其混凝土提供的抗剪能力计算公式进行了简化。而《城市桥梁抗震设计规范》(CJJ 166—2011)则采用美国《AASHTO Guide Specifications for LRFD Seismic Bridge Design》(2007 年版)的抗剪计算公式。

下面介绍美国 Caltrans 抗震设计规范推荐的计算公式。

1)钢筋混凝土墩柱的名义抗剪强度

钢筋混凝土墩柱的名义抗剪强度 V_n 可以认为由混凝土提供的抗剪强度 V_c 和横向钢筋提供的抗剪强度 V_s 组成,即:

$$V_n = V_c + V_s \tag{5.29}$$

2)混凝土提供的抗剪强度

计算混凝土提供的剪切强度 V_c 时,同时考虑弯曲变形和轴向荷载的影响,按下式计算:

$$V_c = v_c A_e \tag{5.30}$$

式中,A_e 为有效剪切面积,$A_e = 0.8A_g$;A_g 为立柱横截面的毛面积;v_c 为名义剪应力。

塑性铰区域内

$$v_c = c_1 c_2 \sqrt{f'_c} \leqslant 0.33 \sqrt{f'_c} \qquad （MPa） \tag{5.31a}$$

塑性铰区域外

$$v_c = 0.5 c_2 \sqrt{f'_c} \leqslant 0.33 \sqrt{f'_c} \qquad （MPa） \tag{5.31b}$$

式中,f'_c 为混凝土圆柱体抗压强度;c_1、c_2 为系数,按下式计算:

$$0.025 \leqslant c_1 = \frac{\rho_s f_{yh}}{12.5} + 0.305 - 0.083\mu_d \leqslant 0.25 \tag{5.32}$$

$$c_2 = 1 + \frac{P_c}{13.8A_g} \leqslant 1.5 \tag{5.33}$$

式中,ρ_s 为箍筋或螺旋钢筋的配箍率;f_{yh} 为箍筋的屈服应力;P_c 为立柱受到的轴压力;μ_d 为立柱的位移延性,取沿顺桥向和横桥向位移延性的大值。

c_1、c_2 系数与立柱位移延性系数和轴压力的关系见图 5.21。

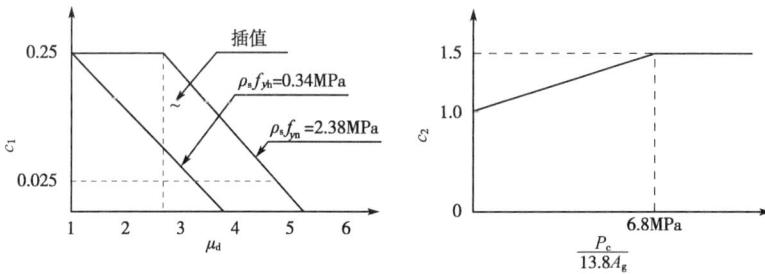

图 5.21 系数 c_1、c_2 与立柱位移延性系数和轴压力的关系

3)箍筋提供的抗剪强度

螺旋箍筋提供的抗剪强度为:

$$V_s = \frac{\pi}{2} \times A_v f_{yh} \frac{D'}{s} \tag{5.34}$$

矩形箍筋提供的抗剪强度为:

$$V_s = \frac{A_v f_{yh} B}{s} \tag{5.35}$$

式中,A_v 为同一截面上箍筋的总面积;s 是箍筋的间距;f_{yh} 为箍筋的抗拉设计强度;B 是沿计算方向立柱的宽度;D' 为螺旋钢筋或圆形箍筋的环形直径。

另外,箍筋提供的抗剪能力 V_s 还应满足下式:

$$V_s \leqslant 0.67 \times \sqrt{f'_c} A_e \tag{5.36}$$

要避免发生脆性剪切破坏,钢筋混凝土桥墩的抗剪强度验算应按下式进行检算:

$$V_{c0} \leqslant \phi V_n \tag{5.37}$$

式中,V_{c0} 为墩柱可能承受的最大地震剪力;ϕ 为抗剪强度折减系数,$\phi = 0.85$;V_n 为墩柱的名义抗剪强度。

5.5.3 其他能力保护构件

其他能力保护构件,包括盖梁、支座和基础等,按照能力设计方法,在任何地震作用下应始终处于弹性反应范围,因此,这一设计过程实际上是一个常规的强度设计过程。其设计过程概述如下:

1)盖梁设计

与延性桥墩直接连接的盖梁,应按桥墩塑性铰区截面的超强弯矩计算设计荷载效应,并按现行的公路桥涵设计规范进行强度验算。

2)支座设计

对设置在延性桥墩上的弹性支座进行支座厚度和抗滑稳定性验算,以及对固定支座进行强度验算时,支座的设计地震力应根据桥墩塑性铰区截面的超强弯矩进行计算。

3)基础设计

与延性桥墩直接连接的基础,应按桥墩塑性铰区截面的超强弯矩计算设计荷载效应,并按现行的公路桥涵设计规范进行强度验算。

5.6 单柱墩桥梁延性抗震设计实例

单柱墩连续梁桥是城市高架桥中较为常见的一种桥型。本节选取一座典型的单柱墩城市高架桥为对象,按《城市桥梁抗震设计规范》(CJJ 166—2011)的相关要求进行延性抗震设计。

5.6.1 工程概况

1)结构概况

本节以一座 3 跨 22m 的梁式桥为实例进行桥梁延性抗震设计,见图 5.22。该桥标准跨箱梁横断面和桩基布置如图 5.23 和图 5.24 所示。

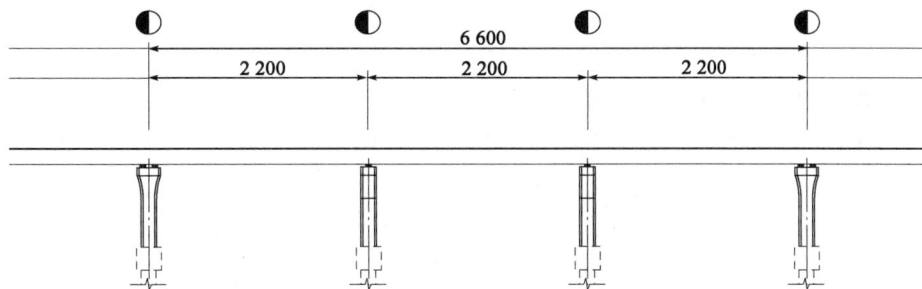

图 5.22 桥型立面图(尺寸单位:cm)

桥墩为实心矩形墩,墩高为 11.7m,墩底顺桥向宽 1.3m,横桥向 2.8m;基础采用 2 根直径为 1.5m 的桩基,桩长 43.5m,场地土动力 m 系数为 7 000kN/m^4,单桩竖向承载力为 8 000kN;支座与垫石总高度为 0.3m,支座设置方式为中间设置一个固定墩,墩顶设置固定支座,其余各墩均为纵向活动墩,墩顶设置纵向活动支座。图 5.25 所示为墩柱与桩基的配筋方案,箍筋纵向间距为 10cm。

125

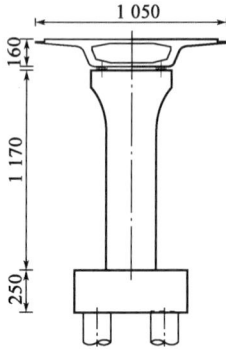

图 5.23 标准跨箱梁横断面(尺寸单位:cm)

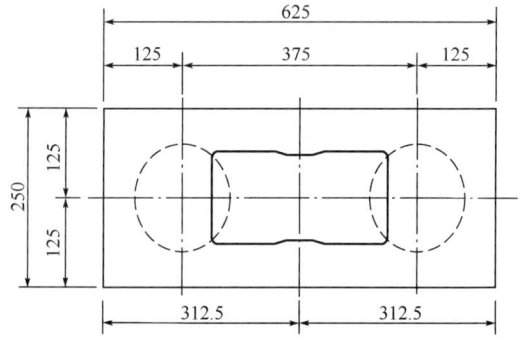

图 5.24 基础布置图(尺寸单位:cm)

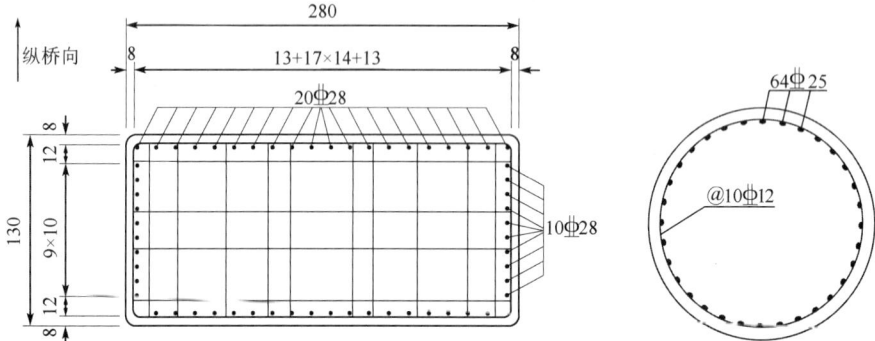

图 5.25 墩柱配筋与桩基配筋(尺寸单位:cm)

材料:上部结构 C50,立柱 C40,承台、桩基础 C30。一联三跨的主梁总重(包括二期恒载)为 10 350kN,全部恒载作用下,中墩支座反力为 3 795kN,边墩支座反力为 1 380kN。

桥墩上部变截面的区域可视为盖梁,桥墩重量为 112.9t,盖梁重量为 15.1t,承台质量101.6t。

2)地震动输入

根据现行《中国地震动参数区划图》查得该地区设计基本地震加速度值为 0.15g,特征周期为 0.45s,对应设计地震区分为第三区,局部场地类别为 Ⅱ 类,取特征周期为 0.45s。该桥是交通枢纽位置上的桥梁,为乙类,结合设防烈度,选用 A 类抗震设计方法。地震调整系数:E1地震作用为 0.61,E2 地震作用为 2.05。E1 和 E2 地震作用水平设计反应谱为:

$$S = \begin{cases} 5.5S_{max}T + 0.45S_{max} & 0 < T \leq 0.1s \\ S_{max} & 0.1s < T \leq T_g \\ S_{max}(T_g/T)^{0.9} & T_g < T \leq 5T_g \\ [0.2^{0.9} - 0.02(T - 5T_g)]S_{max} & 5T_g < T \leq 6s \end{cases}$$

式中,$S_{max} = 2.25A$;A 为地震加速度峰值;其余符号意见详见规范。

E1 地震作用和 E2 地震作用下的水平加速度反应谱见图 5.26。

5.6.2 计算模型

由于结构纵向仅一个桥墩上为固定支座,其余都为活动支座,因此纵桥向可仅考虑固定墩的刚度建立单自由度模型,质量按三跨计算,其中质量中心位于固定墩支座顶部。在横桥向,每个墩都为固定墩,且各墩高相等,主梁横向刚度较大,因此可简化为单跨桥,建立单自由度模型计算,其中质量中心位于主梁横断面质心处,此次计算中取主梁中心距支座顶部的距离为 0.8m,如图 5.27 所示。

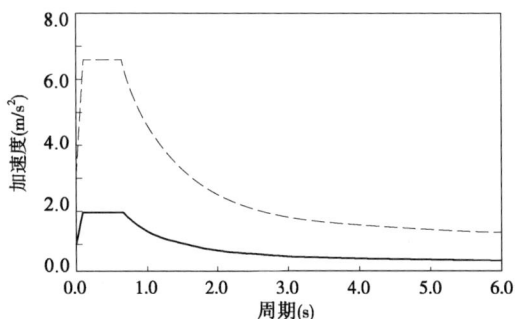

图 5.26 E1、E2 地震加速度反应谱

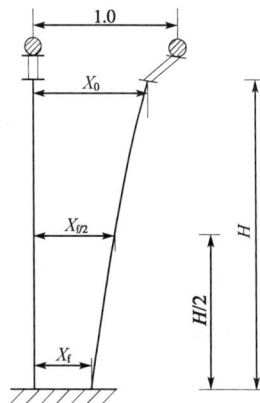

图 5.27 计算模型

群桩基础采用 6×6 的桩土相互作用的弹簧刚度矩阵模拟,其详细刚度如下:

$$K = \begin{bmatrix} 3.877 \times 10^5 & 0 & 0 & 0 & -1.158 \times 10^6 & 0 \\ 0 & 3.343 \times 10^5 & 0 & 1.047 \times 10^6 & 0 & 0 \\ 0 & 0 & 2.537 \times 10^6 & 0 & 0 & 0 \\ 0 & 1.047 \times 10^6 & 0 & 1.422 \times 10^7 & 0 & 0 \\ -1.158 \times 10^6 & 0 & 0 & 0 & 5.570 \times 10^6 & 0 \\ 0 & 0 & 0 & 0 & 0 & 2.453 \times 10^6 \end{bmatrix} \text{(单位体系:kN·m)}$$

考虑桥梁基础在纵桥向仅有一排桩,在侧向力作用下的荷载传递以及变形形态与桩柱式桥梁更为接近。在此,对基础的刚度矩阵分别按 6×6 全刚度矩阵和仅 6 对角刚度矩阵分别进行计算。

1)基础按 6×6 刚度矩阵

桥墩的质量换算系数 η,需要计算桥墩关键节点的位移后按下式计算:

$$\eta = 0.16(X_f^2 + 2X_{f/2}^2 + X_f X_{f/2} + X_{f/2} X_0 + X_0^2)$$

而单自由度模型换算质点质量计算公式为:

$$m_t = m_{sp} + \eta_{cp} m_{cp} + \eta_p m_p$$

$$\eta_{cp} = X_0^2$$

分别在横桥向和纵桥向施加单位力在各自的模型质量中心处,计算桥墩各关键点的位移,并进一步计算桥墩的质量换算系数,结果如表 5.6 所示。

表 5.6
单位力作用下桥墩关键节点位移和质量换算系数

方向	墩底(m)	墩中点(m)	墩顶(m)	单位力作用点(m)	X_0	$X_{f/2}$	X_f	η
横向	1.25×10^{-5}	2.49×10^{-5}	4.04×10^{-5}	4.34×10^{-5}	0.93	0.57	0.29	0.37
纵向	4.77×10^{-5}	1.06×10^{-4}	1.78×10^{-4}	1.82×10^{-4}	0.98	0.58	0.26	0.39

纵向单自由度模型 3 跨计算,模型的换算质量包括一联主梁和二期恒载的总质量,以及固定墩的盖梁、墩身的换算质量,而模型的换算刚度则为固定支座处桥墩及其基础的纵向刚度。

墩身质量:

$$m_p = 112.9(t)$$

墩帽等代盖梁质量:

$$m_{cp} = 15.1(t)$$

等效一联模型总质量和换算刚度:

$$m_t = 1\ 035 + 0.98^2 \times 15.1 + 0.39 \times 112.9 = 1\ 093.53(t)$$

$$K = \frac{1}{\delta} = \frac{1}{1.82 \times 10^{-4}} = 5\ 494.51(kN/m)$$

横向单自由度模型按单跨计算,模型的换算质量包括单跨主梁和二期恒载的总质量,以及一个桥墩及盖梁的换算质量,而模型的换算刚度为一个桥墩及其基础的横向刚度:

$$m_t = 1\ 035/3 + 0.93^2 \times 15.1 + 0.37 \times 112.9 = 399.83(t)$$

$$K = \frac{1}{\delta} = \frac{1}{4.34 \times 10^{-5}} = 23\ 041.47(kN/m)$$

2)基础按 6 对角刚度矩阵

同上述过程,按表 5.7 仅考虑 6 对角项的刚度矩阵计算单位力作用下的桥梁关键节点位移和质量换算系数,见表 5.8。

6 对角刚度矩阵 表 5.7

平动刚度(kN/m)			转动刚度(kN·m/rad)		
纵向	横向	竖向	绕纵向	绕横向	绕竖向
3.877×10^5	3.343×10^5	2.537×10^6	1.422×10^7	5.570×10^6	2.453×10^6

单位力作用下桥墩关键节点位移和质量换算系数 表 5.8

方向	墩底(m)	墩中点(m)	墩顶(m)	单位力作用点(m)	X_0	$X_{l/2}$	X_t	η
横向	5.68×10^{-6}	1.45×10^{-5}	2.64×10^{-5}	2.88×10^{-5}	0.92	0.50	0.20	0.31
纵向	9.08×10^{-6}	3.48×10^{-5}	7.31×10^{-5}	7.52×10^{-5}	0.97	0.46	0.12	0.30

等效一联模型总质量和换算刚度:

$$m_t = 1\ 035 + 0.97^2 \times 15.1 + 0.30 \times 112.9 = 1\ 083.08(t)$$

$$K = \frac{1}{\delta} = \frac{1}{7.52 \times 10^{-5}} = 13\ 297.87(kN/m)$$

横向单自由度模型按单跨计算,模型的换算质量包括单跨主梁和二期恒载的总质量,以及一个桥墩及盖梁的换算质量,而模型的换算刚度为一个桥墩及其基础的横向刚度:

$$m_t = 1\ 035/3 + 0.92^2 \times 15.1 + 0.31 \times 112.9 = 392.78(t)$$

$$K = \frac{1}{\delta} = \frac{1}{2.88 \times 10^{-5}} = 34\ 722.22(kN/m)$$

由此可见,仅考虑 6 对角项的刚度,结构总体纵向换算刚度增大 142%,横向换算刚度增大 50.7%。

5.6.3　E1 地震作用下地震反应分析及抗震验算

1）纵向地震作用分析

（1）按 6×6 基础刚度矩阵结果进行分析

纵向周期：

$$T = 2\pi \sqrt{\frac{m_t}{K}} = 2\pi \sqrt{\frac{1\,093.53}{5\,494.51}} = 2.80(\text{s})$$

反应谱加速度：

$$S_{\max} = 2.25A = 2.25 \times 0.61 \times 0.15 \times 9.8 = 2.02(\text{m/s}^2)$$

$$S = [0.2^{\gamma} - \eta_1(T - 5T_g)]S_{\max}$$

$$= [0.2^{0.9} - 0.02 \times (2.80 - 5 \times 0.45)] \times 2.02 = 0.45(\text{m/s}^2)$$

作用于中墩活动支座顶面的地震力：

$$E_{kti} = \mu_i R_i = 0.02 \times 3\,795 = 75.90(\text{kN})$$

作用于边墩活动支座顶面的地震力：

$$E_{kti} = \mu_i R_i = 0.02 \times 1\,380 = 27.60(\text{kN})$$

作用于固定支座顶面的地震力：

$$E_{kti} = Sm_t - \sum E_{kti} = 0.45 \times 1\,093.53 - 2 \times 27.60 - 75.90 = 360.99(\text{kN})$$

（2）按仅考虑 6 对角项刚度矩阵结果进行分析

纵向周期：

$$T = 2\pi \sqrt{\frac{m_t}{K}} = 2\pi \sqrt{\frac{1\,083.08}{13\,297.89}} = 1.79(\text{s})$$

反应谱加速度：

$$S_{\max} = 2.25A = 2.25 \times 0.61 \times 0.15 \times 9.8 = 2.02(\text{m/s}^2)$$

$$S = S_{\max}\left(\frac{T_g}{T}\right)^{0.9} = 2.02 \times \left(\frac{0.45}{1.79}\right)^{0.9} = 0.58(\text{m/s}^2)$$

作用于中墩活动支座顶面的地震力：

$$E_{kti} = \mu_i R_i = 0.02 \times 3\,795 = 75.9(\text{kN})$$

作用于边墩活动支座顶面的地震力：

$$E_{kti} = \mu_i R_i = 0.02 \times 1\,380 = 27.6(\text{kN})$$

作用于固定支座顶面的地震力：

$$E_{kti} = Sm_t - \sum E_{kti} = 0.58 \times 1\,083.08 - 2 \times 27.6 - 75.9 = 497.09(\text{kN})$$

由此可见，仅考虑 6 对角项的刚度，固定支座顶面纵向地震力偏大 37.7%。

2）横向地震作用分析

（1）按 6×6 基础刚度矩阵结果进行分析

横向周期：

$$T = 2\pi \sqrt{\frac{m_t}{K}} = 2\pi \sqrt{\frac{399.83}{23\,041.47}} = 0.83(\text{s})$$

反应谱加速度：

$$S_{\max} = 2.25A = 2.25 \times 0.61 \times 0.15 \times 9.8 = 2.02(\text{m/s}^2)$$

$$S = S_{\max}\left(\frac{T_g}{T}\right)^\gamma = 2.02 \times (0.45/0.83)^{0.9} = 1.16(\text{m/s}^2)$$

作用于主梁质心处的水平地震力：

$$E_{kti} = Sm_t = 1.16 \times 399.83 = 463.80(\text{kN})$$

(2)按仅考虑6对角项刚度矩阵结果进行分析

横向周期：

$$T = 2\pi\sqrt{\frac{m_t}{K}} = 2\pi\sqrt{\frac{392.78}{34\,722.22}} = 0.67(\text{s})$$

反应谱加速度：

$$S_{\max} = 2.25A = 2.25 \times 0.61 \times 0.15 \times 9.8 = 2.02(\text{m/s}^2)$$

$$S = S_{\max}\left(\frac{T_g}{T}\right)^\gamma = 2.02 \times (0.45/0.67)^{0.9} = 1.41(\text{m/s}^2)$$

作用于主梁质心处的水平地震力：

$$E_{kti} = Sm_t = 1.41 \times 392.78 = 553.82(\text{kN})$$

由此可见，仅考虑6对角项的刚度，主梁质心处横向地震力偏大19.4%。

(注：以下结果仅按6×6刚度矩阵结果进行分析和验算。)

3)纵、横向地震结构性能验算

A类抗震设计E1作用下只验算桥墩的强度，验算时考虑恒载和地震力作用下的弯矩、轴力的组合。

(1)纵向地震

纵桥向固定墩墩底截面为最不利受力截面，墩底组合轴力为：

$$N_z = N_D + N_E = (3\,795 + 1\,129 + 151) + 0 = 5\,075(\text{kN})$$

墩底组合弯矩为：

$$M_z = M_D + M_E = 0 + 360.99 \times (11.7 + 0.3) = 4\,331.88(\text{kN·m})$$

采用XTRACT程序计算墩底截面，其中材料强度采用设计值，计算得墩底截面纵向抗弯强度(等效屈服弯矩)为 $9.50 \times 10^3\text{kN·m}$，可见强度满足要求。

(2)横向地震

墩底截面为最不利受力截面，墩底组合轴力为：

$$N_z = N_D + N_E = 5\,075(\text{kN})$$

墩底组合弯矩：

$$M_z = M_D + M_E = 0 + 463.80 \times (11.7 + 0.8 + 0.3) = 5\,936.64(\text{kN·m})$$

采用XTRACT程序计算墩底截面强度，其中材料强度采用设计值，计算墩底截面横向抗弯能力为 $2.04 \times 10^4\text{kN·m}$，可见强度满足要求。

5.6.4 E2地震作用下地震反应分析及抗震验算

1)纵向地震作用分析

(1)地震反应分析

假设纵向 E2 地震作用下桥墩处于弹性状态工作,不进行刚度折减,计算弹性状态下的地震反应,纵向周期仍为 2.80s,则反应谱加速度为:

$$S_{max} = 2.25A = 2.25 \times 2.05 \times 0.15 \times 9.8 = 6.78 (m/s^2)$$

$$S = [0.2^\gamma - \eta_1(T - 5T_g)]S_{max}$$
$$= [0.2^{0.9} - 0.02 \times (2.80 - 5 \times 0.45)] \times 6.78 = 1.52(m/s^2)$$

作用于中墩活动支座顶面的地震力:

$$E_{kti} = \mu_i R_i = 0.02 \times 3795 = 75.90(kN)$$

作用于边墩活动支座顶面的地震力:

$$E_{kti} = \mu_i R_i = 0.02 \times 1380 = 27.60(kN)$$

作用于固定支座顶面的地震力:

$$E_{kti} = Sm_t - \sum E_{kti} = 1.52 \times 1093.53 - 2 \times 27.60 - 75.90 = 1531.07(kN)$$

纵桥向固定桥墩墩底截面为最不利受力截面,墩底组合轴力为:

$$N_z = N_D + N_E = 5075(kN)$$

墩底组合弯矩为:

$$M_z = M_D + M_E = 0 + 1531.07 \times (11.7 + 0.3) = 18372.84(kN \cdot m)$$

采用 XTRACT 程序计算墩底截面强度,其中材料强度采用标准值,计算得墩底截面纵向等效屈服弯矩为 $1.08 \times 10^4 kN \cdot m$,显然,墩底将发生屈服,需按延性构件刚度折减计算。

通过 XTRACT 程序计算墩底截面在恒载作用下的等效屈服弯矩 M_y 和等效屈服曲率 ϕ_y,则截面等效抗弯刚度为:

$$E_c \times I_{eff} = \frac{M_y}{\phi_y} = 4.06 \times 10^6 (kN \cdot m^2)$$

将等效抗弯刚度代入原模型,计算得到折减之后的纵向换算质量和换算刚度:

$$K_e = \frac{1}{\delta} = \frac{1}{2.89 \times 10^{-4}} = 3460.21(kN/m)$$

则纵桥向刚度折减后周期为:

$$T = 2\pi \sqrt{\frac{m_t}{K_e}} = 2\pi \sqrt{\frac{1093.53}{3460.21}} = 3.53(s)$$

反应谱加速度:

$$S = [0.2^\gamma - \eta_1(T - 5T_g)]S_{max}$$
$$= [0.2^{0.9} - 0.02 \times (3.53 - 5 \times 0.45)] \times 6.78 = 1.42(m/s^2)$$

固定墩墩顶水平地震力:

$$E_{kti} = Sm_t - \sum E_{kti} = 1.42 \times 1093.53 - 2 \times 27.6 - 75.9 = 1421.71(kN)$$

桥墩为延性构件,E2 阶段需要验算桥墩位移按弹性方法计算出地震位移应乘以地震位移修正系数 R_d。

$$\frac{T^*}{T} = \frac{1.25 \times 0.45}{3.53} = 0.16 \leqslant 1.0,故 R_d = 1.0。$$

墩顶位移需求(为方便计算,此处未扣除基础柔性对墩顶位移需求的贡献,结果是偏安全的):

$$\Delta_d = \frac{F_{E2}}{K_e} \times R_d = \frac{1\,421.71}{3\,460.21} \times 1 = 41.09(\text{cm})$$

墩顶底相对位移:

$$\Delta_d = \frac{F_{E2}l^3}{3EI} \times R_d = \frac{1\,421.71 \times 11.7^3}{3 \times 4.06 \times 10^6} \times 1 = 18.69(\text{cm})$$

(2)桥墩位移能力验算

由 XTRACT 程序计算求得的墩底截面等效屈服曲率、极限曲率为:

$$\phi_y = 2.66 \times 10^{-5}(\text{cm}^{-1})$$

$$\phi_u = 9.93 \times 10^{-4}(\text{cm}^{-1})$$

等效塑性铰长度计算:

$$l_p = 0.08H + 0.022f_y d_s = 0.08 \times 1\,170 + 0.022 \times 400 \times 2.8 = 118.24(\text{cm})$$

取安全系数 $K = 2.0$,则塑性铰区最大容许转角为:

$$\theta_u = \frac{l_p(\phi_u - \phi_y)}{K} = \frac{118.24 \times (9.93 \times 10^{-4} - 2.66 \times 10^{-5})}{2}$$

$$= 5.71 \times 10^{-2}(\text{rad})$$

墩顶容许位移为:

$$\Delta_u = \frac{1}{3}H^2 \times \phi_y + \left(H - \frac{l_p}{2}\right) \times \theta_u = \frac{1}{3} \times 1\,170^2 \times 2.66 \times 10^{-5} + \left(1\,170 - \frac{118.24}{2}\right) \times$$

$$5.71 \times 10^{-2} = 75.57(\text{cm})$$

可见,桥墩的位移能力满足要求,即使不扣除基础变形对墩顶位移需求增加的部分,也满足位移需求。

(3)墩柱塑性铰区抗剪强度验算

塑性铰区域截面超强弯矩按下式计算:

$$M_{p0} = \phi^0 M_p = 1.2 \times 1.08 \times 10^4 = 1.30 \times 10^4(\text{kN} \cdot \text{m})$$

延性墩柱的底部区域为潜在塑性铰区域,则桥墩柱沿顺桥向剪力设计值 V_{c0} 为:

$$V_{c0} = \frac{M_{zc}^x}{H_n} = \frac{1.30 \times 10^4}{11.7 + 0.3} = 1\,083.33(\text{kN})$$

每个桥墩墩柱塑性铰区域沿顺桥向的斜截面抗剪强度应按照下列公式验算:

$$\mu_\Delta = \frac{18.69 \times 10^{-2}}{1.08 \times 10^4 \times (11.7 + 0.3)^2/(3 \times 4.06 \times 10^6)} = 1.47$$

$$\rho_s f_{yh} = \frac{2A_v f_{yh}}{bs} = \frac{2 \times 13.57}{280 \times 10} \times 330 = 3.20 > 2.4,\text{取}\,\rho_s f_{yh} = 2.4$$

$$\lambda = \frac{\rho_s f_{yh}}{10} + 0.38 - 0.1\mu_\Delta = \frac{2.4}{10} + 0.38 - 0.1 \times 1.47 = 0.47 > 0.3,\text{取}\,\lambda = 0.3$$

$$v_c = \lambda\left(1 + \frac{P_c}{1.38 \times A_g}\right)\sqrt{f_{cd}} = 0.3 \times \left(1 + \frac{5\,075}{1.38 \times 36\,400}\right)\sqrt{18.4}$$

$$= 1.42 \leqslant \min\begin{cases} 0.355\sqrt{f_{cd}} = 1.52 \\ 1.47\lambda\ \sqrt{f_{cd}} = 1.89 \end{cases}$$

$$V_c = 0.1v_c A_e = 0.1 \times 1.42 \times 0.8 \times 36\,400 = 4\,135.04(\text{kN})$$

$$V_s = 0.1 \times \frac{A_v f_{yh} h_0}{s} = 0.1 \times \frac{13.57 \times 330 \times (130 - 16)}{10}$$

$$= 5\ 105.03 \leqslant 0.08 \sqrt{f_{cd}} A_e = 9.99 \times 10^3 (kN)$$

$$V_{c0} \leqslant \phi(V_c + V_s) = 0.85 \times (4\ 135.04 + 5\ 105.03) = 7\ 854.06(kN)$$

桥墩的抗剪强度满足要求。

（4）基础验算

对于低桩承台基础的弯矩、剪力和轴力设计值，应根据墩柱底部可能出现塑性铰处截面的超强弯矩及其对应剪力、墩柱恒载轴力，并考虑承台的贡献来计算。作用在承台的水平地震力可用静力法按下式计算：

$$F_t = m_t A = 101.6 \times 0.15 \times 9.8 \times 2.05 = 306.17(kN)$$

墩柱纵向墩底截面超强弯矩应按下式计算：

$$M_{p0} = \phi^0 M_p = 1.2 \times 1.08 \times 10^4 = 1.30 \times 10^4 (kN \cdot m)$$

$$V_{c0} = \frac{M_{zc}^x}{H_n} = \frac{1.30 \times 10^4}{11.7 + 0.3} = 1\ 083.33(kN)$$

承台底部组合轴力、剪力和弯矩分别为：

$$N_z = 5\ 075 + 1\ 016 = 6\ 091(kN)$$

$$Q_z = 1\ 083.33 + 306.17 = 1\ 389.50(kN)$$

$$M_z = 0 + 1\ 083.33 \times (11.7 + 0.3 + 2.5) + 306.17 \times 1.25 = 16\ 091.00(kN \cdot m)$$

按桩基础规范计算单桩的最大弯矩，出现在离桩顶 2.0m 处，弯矩为 8 893kN·m，轴力为 3 046kN。

考虑最不利组合，按最小单桩轴力验算桩身抗弯强度，采用材料标准强度，利用 XTRACT 程序求得该轴力下截面抗弯能力为 $7.92 \times 10^3 kN \cdot m$，不满足强度验算要求。

验算单桩竖向承载力，根据《城市桥梁抗震设计规范》（CJJ 166—2011），地震状态下单桩竖向承载力调整系数取 2.0，因此单桩承载力为 16 000kN，满足承载力验算要求。

（5）支座验算

固定墩支座按能力保护构件设计，单个支座纵向水平地震力为：

$$E_{hze} = \frac{1\ 083.33}{2} = 541.67(kN)$$

最终，支座水平力还应与永久作用、温度等作用进行组合，进而指导支座选型，此处略。

2）横向地震作用分析

（1）地震反应计算

假设在横向 E2 地震作用下桥墩处于弹性状态工作，不进行刚度折减，计算弹性状态下的地震反应，横向周期仍为 0.83s，则反应谱加速度为：

$$S_{max} = 2.25A = 2.25 \times 2.05 \times 0.15 \times 9.8 = 6.78(m/s^2)$$

$$S = S_{max} \left(\frac{T_g}{T}\right)^\gamma = 6.78 \times \left(\frac{0.45}{0.83}\right)^{0.9} = 3.91(m/s^2)$$

作用于主梁质心处的地震力：

$$E_{kti} = S m_t = 3.91 \times 399.83 = 1\ 563.34(kN)$$

墩底截面为最不利受力截面,墩底组合轴力为:

$$N_z = N_D + N_E = 5\,075\,(kN)$$

墩底组合弯矩为:

$$M_z = M_D + M_E = 0 + 1\,563.34 \times (11.7 + 0.8 + 0.3) = 20\,010.75\,(kN \cdot m)$$

采用 XTRACT 程序计算墩底截面强度,其中材料强度采用标准值,计算得墩底截面横向等效屈服弯矩为 $2.40 \times 10^4 kN \cdot m$,这表明桥墩将保持弹性。

(2)墩柱抗剪强度验算

由于在 E2 地震作用下桥墩未屈服,验算墩柱的抗剪强度需求应按 E2 地震下弹性反应取值,即 1563.34kN。

现行《公路桥梁抗震设计细则》(JTG/T B02-01—2008)和《城市桥梁抗震设计规范》(CJJ 166—2011)未给出塑性铰区外的抗剪强度计算公式,因此,参照 Caltrans 规范原理,按塑性铰区内进行截面抗剪强度验算:

$$v_c = \alpha \left(1 + \frac{P_c}{1.38 \times A_g}\right)\sqrt{f_{cd}} = 0.3 \times \left(1 + \frac{5\,075}{1.38 \times 36\,400}\right)\sqrt{18.4}$$

$$= 1.42 \leqslant \min \begin{cases} 0.355\sqrt{f_{cd}} = 1.52 \\ 1.47\alpha\sqrt{f_{cd}} = 1.89 \end{cases}$$

$$V_c = 0.1v_c A_e = 0.1 \times 1.42 \times 0.8 \times 36\,400 = 4\,135.04\,(kN)$$

$$V_s = 0.1 \times \frac{A_v f_{yh} h_0}{s} = 0.1 \times \frac{6.79 \times 330 \times (280 - 16)}{10}$$

$$= 5\,915.45\,(kN) \leqslant 0.08\sqrt{f_{cd}}A_e = 9.99 \times 10^3\,(kN)$$

$$V_{c0} \leqslant \phi(V_c + V_s) = 0.85 \times (4\,135.04 + 5\,915.45) = 8\,542.92\,(kN)$$

可见,墩柱抗剪强度满足要求。

(3)基础验算

由于在 E2 地震作用下桥墩未屈服,因此基础的弯矩、剪力和轴力的设计值,应按墩柱底部地震弹性反应取值并考虑墩柱恒载轴力和承台的贡献来计算。作用在承台的水平地震可用静力法按下式计算:

$$F_t = m_t A = 101.6 \times 0.15 \times 9.8 \times 2.05 = 306.17\,(kN)$$

承台底部组合轴力、剪力和弯矩分别为:

$$N_z = 5\,075 + 1\,016 = 6\,091\,(kN)$$

$$Q_z = 1\,563.34 + 306.17 = 1\,869.51\,(kN)$$

$$M_z = 0 + 1\,563.34 \times (11.7 + 0.3 + 0.8 + 2.5) + 306.17 \times 1.25$$

$$= 24\,301.81\,(kN \cdot m)$$

根据桩基础规范计算得到单桩最大弯矩,出现在距离桩顶 5m 的截面,弯矩 2 292 kN · m,最小轴力为 - 3 426kN,最大轴力为 9 517kN。

考虑最不利组合,以最小单桩轴力验算桩身抗弯强度,利用 XTRACT 程序求得该轴力下截面抗弯能力为 5 233 kN · m,满足强度验算要求。

以最大单桩轴力验算单桩承载力,根据《城市桥梁抗震设计规范》(CJJ 166—2011),地震状态下单桩竖向承载力调整系数取 2.0,因此单桩承载力为 16 000kN,满足承载力验算要求。

(4)支座验算

由于在 E2 地震作用下桥墩未屈服,墩顶支座横向剪力应按弹性反应取值,单个单向活动支座受力为:

$$E_{hze} = \frac{1\,563.34}{2} = 781.67(kN)$$

根据该分析结果进行支座选取。

5.6.5 结果与讨论

前述分析表明,当仅考虑基础的 6 对角项的刚度时,会偏大估计结构的整体换算刚度,进而高估结构的周期和地震响应。并且,这种误差对于纵向仅为单排桩的类似桩柱式结构的影响尤为明显。事实上,当基础为单桩结构,或者在某个方向上为单排桩,或者因桩数较少而总体上平面尺寸较小,在水平荷载作用下,会存在较强的平转动耦合现象,表现在基础刚度矩阵上即为非对角线上的元素数值较大,不可忽略。此时,应按 6×6 刚度矩阵考虑基础的实际刚度效应,以避免过大的计算误差。

从结构地震响应和性能验算结果上看,桥梁在纵桥向墩柱进入塑性,满足位移能力验算,但桩基础的强度验算不足;在横桥向,墩柱保持弹性,桩基满足强度验算。这表明,在纵桥向桩基将先于墩柱发生屈服,进入塑性。究其原因,主要是基础在纵向上采用单排桩布置的缘故,墩底传至基础的倾覆弯矩只能依靠桩基的抗弯能力来抵抗,而在多排桩中则可以通过基础拉压轴力来抵抗。

考虑到桩基的截面配筋率已经较大,若要满足基础保持弹性的性能要求,建议优先选择增大桩径。但同时需要指出的是,单排桩基础在受到垂直方向的水平荷载作用下,桩身受力以大偏心受弯为主,当有较好箍筋配置时,也可具有较大的延性性能。因此,当基础加强较困难或者需要增加的经济投入人多,而场地的地震发生概率又较小,且基础发生损伤后检查和修复又相对容易的情况下(比如基础潜在塑性部位较浅,且高于地下水位),也可选择容许桩基在该方向上进入塑性状态,但此时应注意加强桩基潜在塑性铰区的约束箍筋配置。

5.7 双柱墩桥梁延性抗震设计实例

双柱墩连续梁桥也是城市高架桥中较为常见的一种桥型。本节选取一座典型的双柱墩城市高架桥为对象,按《城市桥梁抗震设计规范》(CJJ 166—2011)的相关要求进行延性抗震设计。

5.7.1 工程概况

1)结构概况

某城市高架桥中的一联连续梁桥(4×31m),桥梁立面布置见图 5.28,横断面见图 5.29,基础布置见图 5.30。

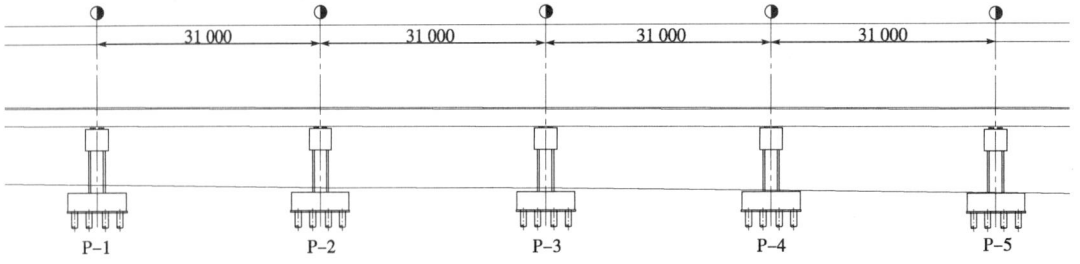

图 5.28　桥梁立面图(尺寸单位:mm)

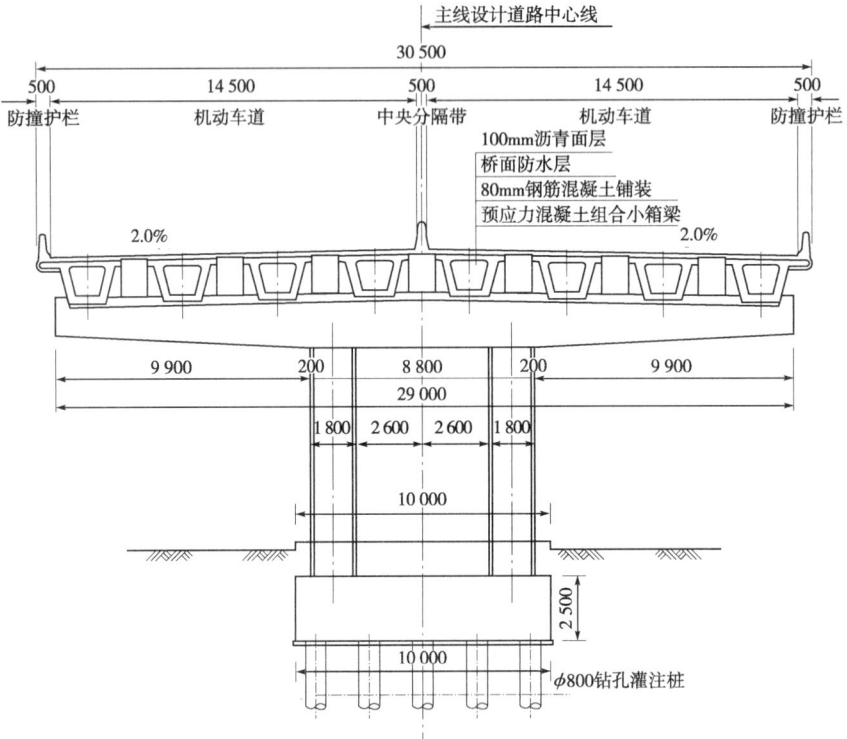

图 5.29　桥梁横断面(尺寸单位:mm)

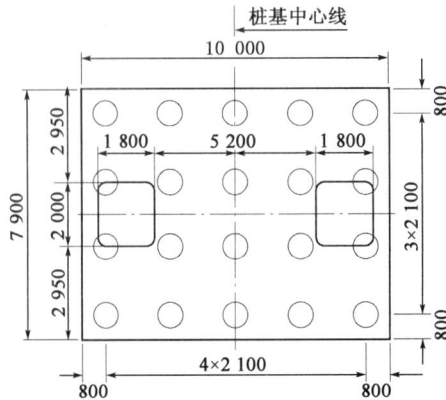

图 5.30　基础布置图(尺寸单位:mm)

中墩 P-3 为纵向固定墩,墩顶中间两片箱梁下设置固定支座,其余位置设横向单向活动支座,P-1、2、4 和 5 为纵向活动墩,墩顶中间两片箱梁下设置纵向单向活动支座,其余位置设置双向活动支座。

盖梁为矩形截面,平均高度 3.2m,支座和垫石总高 0.3m。立柱中心间距为 7m,墩柱高度 15m、截面尺寸为 1.8m(横桥向)×2.0m(顺桥向),桩基采用 20 根 ϕ800mm 钻孔灌注桩,摩擦桩,桩长 50m,单桩配筋率 2.0%,单桩承载力 2 500kN,场地土 m 系数为 10 000kN/m⁴。墩柱与桩身配筋见图 5.31。

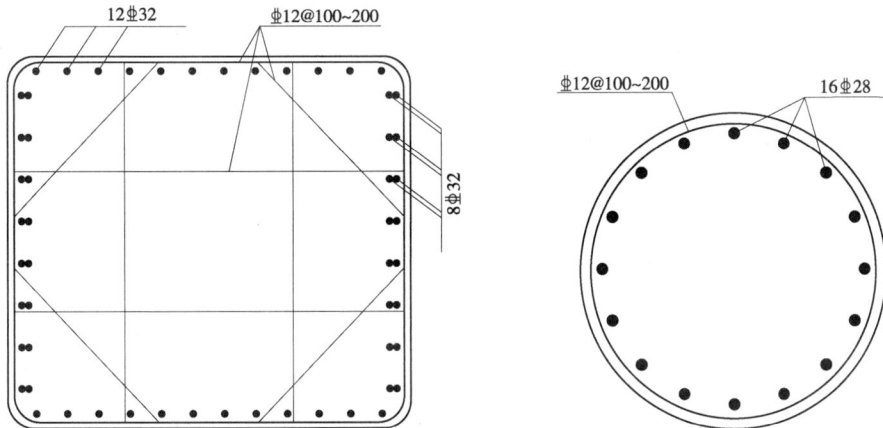

图 5.31 墩柱配筋与桩基配筋

上部结构、立柱、基础分别采用 C50、C40、C35 混凝土。每跨上部结构总质量为 1 590.8t(包括二期恒载),盖梁质量为 481t,两根立柱质量为 281t,承台质量为 493.8t。

2)地震动输入

根据地震动区划图,设计基本地震加速度值为 0.10g,抗震设防烈度为 7 度,地震分区为第一区。场地类别为四类场地,查得设计加速度反应谱特征周期为 0.65s。根据《城市桥梁抗震设计规范》(CJJ 166—2011),该桥是交通枢纽位置上的桥梁,为乙类,结合设防烈度,选用 A 类抗震设计方法,地震调整系数:E1 地震作用为 0.61,E2 地震作用为 2.2,E1、E2 地震作用下的水平加速度反应谱为:

$$S = \begin{cases} 5.5S_{\max}T + 0.45S_{\max} & 0 < T \leqslant 0.1\text{s} \\ S_{\max} & 0.1\text{s} < T \leqslant T_g \\ S_{\max}\left(\dfrac{T_g}{T}\right)^{0.9} & T_g < T \leqslant 5T_g \\ \left[0.2^{0.9} - 0.02(T - 5T_g)\right]S_{\max} & 5T_g < T \leqslant 6\text{s} \end{cases}$$

其中,$S_{\max} = 2.25A$,A 为地震加速度峰值,其余符号详见规范。E1 地震作用和 E2 地震作用下的水平加速度反应谱见图 5.32。

5.7.2 计算模型

1)纵桥向

纵桥向仅一个桥墩上设置固定支座,其余桥墩上都为活动支座,因此可以仅考虑固定墩的刚度建立单自由度模型,质量按 4 跨计算,其中质量中心位于固定墩支座顶部,如图 5.33 所示。

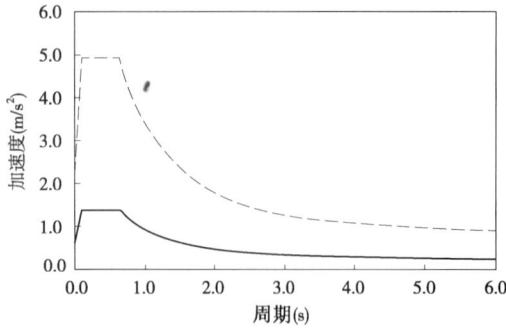

图 5.32 E1、E2 地震加速度反应谱

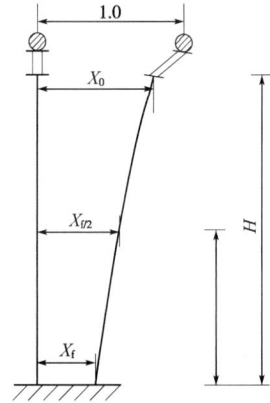

图 5.33 纵向计算模型

群桩基础的刚度参数见表 5.9。

基础刚度参数　　　　　　　　　　　　　　　　　表 5.9

方向	平动刚度(kN/m)			转动刚度(kN·m/Rad)		
	横向	纵向	竖向	绕横向	绕纵向	绕竖向
刚度	1.12×10^6	1.12×10^6	8.73×10^6	5.54×10^7	8.42×10^7	1.75×10^8

桥墩的质量换算系数 η,需要计算桥墩关键节点的位移后按下式计算:

$$\eta = 0.16(X_f^2 + 2X_{f/2}^2 + X_f X_{f/2} + X_{f/2} X_0 + X_0^2)$$

在支座顶施加单位力,计算桥墩各关键节点的位移,并进一步计算桥墩的质量换算系数,计算结果如表 5.10 所示,本例中 X_0 近似取 1.0。

纵向单位力作用下桥墩关键节点位移和质量换算系数　　　　　　表 5.10

墩底 (m)	墩中点 (m)	墩顶 (m)	单位力作用点 (m)	X_f	$X_{f/2}$	X_0	η
2.77×10^{-6}	1.49×10^{-5}	3.82×10^{-5}	3.82×10^{-5}	0.07	0.39	1.00	0.28

单自由度模型的换算质量包括一联主梁和二期恒载总质量,以及固定墩的盖梁、墩身的换算质量:

$$M_t = 4 \times 1590.8 + 481 + 0.28 \times 281 = 6.92 \times 10^3 (\text{t})$$

单自由度模型的换算刚度即为固定支座处桥墩及其基础的组合刚度:

$$K = \frac{1}{\delta} = \frac{1}{3.82 \times 10^{-5}} = 2.62 \times 10^4 (\text{kN/m})$$

2)横桥向

在横桥向,每个墩都为固定墩,且各墩高相等,主梁横向刚度较大,因此可以和 5.6 节中一样,简化为单跨桥,建立单自由度模型,其中质量中心位于主梁横断面形心处。本节中,考虑到算例的代表性,采用规范中适用性更广的方法建立横桥向的单自由度计算模型。

横桥向单自由度模型的换算刚度和质量计算需要建立横桥向计算模型,除计算联以外,还分别在左右两侧各加一联边界联,如图 5.34 所示。

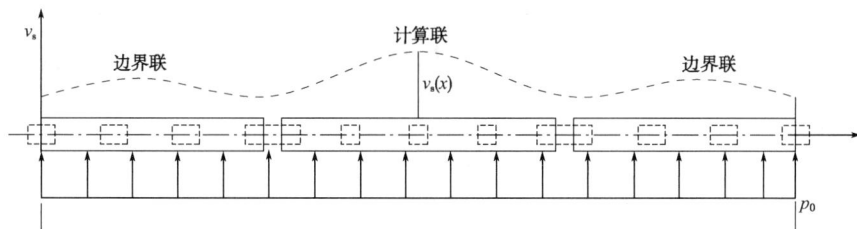

图5.34 横桥向计算模型

为了计算单自由度模型的换算质量,首先要计算墩身的质量换算系数 η。在主梁质心处施加单位力,计算桥墩中各关键节点的位移,并进一步计算桥墩的质量换算系数,计算结果如表5.11 所示。

横向单位力作用下桥墩关键节点位移和质量换算系数 表5.11

墩底 (m)	墩中点 (m)	墩顶 (m)	单位力作用点 (m)	X_f	$X_{f/2}$	X_0	η
2.09×10^{-6}	7.88×10^{-6}	1.29×10^{-5}	1.30×10^{-5}	0.16	0.61	1.00	0.40

单自由度模型的换算质量,包括计算联、边界联(共计12跨)全部主梁和二期恒载总质量,以及全部桥墩(共计13个)的盖梁和墩身换算质量:

$$M_t = 12 \times 1\,590.8 + 13 \times (481 + 0.4 \times 281) = 26\,803.8\,(t)$$

以图5.33 所示模型为基础,在计算联和边界联的全部梁长内施加横桥向单位均布荷载,计算得到计算联的最大横向位移为 3.74×10^{-4} m,所以换算刚度为:

$$K = \frac{p_0 L}{v_{s,max}} = \frac{1 \times 372}{0.000\,374} = 9.95 \times 10^5\,(kN/m)$$

5.7.3 纵向地震作用下地震反应分析和抗震验算

1)E1 地震作用

(1)地震反应分析

纵向周期:

$$T = 2\pi \sqrt{\frac{M_t}{K}} = 2\pi \sqrt{\frac{6.92 \times 10^3}{2.62 \times 10^4}} = 3.23\,(s)$$

反应谱加速度:

$$S_{max} = 2.25A = 2.25 \times 0.61 \times 0.1 \times 9.8 = 1.345\,(m/s^2)$$

$$S = S_{max}\left(\frac{T_g}{T}\right)^{0.9} = 1.345 \times \left(\frac{0.65}{3.23}\right)^{0.9} = 0.318\,(m/s^2)$$

作用于活动支座顶面的地震力:

$$E_{kti} = \mu_i R_i = 0.02 \times 15\,908 = 318\,(kN)$$

作用于固定支座顶面的地震力:

$$E_{kti} = SM_t - \sum E_{kti} = 0.318 \times 6.92 \times 10^3 - 3 \times 318 = 1\,247\,(kN)$$

(2)墩柱强度验算

纵桥向固定墩墩底截面为最不利受力截面,墩底组合轴力(纵向地震作用下桥墩无动轴

139

力)为:

$$N_z = N_D + N_E = \frac{(1\,590.8 + 481 + 281) \times 9.8}{2} + 0 = 11\,528.7(\text{kN})$$

墩底组合弯矩为:

$$M_z = M_D + M_E = 0 + \frac{1\,247 \times (15 + 3.2 + 0.3)}{2} = 11\,534.8(\text{kN} \cdot \text{m})$$

采用 Ucfyber 程序计算墩底截面强度,其中材料强度采用设计值,计算得墩底截面纵向抗弯能力为 18 750kN·m,满足强度要求。

2)E2 地震作用

(1)地震反应分析

假设在纵向 E2 地震作用下桥墩处于弹性状态工作,不进行刚度折减,计算弹性状态下的地震反应,纵向周期仍为 3.23s,则反应谱加速度为:

$$S_{max} = 2.25A = 2.25 \times 2.2 \times 0.1 \times 9.8 = 4.851(\text{m/s}^2)$$

$$S = S_{max}\left(\frac{T_g}{T}\right)^{0.9} = 4.851 \times \left(\frac{0.65}{3.23}\right)^{0.9} = 1.146(\text{m/s}^2)$$

作用于活动支座顶面的地震力:

$$E_{kti} = \mu_i R_i = 0.02 \times 15\,908 = 318(\text{kN})$$

作用于固定支座顶面的地震力:

$$E_{kti} = SM_t - \sum E_{kti} = 1.146 \times 6.92 \times 10^3 - 3 \times 318 = 6\,976(\text{kN})$$

纵桥向固定墩墩底截面为最不利受力截面,墩底组合轴力为:

$$N_z = N_D + N_E = \frac{(1\,590.8 + 481 + 281) \times 9.8}{2} + 0 = 11\,528.7(\text{kN})$$

墩底组合弯矩为:

$$M_z = M_D + M_E = 0 + \frac{6\,976 \times 18.5}{2} = 64\,528(\text{kN} \cdot \text{m})$$

采用 Ucfyber 程序计算墩底截面,其中材料强度采用标准值,计算得墩底截面等效屈服弯矩为 22 600kN·m,显然,墩底截面将发生屈服,需按延性构件刚度折减计算。

通过 Ucfyber 计算墩底截面在恒载作用下的等效屈服弯矩 M_y 和等效屈服曲率 ϕ_y,则截面等效抗弯刚度为:

$$E_c \times I_{eff} = \frac{M_y}{\phi_y} = 1.39 \times 10^7(\text{kN} \cdot \text{m}^2)$$

折减之后的纵向换算刚度为:

$$K_e = 1.17 \times 10^4(\text{kN/m})$$

则纵桥向刚度折减后周期为:

$$T = 2\pi\sqrt{\frac{M_t}{K_e}} = 2\pi\sqrt{\frac{6.92 \times 10^3}{1.17 \times 10^4}} = 4.83(\text{s})$$

反应谱加速度:

$$S = [\eta_2 0.2^\gamma - \eta_1(T - 5T_g)]S_{max} = [1.0 \times 0.2^{0.9} - 0.02 \times (4.83 - 5 \times 0.65)] \times 4.851 = 0.99(\text{m/s}^2)$$

固定墩墩顶水平地震力:

$$E_{kti} = SM_t - \sum E_{kti} = 0.99 \times 6.92 \times 10^3 - 3 \times 318 = 5\,897(\text{kN})$$

桥墩为延性构件,E2 阶段需要验算桥墩位移,按弹性方法计算出的地震位移应乘以地震位移修正系数 R_d。

$$\frac{T^*}{T} = \frac{1.25 \times 0.65}{4.83} = 0.17 \leqslant 1.0, 故\ R_d = 1.0$$

E2 地震作用下墩顶位移需求(为方便计算,此处未扣除基础柔性对墩顶位移需求的贡献,结果是偏安全的):

$$\Delta_d = \frac{E_{E2}}{K_e} \times R_d = \frac{5\,897}{1.17 \times 10^4} \times 1 = 50.4(\text{cm})$$

(2)墩柱位移能力验算

由 Ucfyber 程序计算求得的墩底截面等效屈服曲率、极限曲率分别为:

$$\phi_y = 1.63 \times 10^{-5}(\text{cm}^{-1})$$
$$\phi_u = 5.34 \times 10^{-4}(\text{cm}^{-1})$$

等效塑性铰长度为:

$$l_p = 0.08\text{H} + 0.022 f_y d_s = 0.08 \times 1\,850 + 0.022 \times 335 \times 3.2 = 172(\text{cm})$$

取安全系数 $K = 2.0$,则塑性铰区最大容许转角为:

$$\theta_u = l_p(\phi_u - \phi_y)/K = 4.45 \times 10^{-2}(\text{rad})$$

墩顶容许位移为:

$$\Delta_u = \frac{1}{3}H^2 \times \phi_y + \left(H - \frac{l_p}{2}\right) \times \theta_u = 96.8 > 50.4(\text{cm})$$

由于基础的柔性,墩顶相对于墩底的位移需求小于墩顶位移需求,可见桥墩的位移能力满足要求。

(3)墩柱塑性铰区抗剪强度验算

塑性铰区域截面超强弯矩应按下式计算:

$$M_{p0} = \phi^0 M_p = 1.2 \times 22\,600 = 27\,120(\text{kN} \cdot \text{m})$$

延性墩柱的底部区域为潜在塑性铰区域,沿顺桥向剪力设计值 V_{c0} 为:

$$V_{c0} = \frac{M_{p0}}{H_n} = \frac{27\,120}{15 + 3.2 + 0.3} = 1\,465.9(\text{kN})$$

单个桥墩墩柱塑性铰区域沿顺桥向的斜截面抗剪强度应按下列公式验算:

$$\rho_s = \frac{2A_v}{bs} = \frac{2 \times (4 + \sqrt{2}) \times 1.13}{180 \times 10} = 0.006\,8$$

$$\mu_\Delta = \frac{0.504 \times 18.5 \times 1.17 \times 10^4}{45\,200} = 2.41$$

$$\lambda = \frac{\rho_s f_{yh}}{10} + 0.38 - 0.1\mu_\Delta = 0.32 > 0.3, 取\ \lambda = 0.3$$

$$v_c = \lambda\left(1 + \frac{P_c}{1.38 \times A_g}\right)\sqrt{f_{cd}} = 0.3 \times \left(1 + \frac{11\,528.7}{1.38 \times 36\,000}\right) \times \sqrt{18.4}$$

$$= 1.59 > \min\begin{cases} 0.355\sqrt{f_{cd}} = 1.52 \\ 1.47\lambda\ \sqrt{f_{cd}} = 1.89 \end{cases}$$

取 $v_c = 1.52$

$$V_{c0} = \phi\left(0.1v_c A_e + 0.1\frac{A_v f_{yh} h_0}{s}\right) = 0.85 \times \left(0.1 \times 1.52 \times 28\,800 + 0.1 \times \frac{6.12 \times 280 \times 190}{10}\right)$$
$$= 6\,488.4(\text{kN})$$

可见,墩柱塑性铰区抗剪强度满足要求。

(4)基础验算

对于低桩承台基础,弯矩、剪力和轴力的设计值应根据墩柱底部可能出现塑性铰处截面的超强弯矩及其对应剪力、墩柱恒载轴力,并考虑承台的贡献来计算。作用在承台的水平地震力可用静力法按下式计算:

$$F_t = M_t A = 493.8 \times 2.2 \times 0.1 \times 9.8 = 1\,064.6(\text{kN})$$

纵向单墩柱墩底塑性铰区域截面超强弯矩应按下式计算:

$$M_{p0} = \phi^0 M_p = 1.2 \times 22\,600 = 27\,120(\text{kN} \cdot \text{m})$$

承台底部组合轴力、剪力和弯矩分别为:

$$N_z = (1\,590.8 + 481 + 281 + 493.8) \times 9.8 = 27\,896.7(\text{kN})$$
$$Q_z = 1\,465.9 \times 2 + 1\,064.6 = 3\,996.5(\text{kN})$$
$$M_z = 2 \times 1.2 \times 22\,600 + 2 \times 1\,465.9 \times 2.5 + 1\,064.6 \times 1.25 = 62\,900(\text{kN} \cdot \text{m})$$

按桩基础规范计算得到单桩最大弯矩为 $220.0\text{kN} \cdot \text{m}$,出现在桩顶,最大单桩轴力为 $3\,318\text{kN}$,最小单桩轴力 -528kN。

考虑最不利组合,以最小单桩轴力验算桩身抗弯强度,利用 Ucfyber 程序求得该轴力下截面抗弯能力为 $1\,022.7\text{kN} \cdot \text{m}$,满足检算要求。

以最大单桩轴力检算单桩承载力,根据《城市桥梁抗震设计规范》(CJJ 166—2011),地震状态下单桩竖向承载力调整系数取 2.0,因此单桩承载力为 $5\,000\text{kN}$,满足检算要求。

(5)支座验算

固定墩支座应按能力保护构件设计,全部支座纵向水平地震力为:

$$E_{hze} = 1\,465.9 \times 2 = 2\,931.8(\text{kN})$$

最终,支座水平力还应与永久作用、温度等作用进行组合,进而指导支座选型,此处略。

5.7.4 横向地震作用下地震反应分析和抗震验算

对于框架墩,在恒载作用下,仅考虑其轴力作用,忽略盖梁预应力及主梁恒载等产生的柱端弯矩作用。

1)E1 地震作用

(1)地震反应分析

横向周期:

$$T = 2\pi\sqrt{\frac{M_t}{K}} = 2\pi\sqrt{\frac{2.68 \times 10^4}{9.95 \times 10^5}} = 1.03(\text{s})$$

反应谱加速度:

$$S = \eta_2 S_{max}\left(\frac{T_g}{T}\right)^\gamma = 1.0 \times 1.34 \times \left(\frac{0.65}{1.03}\right)^{0.9} = 0.888(\text{m/s}^2)$$

地震等效静力荷载:

$$p_e = \frac{SM_t}{L} = \frac{0.888 \times 2.68 \times 10^4}{12 \times 31} = 64(\text{kN/m})$$

代入图 5.34 所示的模型,计算得最大支座水平力:

$$E_{kti} = 1\,982.8(\text{kN})$$

将地震力作用于主梁质心处,可以计算框架结构的单柱地震内力,其中地震轴力、墩顶截面弯矩和墩底截面弯矩分别为 3 490kN、6 999kN·m 和 7 872kN·m。

(2)墩身强度验算

在恒载作用下,墩柱的墩顶截面和墩底截面横桥向弯矩分别为 3 397kN·m、1 892kN·m。为简化起见,在地震作用与恒载进行组合时,柱端的弯矩组合偏于安全地采用绝对值组合。

受拉侧墩柱墩顶截面的组合轴力和组合弯矩分别为:

$$N_z = \frac{(1\,590.8 + 481) \times 9.8}{2} - 3\,490 = 6\,662(\text{kN})$$

$$M_z = 3\,397 + 6\,999 = 10\,396(\text{kN} \cdot \text{m})$$

受拉侧墩柱墩底截面的组合轴力和组合弯矩分别为:

$$N_z = \frac{(1\,590.8 + 481 + 281) \times 9.8}{2} - 3\,490 = 8\,039(\text{kN})$$

$$M_z = 1\,892 + 7\,872 = 9\,764(\text{kN} \cdot \text{m})$$

受压侧墩柱墩顶截面的组合轴力和组合弯矩分别为:

$$N_z = \frac{(1\,590.8 + 481) \times 9.8}{2} + 3\,490 = 13\,642(\text{kN})$$

$$M_z = 6\,999 + 3\,397 = 10\,396(\text{kN} \cdot \text{m})$$

受压侧墩柱墩底截面的组合轴力和组合弯矩分别为:

$$N_z = \frac{(1\,590.8 + 481 + 281) \times 9.8}{2} + 3\,490 = 15\,019(\text{kN})$$

$$M_z = 7\,872 + 1\,892 = 9\,764(\text{kN} \cdot \text{m})$$

采用 Ucfyber 程序计算墩身抗弯能力,其中材料强度取设计值,检算结果见表 5.12。

E1 地震作用下桥墩强度检算结果 表 5.12

墩柱	验算截面	组合轴力 (kN)	组合弯矩 (kN·m)	等效屈服弯矩 (kN·m)	验 算 结 果
受拉	墩顶	6 662	10 396	14 510	满足
	墩底	8 039	9 764	15 830	满足
受压	墩顶	13 642	10 396	19 070	满足
	墩底	15 019	9 764	19 050	满足

2)E2 地震作用

(1)地震反应分析

假设在横向 E2 地震作用下桥墩处于弹性状态工作,不进行刚度折减,计算弹性状态下的地震反应,横向周期仍为 1.03s,则反应谱加速度为:

$$S_{\max} = 2.25A = 2.25 \times 2.2 \times 0.1 \times 9.8 = 4.851(\text{m/s}^2)$$

$$S = S_{\max}\left(\frac{T_g}{T}\right)^{0.9} = 4.851 \times \left(\frac{0.65}{1.03}\right)^{0.9} = 3.2(\text{m/s}^2)$$

计算地震等效静力荷载:

$$p_e = \frac{SM_t}{L} = \frac{3.2 \times 2.68 \times 10^4}{12 \times 31} = 231 \, (\text{kN/m})$$

由模型计算得单墩最大水平地震力:

$$E_{kti} = 7\,151 \, (\text{kN})$$

将地震力作用于主梁质心处,可以计算框架结构的单柱地震内力,地震轴力、墩顶截面弯矩和墩底截面弯矩分别为 12 586kN、25 243kN·m 和 28 389kN·m。

(2)墩身强度验算

同上,在地震作用与恒载进行组合时,柱端的弯矩组合偏于安全地采用绝对值组合。

受拉侧墩柱墩顶截面的组合轴力和组合弯矩分别为:

$$N_z = \frac{(1\,590.8 + 481) \times 9.8}{2} - 12\,586 = -2\,434 \, (\text{kN})$$

$$M_z = 3\,397 + 25\,243 = 28\,640 \, (\text{kN·m})$$

受拉侧墩柱墩底截面的组合轴力和组合弯矩分别为:

$$N_z = \frac{(1\,590.8 + 481 + 281) \times 9.8}{2} - 12\,586 = -1\,057 \, (\text{kN})$$

$$M_z = 1\,892 + 28\,389 = 30\,281 \, (\text{kN·m})$$

受压侧墩柱墩顶截面的组合轴力和组合弯矩分别为:

$$N_z = \frac{(1\,590.8 + 481) \times 9.8}{2} + 12\,586 = 22\,738 \, (\text{kN})$$

$$M_z = 25\,243 + 3\,397 = 28\,640 \, (\text{kN·m})$$

受压侧墩柱墩底截面的组合轴力和组合弯矩分别为:

$$N_z = \frac{(1\,590.8 + 481 + 281) \times 9.8}{2} + 12\,586 = 24\,115 \, (\text{kN})$$

$$M_z = 28\,389 + 1\,892 = 30\,281 \, (\text{kN·m})$$

采用 Ucfyber 程序计算墩底截面强度,其中材料强度采用标准值,结果见表 5.13。

E2 地震作用下桥墩强度检算结果(横桥向)　　　　表 5.13

墩柱	验算截面	组合轴力 (kN)	组合弯矩 (kN·m)	等效屈服弯矩 (kN·m)	验算结果
受拉	墩顶	−2 434	28 640	10 410	屈服
	墩底	−1 057	30 281	11 440	屈服
受压	墩顶	22 738	28 640	25 970	屈服
	墩底	24 115	30 281	26 570	屈服

从验算结果可知,在 E2 地震作用横桥向地震输入下,双柱墩两个墩柱墩顶、墩底四个截面皆进入屈服阶段,需考虑刚度折减。采用 Ucfyber 计算墩底截面在恒载作用下的等效屈服弯矩 M_y 和等效屈服曲率 ϕ_y,则截面等效抗弯刚度为:

$$E_c \times I_{eff} = \frac{M_y}{\phi_y} = 1.0 \times 10^7 \, (\text{kN·m}^2)$$

折减之后的横向换算刚度:

$$K_e = 5.75 \times 10^5 \, (\text{kN/m})$$

则横桥向刚度折减后的周期:

$$T = 2\pi \sqrt{\frac{M_t}{K_e}} = 2\pi \sqrt{\frac{2.68 \times 10^4}{5.75 \times 10^5}} = 1.36(s)$$

反应谱加速度：

$$S = S_{max}\left(\frac{T_g}{T}\right)^{0.9} = 4.851 \times \left(\frac{0.65}{1.36}\right)^{0.9} = 2.50(m/s^2)$$

地震等效静力荷载：

$$p_e = \frac{SM_t}{L} = \frac{2.50 \times 2.68 \times 10^4}{12 \times 31} = 180(kN/m)$$

由模型计算得最大支座水平力：

$$E_{kti} = 5\,586(kN)$$

横向位移需求：

$$\frac{T^*}{T} = \frac{1.25 \times 0.65}{1.36} = 0.60 \leqslant 1.0, 故 R_d = 1.0$$

$$\Delta_d = \frac{E_{E2}}{K_e} \times R_d = \frac{180 \times 12 \times 31}{5.75 \times 10^5} \times 100 \times 1.0 = 11.6(cm)$$

（3）桥墩横向位移能力验算

框架墩墩顶横向容许位移根据规范条文7.3.7规定，需采用非线性静力分析计算，定义为墩柱的任一塑性铰达到其最大容许转角或极限曲率时的位移，一般需要通过多次迭代求解。具体过程为：假设墩柱轴力为恒载轴力，按截面实配钢筋，采用材料强度标准值，采用Ucfyber程序计算出各墩柱塑性铰区域截面的等效屈服弯矩和开裂截面有效刚度，然后采用SAP2000程序进行框架墩推倒分析，得到墩柱的地震动轴力，将地震轴力与恒载轴力组合后，采用组合的轴力，重复上述过程，迭代直至收敛。迭代过程的计算结果如表5.14所示。

横向位移能力求解过程　　　　　　　　　　　　　　　　表5.14

	位置	轴力 （kN）	等效屈服弯矩 （kN·m）	破坏弯矩 （kN·m）	等效屈服曲率 （m^{-1}）	极限屈服曲率 （m^{-1}）
首次计算	墩底	11 529	1.99×10^4	1.99×10^4	1.86×10^{-3}	5.66×10^{-2}
	墩顶	10 152	1.91×10^4	1.91×10^4	1.83×10^{-3}	5.85×10^{-2}
地震力产生的轴力为9 326kN，水平推力为5 193kN，墩顶屈服位移为8.1cm，极限位移49.5cm						
二次计算	受压墩底	20 855	2.50×10^4	2.44×10^4	2.06×10^{-3}	3.75×10^{-2}
	受拉墩底	2 203	1.38×10^4	1.42×10^4	1.69×10^{-3}	6.58×10^{-2}
	受压墩顶	19 478	2.43×10^4	2.38×10^4	2.03×10^{-3}	3.93×10^{-2}
	受拉墩顶	826	1.28×10^4	1.33×10^4	1.67×10^{-3}	6.51×10^{-2}
地震力产生的轴力为9 051kN，水平推力为5 065kN，墩顶屈服位移为8cm，极限位移36.8cm						

二次迭代后地震力轴力以及水平力与首次计算的相差均在5%以内，满足精度要求，所以横向位移能力为36.8cm，上文计算的位移需求为11.6cm，容许位移验算满足要求。

（4）桥墩抗剪强度验算

根据表5.14的计算结果，考虑墩柱截面超强，得到受压侧墩柱塑性铰区剪力设计值：

$$V_{c0} = \frac{\sum M}{H_n} = \frac{(24\,300 + 25\,000) \times 1.2}{15} = 3\,944(kN)$$

受拉侧墩柱塑性铰区剪力设计值：

$$V_{c0} = \frac{\sum M}{H_n} = \frac{(13\,800 + 12\,800) \times 1.2}{15} = 2\,128\,(\text{kN})$$

受拉侧斜截面抗剪强度验算：

$$\rho_s = \frac{2A_v}{bs} = \frac{2 \times (4 + \sqrt{2}) \times 1.13}{200 \times 10} = 0.006\,1$$

$$\mu_\Delta = \frac{0.116}{0.08} = 1.45$$

$$\lambda = \frac{\rho_s f_{yh}}{10} + 0.38 - 0.1\mu_\Delta = 0.41, \text{取} 0.3$$

$$v_c = \lambda \left(1 + \frac{P_c}{1.38 \times A_g}\right)\sqrt{f_{cd}} = 0.3 \times \left(1 + \frac{826}{1.38 \times 36\,000}\right) \times \sqrt{18.4} = 1.31$$

$$V_{c0} = \phi\left(0.1 v_c A_e + 0.1 \times \frac{A_{sp} f_{yh} h_0}{s}\right)$$

$$= 0.85 \times \left(0.1 \times 1.31 \times 28\,800 + 0.1 \times \frac{6.12 \times 280 \times 170}{10}\right) = 5\,683.0\,(\text{kN})$$

可见，桥墩抗剪验算满足要求。

（5）基础验算

对于低桩承台基础，弯矩、剪力和轴力的设计值应根据墩柱底部可能出现塑性铰处截面的超强弯矩及其对应剪力、墩柱恒载轴力，并考虑承台的贡献来计算。作用在承台的水平地震力可用静力法按下式计算：

$$F_t = M_t A = 493.8 \times 2.2 \times 0.1 \times 9.8 = 1\,064.6\,(\text{kN})$$

根据表5.14的计算结果，考虑墩柱截面超强，并与永久荷载组合得到承台底的组合轴力、剪力与弯矩分别为：

$$N_z = (1\,590.8 + 481 + 281 + 493.8) \times 9.8 + 0 = 27\,897\,(\text{kN})$$

$$Q_z = 5\,065 \times 1.2 + 1\,064.6 = 7\,143\,(\text{kN})$$

$$M_z = 5\,065 \times 1.2 \times (15 + 3.2 + 0.3 + 0.9 + 2.5) + 1\,064.6 \times 1.25 = 134\,439\,(\text{kN} \cdot \text{m})$$

按桩基础规范计算得到最大地震弯矩为392.3kN·m，出现在桩顶，最大单桩轴力为4 809kN，最小单桩轴力 − 2 061kN。

考虑最不利组合，以最小单桩轴力验算桩身抗弯强度，利用Ucfyber程序求得该轴力下截面抗弯能力为628.2kN·m，满足检算要求；以最大单桩轴力检算单桩承载力，根据《城市桥梁抗震设计规范》(CJJ 166—2011)，地震状态下单桩竖向承载力调整系数取2.0，因此单桩承载力为5 000kN，满足检算要求。

（6）支座验算

支座应按能力保护构件设计，全部支座横向水平地震力为：

$$E_{hze} = 5\,359 \times 1.2 = 6\,431\,(\text{kN})$$

根据该地震力进行支座横向受力分配，并据此进行支座选型，此处略。

5.7.5 防落梁构造设计

防落梁构造设计按《城市桥梁抗震设计规范》(CJJ 166—2011)第 11 章设计,此处略。

5.7.6 小结

从上述分析可以看出,双柱墩高架桥各主要构件性能满足延性抗震体系各项性能目标。在本例中,双柱墩墩身截面尺寸选用纵向尺寸稍大、横向尺寸稍小,并且在配筋方案上也选择对纵向抗弯能力进行适当的增强,而对横向抗弯能力进行适当的削弱,以使整个双柱墩体系在纵、横向的水平抗力尽量接近,进而让基础、支座等能力保护构件的纵、横向地震力反应得以最大程度的平衡。

5.8 不同形式双柱墩桥梁的延性抗震设计实例

在宽桥中,双柱墩得到了越来越多的运用。目前常见的双柱墩形式主要有无系梁双柱墩、系梁双柱墩及盖梁双柱墩等。不同形式双柱墩在恒载作用下受力基本一致,但在横桥向地震作用下,三种形式桥墩的抗震性能差别较大。

本节以一座实际的三跨连续梁桥为背景,建立有限元模型,比较了不同形式的双柱墩对桥梁横向动力特性和弹性地震反应的影响,然后,基于延性抗震设计方法,对桥梁进行了全面的抗震分析,并着重对三种形式双柱墩桥梁的支座、墩柱及基础的地震需求进行比较。

5.8.1 工程概况

1)结构概况

某连续梁,跨径布置为 3×20m,主梁采用预应力混凝土连续箱梁,梁高 1.6m,梁体混凝土采用 C55 高性能混凝土,主梁横断面图见图 5.35。桥墩桩基为直径 1.5m 钻孔灌注桩,桩长为 20m。墩柱采用 C40 混凝土,桩基采用 C30 混凝土。每一桥墩的两墩柱间设置一道桥墩系梁,系梁高 1.0m,宽 1.0m。桥墩构造图及基础布置如图 5.36 所示。

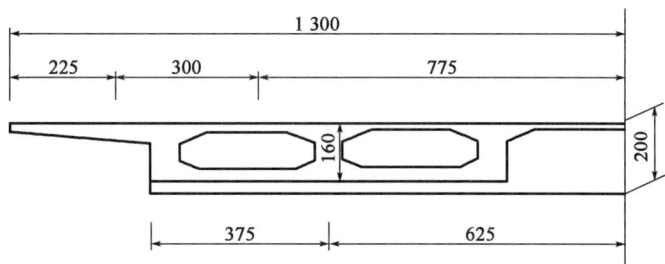

图 5.35 主梁横断面图(尺寸单位:cm)

2)地震动输入

选取 E1、E2 两个概率水准的地震加速度反应谱作为地震动输入,见图 5.37。E1 地震作用的特征周期为 0.45s,E2 地震作用的特征周期为 0.5s。

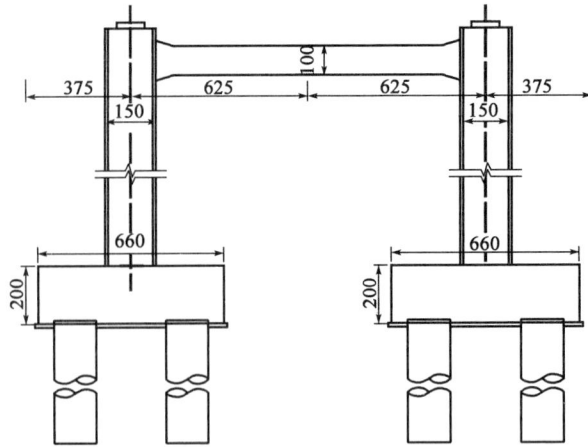

图5.36 桥墩及其基础布置图(尺寸单位:cm)

加速度反应谱以地震影响系数的形式给出,其表达式为:

$$
\alpha(T) = \begin{cases}
10(\alpha_{max} - \alpha_0)T + \alpha_0 & 0 \leqslant T < 0.1\text{s} \\
\alpha_{max} & 0.1\text{s} \leqslant T < T_g \\
\alpha_{max}(T_g/T)^\gamma & T_g \leqslant T \leqslant 5T_g \\
\alpha_{max}[0.2^\gamma - 0.02(T - 5T_g)] & 5T_g < T < 6.0\text{s}
\end{cases}
$$

5.8.2 计算模型

针对上述工程实例,利用 SAP2000 软件进行建模分析,其中主梁、桥墩及系梁采用空间梁单元模拟,承台模拟为质点;桩基础采用六弹簧模拟;支座采用连接单元模拟。支座的布置方式为:纵桥向,2 号墩顶为两个固定支座,其余墩顶为滑动支座;横桥向,每个墩顶为一个固定支座及一个滑动支座。

建立了如下三个计算模型:

模型 1:无系梁模型。

模型 2:系梁模型。

模型 3:盖梁双柱墩模型,盖梁为能力保护构件,假定刚度为无穷大。

图5.38 为设系梁时的全桥动力分析模型。

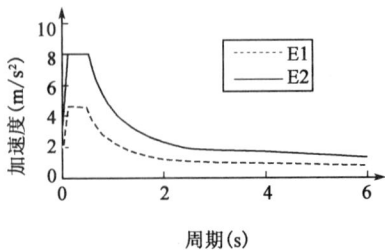

图5.37 水平加速度反应谱

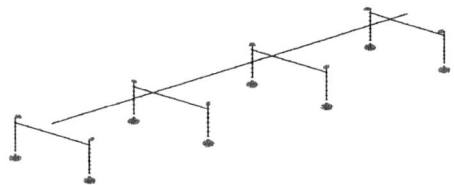

图5.38 全桥动力分析模型

5.8.3 不同形式双柱墩桥梁横向地震反应比较

1)动力特性比较

表5.15列出了三种模型的前3阶振型及周期。结果表明,横系梁对结构纵向周期无影响,而对横向周期影响较大。与无系梁模型相比,盖梁模型和系梁模型基本横向周期分别减小了61%、40%。这是由于盖梁、横系梁提高了双柱墩的整体横向刚度所致。

桥梁自振特性 表5.15

序 号	振 型	周 期 (s)		
		无系梁模型	系梁模型	盖梁模型
1	纵向振动	1.28	1.28	1.29
2	正对称横向振动	0.90	0.54	0.35
3	反对称横向振动	0.70	0.43	0.29

2)横向弹性地震反应比较

表5.16列出了各模型在E1地震作用下各墩柱顶、底的最大地震轴力、剪力、弯矩值,表中只是列出了反应相对最大的2号墩的结果。结果表明,由于系梁的设置增大了桥墩的横向刚度,使得盖梁双柱墩、系梁双柱墩上固定支座的支座剪力分别是无系梁双柱墩的2.71倍、2.30倍;但对于桥墩自身的地震内力,系梁的设置不仅会改变墩柱的弯矩分布,同时会将无系梁双柱墩中几乎全部由固定墩柱承担的惯性力传递到滑动墩柱上。所以对于墩柱自身,盖梁双柱墩、系梁双柱墩墩柱的最大剪力分别是无系梁双柱墩的1.64倍、1.21倍,最大弯矩分别是无系梁双柱墩的0.65倍、0.79倍。另外,盖梁双柱墩会产生较大的地震轴力,系梁双柱墩的地震轴力取决于系梁的刚度,刚度越大,地震轴力越大。

各模型支座及墩柱地震内力 表5.16

模型	墩号	支座剪力 (kN)	墩 顶			墩 底		
			轴力 (kN)	剪力 (kN)	弯矩 (kN·m)	轴力 (kN)	剪力 (kN)	弯矩 (kN·m)
无系梁	2 号 L	—	2.97×10^2	6.18×10^1	—	2.98×10^2	3.28×10^2	2.08×10^3
	2 号 R	1.82×10^3	2.97×10^2	1.83×10^3	—	2.98×10^2	1.92×10^3	1.95×10^4
系梁	2 号 L	—	1.28×10^3	2.23×10^3	4.94×10^3	1.28×10^3	2.32×10^3	1.53×10^4
	2 号 R	4.18×10^3	1.28×10^3	2.13×10^3	4.01×10^3	1.28×10^3	2.22×10^3	1.54×10^4
盖梁	2 号 L	—	3.01×10^3	2.96×10^3	1.45×10^4	3.01×10^3	3.12×10^3	1.26×10^4
	2 号 R	4.94×10^3	3.00×10^3	2.96×10^3	1.45×10^4	3.01×10^3	3.12×10^3	1.26×10^4

表5.17列出了各模型的2号墩两个墩柱下群桩基础承台底的最大地震内力,表中结果表明,三种形式桥墩对基础地震反应的影响与墩柱类似,盖梁双柱墩的地震轴力和剪力最大,而地震弯矩最小。

综合以上分析,如果墩柱不屈服,则横系梁可以显著地减小横向固定墩柱的最大地震弯矩,但会增大固定支座的地震剪力、墩柱和基础的地震轴力和地震剪力。

各模型承台底横向地震反应 表 5.17

模　　型	墩　　号	轴力(kN)	剪力(kN)	弯矩（kN·m）
无系梁	2 号 L	2.98×10^2	8.88×10^2	2.97×10^3
	2 号 R	2.98×10^2	2.44×10^3	2.37×10^4
系梁	2 号 L	1.29×10^3	2.54×10^3	2.01×10^4
	2 号 R	1.29×10^3	2.45×10^3	1.99×10^4
盖梁	2 号 L	3.03×10^3	3.38×10^3	1.91×10^4
	2 号 R	3.02×10^3	3.38×10^3	1.91×10^4

5.8.4　不同形式双柱墩桥梁横向延性抗震设计比较

对桥梁进行延性抗震设计时,需要验算 E1 地震下墩柱的抗弯强度和 E2 地震下墩柱的位移能力,并按能力保护构件对墩柱的抗剪能力、群桩基础及固定支座强度进行验算。

由前述分析可知,2 号墩的横向地震反应较 1 号墩稍大,而 1 号墩与 2 号墩的结构设计完全相同,所以,本节仅列出 2 号墩及其支座、基础的抗震验算结果。而由于三种桥墩形式的墩柱、基础和支座设计均是相同的,所以,对于能力保护构件,仅进行地震需求的比较即可看出桥墩形式对抗震验算结果的影响。

1)E1 地震作用下墩柱抗弯强度验算

表 5.18 列出了在 E1 地震作用下,2 号墩横向固定支座下墩柱的抗弯能力验算结果,从表中可见,对于墩柱抗弯强度验算来说,盖梁双柱墩由于地震弯矩最小而最为有利,系梁双柱墩次之,而无系梁时最为不利。

各墩柱底截面抗弯强度验算 表 5.18

模型	恒载轴力（kN）	地震轴力（kN）	恒载轴力—地震轴力（kN）	抗弯能力（kN·m）	地震弯矩（kN·m）	能力/需求
无系梁	7.49×10^3	2.98×10^2	7.19×10^3	1.97×10^4	1.95×10^4	1.01
系梁	7.65×10^3	1.28×10^3	6.37×10^3	1.94×10^4	1.54×10^4	1.26
盖梁	7.97×10^3	3.01×10^3	4.96×10^3	1.90×10^4	1.26×10^4	1.51

2)E2 地震作用下墩柱位移能力验算

根据 E1、E2 地震加速度反应谱的倍差,结合表 5.18 可以判断,在 E2 地震作用下,桥墩柱已屈服,因此,采用等效截面刚度修正墩柱刚度,采用反应谱方法计算墩柱顶的弹性位移,并采用《城市桥梁抗震设计规范》(CJJ 166—2011)给出的位移修正公式进行修正,得到 2 号墩顶地震位移需求,如表 5.19 所示。可见,盖梁双柱墩的墩顶位移最小,约为无系梁双柱墩的40%,系梁双柱墩次之。

对于三种形式桥墩的位移能力,无系梁双柱墩可按《城市桥梁抗震设计规范》(CJJ 166—2011)给出的单柱墩计算公式计算,而对于系梁双柱墩以及盖梁双柱墩,可采用沈星等提出的双柱墩弹塑性位移能力简化计算方法进行计算。

以盖梁双柱墩为例。利用 Ucfyber 计算出墩底截面等效屈服曲率 ϕ_y、极限曲率 ϕ_u 分别为:

$$\phi_y = 2.095 \times 10^{-5}(\mathrm{cm}^{-1}), \phi_u = 7.110 \times 10^{-4}(\mathrm{cm}^{-1})$$

等效塑性铰长度 l_p 计算公式为:

$$l_p = 0.08H + 0.022f_yd_s = 56.64(\text{cm})$$

式中,H 为墩底到反弯点的距离 4.5m;f_y、d_s 分别为纵筋的强度和直径。

取安全系数 $K = 2.0$,则塑性铰区最大容许转角 θ_u 为:

$$\theta_u = l_p\frac{\phi_u - \phi_y}{K} = 1.954 \times 10^{-2}(\text{rad})$$

利用简化计算方法,当系梁刚度无穷大时,盖梁双柱墩墩顶屈服位移 Δ_y^u 为:

$$\Delta_y^u = \frac{1}{6}\phi_yL^2 = \frac{1}{6} \times 2.095 \times 10^{-5} \times 900^2 = 2.83(\text{cm})$$

式中,L 为桥墩高度。

双柱墩墩顶塑性位移能力 Δ_p 为:

$$\Delta_p = \left(L - \frac{l_p}{2}\right)\theta_u = 17.03(\text{cm})$$

最后得出双柱墩墩顶位移能力 Δ_u 为:

$$\Delta_u = \Delta_y^u + \Delta_p = 19.86(\text{cm})$$

表5.19列出了三种形式桥墩对应的位移能力,盖梁双柱墩位移能力最小,约为无系梁桥墩的81%,系梁双柱墩次之。从能力/需求比来看,对于桥墩的位移验算来说,盖梁双柱墩最为有利,无系梁双柱墩最为不利。

墩顶位移验算 表5.19

模 型	位移能力（m）	位移需求（m）	能力/需求
无系梁	0.246	0.119	2.07
系梁	0.232	0.067	3.46
盖梁	0.199	0.048	4.15

3）能力保护构件的地震需求比较

对于梁式桥来说,能力保护构件验算主要包括墩柱的抗剪验算、固定支座以及群桩基础的受力验算。根据规范,超强系数取1.2,表5.20列出了三种形式的桥墩,分别根据最大、最小轴力计算出的超强弯矩所对应的剪力,可见,盖梁双柱墩由于动轴力大,且墩顶、墩底均会达到超强弯矩,所对应的剪力最大,而无系梁双柱墩仅墩底达到超强弯矩,对应的剪力最小。盖梁双柱墩、系梁双柱墩的最大剪力需求分别为无系梁双柱墩的2.13倍、1.34倍。

三种形式桥墩墩柱地震剪力需求比较 表5.20

模型	（恒载＋地震）轴力（kN）	超强弯矩（kN·m）	剪力需求（kN）	（恒载—地震）轴力（kN）	超强弯矩（kN·m）	剪力需求（kN）
无系梁	8.06×10^3	2.46×10^4	2.73×10^3	6.92×10^3	2.41×10^4	2.68×10^3
系梁	1.00×10^4	2.53×10^4	3.66×10^3	5.27×10^3	2.33×10^4	3.37×10^3
盖梁	1.26×10^4	2.62×10^4	5.82×10^3	3.34×10^3	2.24×10^4	4.97×10^3

表5.21列出了三种桥墩形式对应的横向固定支座的地震剪力需求,其中,无系梁双柱墩的固定支座剪力等于其下墩柱剪力需求,而系梁双柱墩和盖梁双柱墩的固定支座剪力则等于两个墩柱的剪力需求之和。表中数据表明,盖梁双柱墩上固定支座的剪力需求最大,为无系梁双柱墩上固定支座剪力需求的3.96倍,而系梁双柱墩则为2.58倍。

表 5.21 还给出了三种形式的桥墩对应的固定支座下墩柱基础的强度需求,以承台底的内力需求来表达。其中,作为低桩承台基础,弯矩、剪力和轴力的设计值应根据墩柱底部可能出现塑性铰处截面的超强弯矩及其对应剪力、墩柱恒载轴力,并考虑承台的贡献来计算。

作用在承台的水平地震力可用静力法按下式计算:

$$F_t = M_t A = 231.13 \times 3.5 = 808.955(kN)$$

式中,M_t、A 分别为承台质量和 E2 地震加速度峰值。

盖梁双柱墩承台底组合剪力、弯矩为:

$$Q = 5821.33 + 808.955 = 6630.285(kN)$$

$$M = 26196 + 5821.33 \times 2 + 808.955 \times 1 = 38647.615(kN \cdot m)$$

表 5.21 中数据表明,盖梁双柱墩承台底的剪力和弯矩需求最大,为无系梁双柱墩的 1.87 倍、1.25 倍,而系梁双柱墩承台底的剪力、弯矩需求为无系梁双柱墩的 1.26 倍、1.08 倍。

固定支座及桩基础的地震强度需求比较 表 5.21

模 型	固 定 支 座	承 台 底	
	剪力(kN)	剪力(kN)	弯矩(kN·m)
无系梁	2.73×10^3	3.54×10^3	3.09×10^4
系梁	7.03×10^3	4.47×10^3	3.34×10^4
盖梁	1.08×10^4	6.63×10^3	3.86×10^4

5.8.5 小结

从上述分析可以得出以下结论:

(1)在双柱墩之间增设横系梁增大了桥墩的横桥向刚度,使横向振动周期减小,从而增大了主梁的地震惯性力。

(2)横系梁的设置使上部结构传递给桥墩的横向地震力在两个墩柱间均匀分配,并改善了墩柱自身的弯矩分布,减小了最大地震弯矩和位移,对桥墩柱的抗弯设计有利,系梁刚度越大,越有利。

(3)横系梁的设置增大了横向固定支座和桥墩柱的最大地震剪力,以及基础承台底的地震轴力和剪力,对抗震不利。

(4)进行延性抗震设计时,横系梁的设置会大大增大横向固定支座和桥墩柱的地震剪力以及基础承台底的地震剪力需求,对这些能力保护构件的抗震非常不利。

本章参考文献

[1] 范立础.桥梁抗震[M].上海:同济大学出版社,1997.

[2] 范立础,胡世德,叶爱君.大跨度桥梁抗震设计[M].北京:人民交通出版社,2001.

[3] 范立础,卓卫东.桥梁延性抗震设计[M].北京:人民交通出版社,2001.

[4] 范立础,李建中,王君杰.高架桥抗震设计[M].北京:人民交通出版社,2001.

[5] 沈星,叶爱君,王晓伟.双柱墩弹塑性位移能力简化计算[J].同济大学学报,2014,4.

[6] 朱勇毅,陈光.双柱墩桥梁的横向抗震设计研究[J].中国市政工程,2014,6.

[7] Priestley M. J. N., Seible F., Calvi G. M. Seismic design and retrofit of bridges[J]. New

York：John Wiley & Sons，1996.

[8] Seismic Design Criteria，Version1.1，Sacraments，California，California Department of Transportation（CALTRANS），Division of Structures，1999.7.

[9] AASHTO. Specifications for LRFD Seismic Bridge Design［S］. Washington DC：American Association of State Highway and Transportation Officials，2007.

[10] Eurocode 8. Design provisions for earthquake resistance of structures［S］. London：European Committee for Standardization，1994.

[11] 中华人民共和国行业标准.JTG/T B02-01—2008 公路桥梁抗震设计细则［S］.北京：人民交通出版社,2008.

[12] 中华人民共和国行业标准.CJJ 166—2011 城市桥梁抗震设计规范［S］.北京：中国建筑工业出版社,2011.

第6章

桥梁减隔震设计

对于地震作用,传统的结构设计采用的对策是"抗震",即主要考虑如何为结构提供抵抗地震作用的能力。一般来说,通过正确的"抗震"设计可以保证结构的安全,防止结构的倒塌,而结构构件的损伤是不可避免的。但是,在有些情况下,要靠结构自身抵抗地震作用非常困难,要付出很大的代价,因此必须寻求更为有效的抗震手段,如结构控制技术。

结构控制技术是工程抗震的研究热点之一。这种技术在工程结构的特定部位装设某种装置(如耗能支承等)或某种子结构(如调频质量 TMD 等)或施加外力(外部能量输入),以改变或调整结构的动力特性或动力作用,确保结构本身及各种附属结构物的安全。结构控制技术的应用,不仅可以提高结构的抗震性能,还可以节省造价。在有些情况下,还是解决实际结构抗震问题的唯一有效途径。结构控制技术可以分为被动控制、主动控制及混合控制。其中,目前发展相对成熟、实际应用较为广泛的减隔震技术,从性质上说,是被动控制技术的一种。

减隔震技术是一种简便、经济、先进的工程抗震手段。减震是利用特制减震构件或装置,使之在强震时率先进入塑性,产生大阻尼,大量消耗进入结构体系的能量;而隔震则是利用隔震体系,设法阻止地震能量进入主体结构。在实践中,常常把这两种体系合二为一。通过选择适当的减隔震装置与设置位置,可以达到控制结构内力分布与大小的目的。

本章将从工程应用的角度出发介绍减隔震技术,内容包括:减隔震技术的原理、减隔震装置和系统、减隔震技术的应用、减隔震设计的原则以及减隔震设计实例。

6.1 减隔震技术的原理

6.1.1 减隔震技术的工作机理

结构抗震研究伊始,人们就发现结构对地震的反应有两个基本规律:

(1)地震动的频率成分非常复杂,但地震能量一般集中在一个频率范围内。当结构的自振周期和地震的卓越周期接近时,共振现象会使结构的地震反应放大,从而引起结构比较严重的破坏。但也有一些结构,虽然结构周期与地震的卓越周期接近,地震后却能幸存。究其原因,主要是结构发生塑性变形后,周期延长,从而避开了地震能量集中的频率范围,使得地震反应大大减小。

(2)结构的阻尼越大,结构的地震反应越小。因为阻尼使振动系统能量耗散了。

减隔震技术正是利用了结构地震反应的这两个基本规律。一方面,引入柔性装置来延长结构的基本周期,以避开地震能量集中的周期范围,从而降低结构的地震力,见图6.1。现行桥梁抗震设计规范根据不同的地震分区(组)以及场地类别,给出了不同的设计反应谱特征周期 T_g,其取值为 0.25~0.90s 不等,对应 0.1s 至特征周期 T_g 反应谱放大系数取最大值,之后就慢慢衰减。但是,通过延长结构周期来减小地震力,必然伴随着结构位移的增大(图6.2),可能会造成结构设计上的困难。为了控制过大变形,可通过在结构中引入阻尼装置,以增加结构的阻尼来耗散输入的地震能量,从而减小结构的位移,附带地还可以减小结构的动力加速度。图6.1 和图6.2 也直观地显示了这一点。此外,由于结构较柔,在正常使用荷载(如风荷载,车辆制动力等)作用下结构可能会发生过大变形,因此必须保证正常使用荷载所需要的刚度。

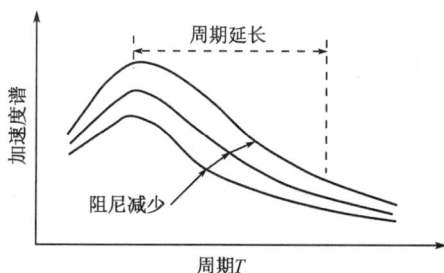

图6.1 加速度反应谱

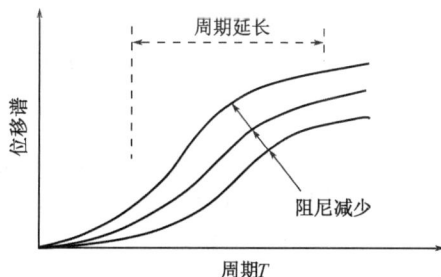

图6.2 位移反应谱

概括起来,减隔震技术的工作机理有三条:①采用柔性支承延长结构周期,减小结构地震反应;②采用阻尼器式能量耗散元件,限制结构位移;③保证结构在正常使用荷载作用下具有足够的刚度。

6.1.2 减隔震技术与延性抗震设计的比较

从抗震原理上看,减隔震技术与延性抗震设计是类似的。两者都是通过延长周期以避开地震能量集中的周期范围,并且增大阻尼以耗散能量来达到减小地震反应的目的。但在具体

实施的方法上,却有很大的不同。主要表现在以下两个方面:

(1)延性抗震设计允许很大的地震能量从地面传递到结构的重要构件上,设计考虑的是如何为结构提供抵抗地震的能力;减隔震技术的基本目的就是要大大减小传递到结构重要构件上的地震能量,而将这一地震能量转移到减隔震装置上。

(2)延性抗震设计要求选定结构构件的特定部位(如梁桥桥墩墩底)屈服,并形成塑性铰以降低刚度延长周期,同时利用塑性铰的滞回特性提供耗能能力(相当于增大阻尼)。因此,结构构件的损伤是不可避免的,震后的修复工作比较麻烦。而减隔震技术通过设置减隔震装置来延长周期,并增大阻尼以耗散能量。因此,可以避免结构构件的损伤,而减隔震装置发生损伤时,替换比较简单。

表6.1对延性抗震设计、减隔震技术以及其他结构控制技术进行了简单的比较,从中可以看出他们的主要差别。

不同抗震技术的比较 表6.1

基本原理	延性抗震设计	减隔震技术	其他结构控制技术
延长周期	塑性铰	柔性支承	可控制的刚度
增加阻尼	塑性铰的滞回变形	阻尼装置	可控制的阻尼

此外,在桥梁结构中使用减隔震装置还有其他好处:

(1)通过合理设计减隔震系统,可改善地震力在下部结构各支座间的分布,以保护基础、墩台等,必要时还可保护上部结构。当减隔震装置采用的是铅芯橡胶支座或高阻尼橡胶支座等弹性约束装置时,可以给设计人员提供一种比较自由的方式来确定分配到下部结构各构件中的水平力,从而可以改善整个桥梁下部结构的受力情况。

(2)有些减隔震支座在正常使用条件下,由温度、收缩、徐变等变形引起的抗力很小。这为城市高架桥梁中超多跨连续梁桥的采用,即减少伸缩缝的设置提供了可能,可以使连续梁桥一联的长度增加,从而大大改善行车条件并降低维护费用。

6.2 减隔震装置与系统

减隔震技术利用减隔震装置在满足正常使用功能的前提下,延长结构周期,消耗大量地震能量,从而降低结构的地震反应。因此,桥梁的减隔震设计最重要的就是要设计合理、可靠的减隔震装置,并使其在结构抗震中充分发挥作用。

6.2.1 减隔震系统的组成

由减隔震技术的原理可知,一个完善的桥梁减隔震系统应包含柔性支承、阻尼装置和构造措施三部分。这三部分可以分开设置,也可以结合为一体。

1)柔性支承

常见的柔性支承为橡胶支座。橡胶支座在桥梁结构中的应用,一开始主要是为了满足正常使用状态下温度等因素产生的位移要求。目前,橡胶支座是世界上应用最广、实用性最好的一种柔性支承。此外还有其他一些柔性装置,如滚轴、滑板、缆索悬吊、柔性套管桩、基础提离、摆动等。

2）阻尼装置

提供耗能最有效的一种方式是滞回阻尼，即利用材料的塑性变形耗能。如：由低碳钢制成的扭梁、悬臂弯曲梁等耗能装置；由铅制成的铅挤压和铅纯剪切变形装置。摩擦耗能是另一种方式，其缺点是没有自复位能力，摩擦系数不易控制，震后易存在较大的残余变形。另外还有黏滞阻尼、液压摩擦阻尼等。各种耗能装置的滞回曲线如图6.3所示。

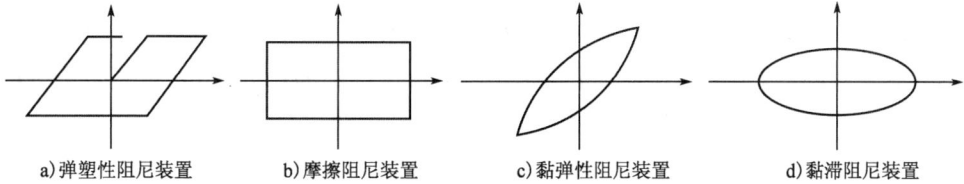

a）弹塑性阻尼装置   b）摩擦阻尼装置   c）黏弹性阻尼装置   d）黏滞阻尼装置

图6.3 耗能装置的滞回曲线

3）构造措施

减隔震装置必须具有足够的柔性以延长周期、减小地震反应，但在运营荷载下，又要保证结构不发生大变形和有害振动。如果使用特殊材料的弹性支承，则可利用其剪切模量与剪切应变大小有关的性质，即在低应变时剪切模量大，在高应变时剪切模量小的特点来满足上述要求。此外，还可采用其他一些可破坏约束装置，如挡块等，使它在一定水平力作用下发生破坏，以满足设计要求。

而减隔震装置要发挥作用，支承以上结构必须要有较大的自由活动空间，如果温度伸缩缝不能满足这一要求，就需要采取特殊的构造措施。如图6.4所示的"碰即脱"桥台顶块就是这样一类特殊构造措施。图中，桥台顶块不与桥台主体结构相连，地震时很容易被顶开，即所谓"碰即脱"，让出活动空间；桥面板向前挑出，同"碰即脱"顶块之间设置温度伸缩缝。

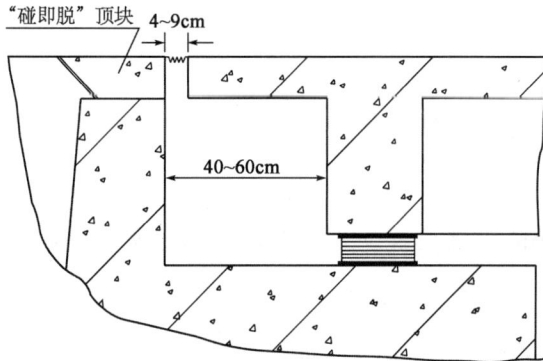

图6.4 "碰即脱"桥台顶块

另一方面，采用减隔震技术的结构在地震作用下往往会产生较大的位移。由于地震动的复杂性和不确定性，这一位移很难准确估计。因此，为了防止地震下发生落梁和碰撞震害，就需要设置专门的防落梁措施。

6.2.2 常用减隔震装置简介

近30多年来，国内外技术人员研制并开发了许多类型的减隔震装置，有些已经比较广泛地应用于实际工程结构。下面，将简单地介绍目前国内外常用的几种减隔震装置。

1)分层橡胶支座(Laminated-Rubber Bearings)

分层橡胶支座的基本构造如图 6.5 所示,是由薄橡胶片与薄钢板相互交替结合而成,上下有翼缘,支座平面形状多为圆形或矩形。国内常称为板式橡胶支座。

大量试验表明:分层橡胶支座的滞回曲线呈狭长形,可以近似作线性处理。在抗震设计中,最关心的是橡胶支座的水平(剪切)刚度,即上、下板面产生单位位移时所需施加的水平剪力。分层橡胶支座的剪切刚度计算公式见 4.3.2 节中的式(4.78)。

橡胶支座在变形过程中消耗能量,即提供阻尼,这种阻尼主要取决于橡胶层变形的速度。以天然橡胶为主要材料制作的支座,典型的阻尼比为 5%~10%。由于分层橡胶支座的阻尼小,所以如果与阻尼器一起使用则减震效果更好。

2)铅芯橡胶支座(Lead-Rubber Bearings)

铅芯橡胶支座是在分层橡胶支座中部插入铅芯而形成的隔震装置,如图 6.6 所示。铅芯具有良好的力学特性,具有较低的屈服剪力(约 10MPa),具有足够高的初始剪切刚度(G 约为130MPa),具有理想弹塑性性能且对于塑性循环具有很好的耐疲劳性能。换句话说,铅芯能够提供地震下的耗能能力和静力荷载下所必需的刚度。因此,由铅芯和分层橡胶支座结合的铅芯橡胶支座能够满足一个良好减隔震装置所应具备的要求:在较低水平力作用下,具有较高的初始刚度,变形很小;在地震作用下,铅芯屈服,刚度降低,延长了结构周期,并消耗地震能量。

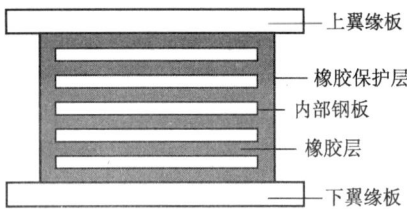

图 6.5 分层橡胶支座的基本构造

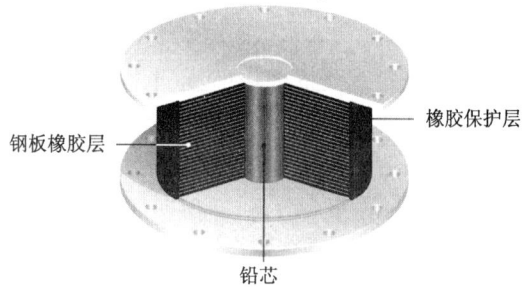

图 6.6 铅芯橡胶支座

图 6.7 给出了铅芯橡胶支座的滞回曲线图。在非线性动力分析中,铅芯橡胶支座的恢复力模型常用双线性来表示。

铅芯橡胶支座还有一个特点,就是温度、徐变等蠕变变形引起的支座抗力很低。图 6.8 是铅芯橡胶支座在地震作用与正常运营条件下温度、制动力等产生支座抗力的比较示意图。从

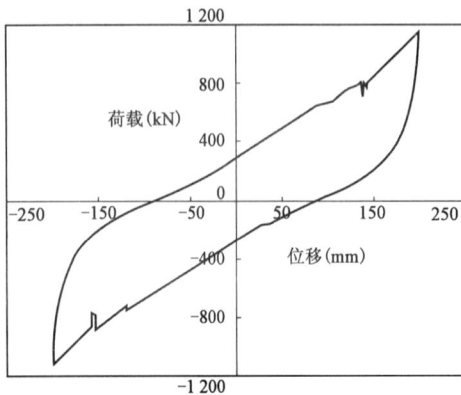

图 6.7 铅芯橡胶支座滞回曲线

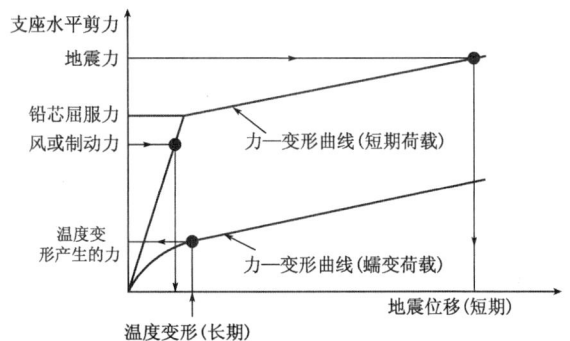

图 6.8 铅芯橡胶支座在不同荷载作用下的抗力比较

图中可知,尽管由于铅芯的存在,支座的初始刚度很大,但对于由温度、徐变等蠕变变形引起的支座抗力仍是比较低的,这为铅芯橡胶支座在长跨连续梁桥中的应用提供了条件。

3)滑动摩擦型减隔震支座(Sliding-Bearings)

滑动摩擦型支座利用不锈钢与聚四氟乙烯材料之间相当低的滑动摩擦系数制成,也称为聚四氟乙烯滑板支座。这种支座具有摩擦系数小、水平伸缩位移大的优点,作为桥梁活动支座十分适宜,可使桥梁上部结构变形不受限制。当温度、徐变等引起上部结构变形时,支座产生的抗力很小。聚四氟乙烯滑板与不锈钢板之间的摩擦系数通常低于0.08,涂有润滑剂时,为0.01~0.03。

在地震作用下,滑动摩擦型支座因为允许上部结构在摩擦面上发生滑动,从而限制了上部结构传递到下部结构的地震力(最大为支座的最大摩擦力),同时通过摩擦消耗大量的地震能量。但是这类支座没有任何自复位能力,用作隔震支座时,支座响应的可预测性和可靠性都不尽如人意,所以常与其他装置一起使用。如:聚四氟乙烯滑板支座与钢阻尼器一起使用,所有竖向力由滑板支座承担,而钢阻尼器提供复位能力和额外的阻尼;聚四氟乙烯滑板支座与分层橡胶支座联合使用,竖向力由两种支座共同承担,分层橡胶支座提供复位能力。这类装置的主要优点是对地震激励的频域不敏感。

目前,国内外已开发了六类具有自恢复能力的滑动隔震装置,其中应用较多的一类装置是Friction Pendulum Isolation (FPI)。FPI是将滑动支座和钟摆的概念相结合构成的一种新型隔震装置。其滑动面是曲面,利用一个简单的钟摆机理延长结构的自振周期,并利用结构自重提供所需的自复位能力,帮助上部结构回到原来的位置。图6.9给出了这种支座的构造简图。它包括一个具有球形曲面的滑块和球形铸钢滑动曲面。铸钢曲面与滑块曲面具有相同的曲率半径,可以很好地相切,因此在竖向荷载作用下,曲面压应力均匀。支座可以在任何方向滑动,其尺寸主要由最大设计位移控制。1998年,美国加州的Benicia-Martinez桥(双层钢桁架桥)就是采用这种FPI装置进行抗震加固的。隔震结构的基本周期为5s,支座的尺寸为4.5m×4.5m,动摩擦系数为0.06,最大设计位移为1.2m,如图6.10所示。

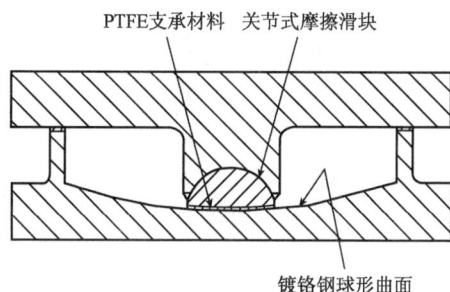

图6.9 FPI隔震装置构造示意图

图6.10 FPI支座

我国同济大学与船舶重工集团联合自主开发了大吨位全钢双曲面球形减隔震支座,见图6.11和图6.12,最大竖向承载能力已达8 000t,填补了我国大吨位减隔震支座的空白,突破了我国大型桥梁减隔震技术应用的瓶颈,较好地解决了我国强地震区大跨度桥梁的防震减灾问题,目前该支座的产值已达到7 000万元,在苏通长江公路大桥引桥、上海长江大桥、广东佛山平胜大桥、荆岳长江大桥、福厦铁路乌龙江大桥、玉蒙铁路工程等重大桥梁工程中得到应用,此外,2008 年 10 月我国新的桥梁抗震设计规范《公路桥梁抗震设计细则》(CJJ 166—2011)颁布后,该支座还被成功应用于上海内环线高架桥扩建工程的防震减灾设计,取得了重大社会和经济效益。

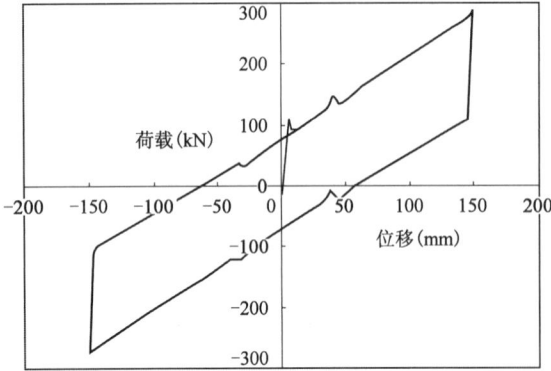

图 6.11　FPI 支座滞回曲线

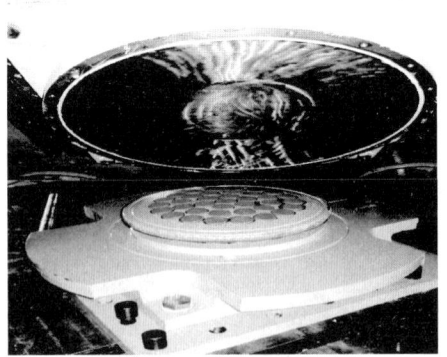

图 6.12　大吨位 FPI 支座

4)高阻尼橡胶支座

高阻尼橡胶支座是采用特殊配制的橡胶材料制作,其形状及构造与天然橡胶支座相同。但该橡胶材料黏性大,其自身可以吸收能量。由于与耗能功能集成在一起,可以节省使用空间,施工上也比较方便。图 6.13 为这种橡胶支座的滞回曲线。滞回环的面积较大,表明有较大的耗能能力。从滞回曲线可见,高阻尼橡胶支座在变形较小时就表现为非线性,而且与反复次数、变形大小和位移历程有关。进行非线性地震反应分析时,恢复力模型可采用修正双线性模型。但需要注意的是,高阻尼橡胶支座的力学特性值决于橡胶材料的配方和制造工艺,而且对环境温度非常敏感。

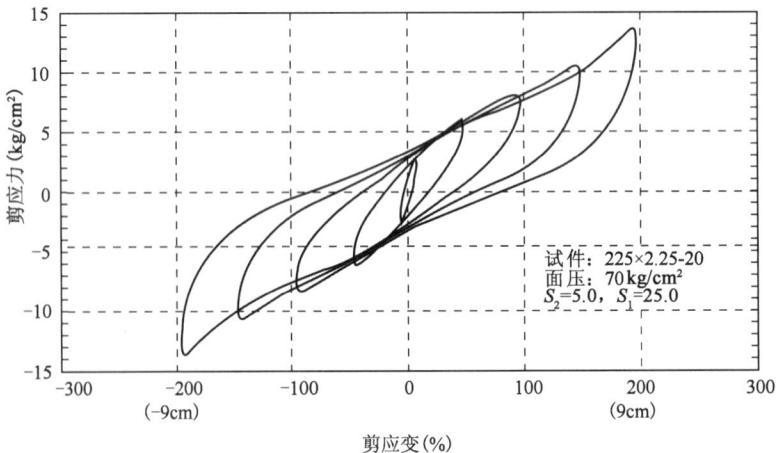

图 6.13　高阻尼橡胶支座滞回曲线

5)钢阻尼器

钢阻尼器作为结构被动控制中耗能减震装置的一种,于 20 世纪 70 年代由新西兰的 Kelly 等人首先提出,经过各国学者 40 多年不断的理论与试验研究,开发出各种构造形式的钢阻尼器,如图 6.14 所示。尽管钢阻尼器的几何形状多样,但耗能机理相近,按主要受力状态可分为扭转型、弯曲型、拉压型和剪切型四种类型。钢阻尼器的优点是制造不需要特殊设备,费用比较合适,坚实耐用,又具有较大的耗能能力。建筑结构对钢阻尼器性能要求如位移能力和极限强度不高,安装布设位置灵活等特点,使其在建筑结构中运用广泛。

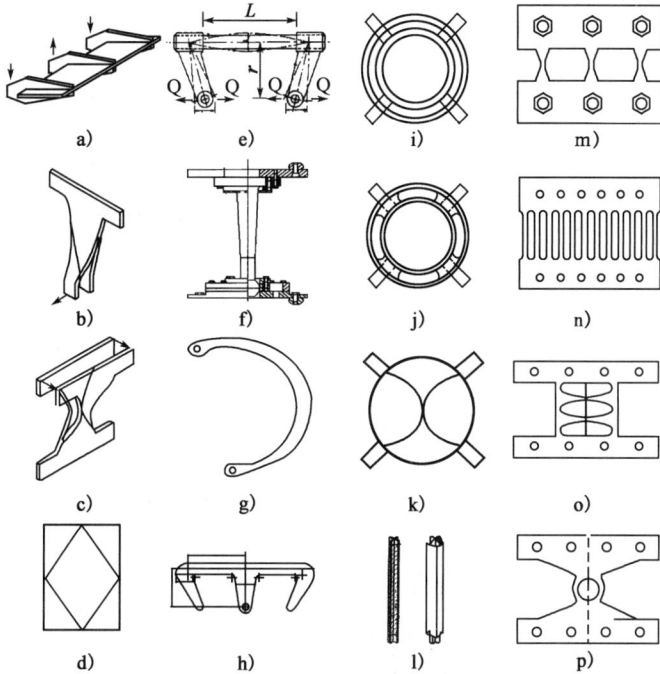

图 6.14 各种构造形式的金属阻尼器

相对建筑工程而言,桥梁金属阻尼器的设置空间有限,强度和位移能力要求较高。此外,房屋结构中使用的金属阻尼器可以采用简单的铰接模式,以满足其在一个方向发生滞回耗能作用,而在另一个正交方向固定约束即可,而桥梁横向金属阻尼器还需满足桥梁纵向的较大变形需要,需要对约束方式和传力构造进行仔细研究。在桥梁结构中,金属阻尼器也有一些运用的实例。1981 年,扭转钢梁阻尼器[图 6.14a)]作为基础隔震部件应用于新西兰的 6 跨预应力混凝土箱形空心支架梁桥中(Rangitikei Rail Bridge),弯曲梁式金属阻尼器[图 6.14e)]被应用于新西兰的五跨连续钢桁架桥上(Cromwell Bridge),锥形钢板阻尼器[图 6.14b)]被应用在新西兰 Dunedin Motorway Overbridge。1992 年,意大利的 Mortaiolo Bridge 安装了意大利公司生产的锥形钢棒阻尼器和 E 钢阻尼器[图 6.14h)]。1997 年,Marioni A. 研发的变高度 C 形钢阻尼器[图 6.14g)]应用到土耳其的 Bolu Viaduct 上。

试验研究表明,大多数钢阻尼器的滞回曲线可用双线性来近似模拟。不同类型钢阻尼器的选择取决于阻尼器放置的位置、可利用的空间、连接的结构以及力和位移的大小。

同济大学发明了 X 形软钢阻尼挡块,见图 6.15,目前研究成果已在国家重点工程——四川雅泸高速公路上 30 余座桥梁

图 6.15 钢阻尼挡块

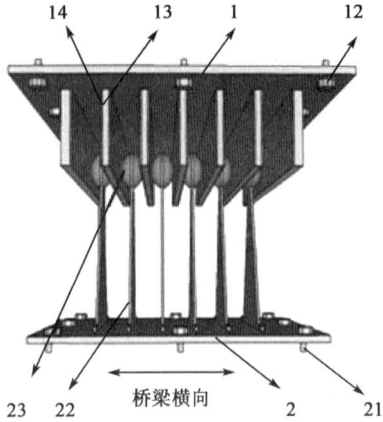

图 6.16　桥梁横向钢阻尼器三维图

上半部分:1-上顶板;12-上顶板螺栓;13-上顶板挡块;14-聚四氟乙烯滑片;下半部分:2-下底板;21-下底板螺栓;22-三角形钢板;23 半球形钢传力键

的结构设计中应用。

图 6.16 为同济大学新发明的一种既能适应桥梁纵向变形又能满足桥梁横向抗震需求的钢阻尼器。该阻尼器以三角形钢板为基本构件,在地震作用下,沿高度范围内全截面屈服耗能,可以达到材料滞回耗能利用率的最大化。三角形钢板采用悬臂构造,在上顶板的钢挡块两侧设置聚四氟乙烯滑板,同时可以通过调整钢挡块的纵向尺寸,来很好地适应桥梁纵向变形。三角形钢板顶部放置半球形钢传力键,这样即使在地震过程中主梁和桥墩的相对运动比较复杂,钢传力键也能与上顶板上的钢挡块保持点接触,很好地适应各种复杂的传力条件,使三角形钢板在地震过程中的传力路径非常明确。

这一阻尼器的优点是:①具有很好的滞回耗能能力和较大的位移能力,可以满足高烈度区大跨度桥梁的抗震需要;②能够很好地适应桥梁纵向的较大变形且性能不受影响;③在桥梁主梁发生横向复杂振动而导致复杂接触条件下仍具有很好的传力特性;④构造简单,力学性能要明确。

三角形钢板可以采用中国桥梁工程中常用钢材,钢板底部焊接在下底板上,下底板通过螺栓拴接在墩顶、盖梁或系梁上。上钢挡块焊接在上顶板上,上顶板通过螺栓拴接在主梁底。金属阻尼器可提前工厂预制生产,然后现场安装,安装过程跟一般支座的安装方法类似。

金属阻尼器的受力模式及相关几何参数,具体标示如图 6.17 所示。

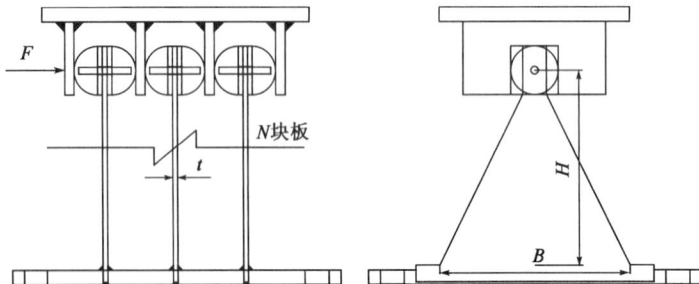

图 6.17　金属阻尼器受力模式图

6）流体黏滞阻尼器

流体黏滞阻尼器基本构造如图 6.18 所示,由活塞、油缸及阻尼孔组成。所谓阻尼孔是比油缸截面积 A 小、截面积为 a 的流通通路。这类装置利用活塞前后压力差使液体(目前大多用硅油)流过阻尼孔产生阻尼力。

图 6.19 所示的是一个典型的油阻尼器。

$$F = \frac{1}{2}\rho \frac{A^3}{C \cdot a^2} v^2$$

ρ—油的密度
C—流量系数

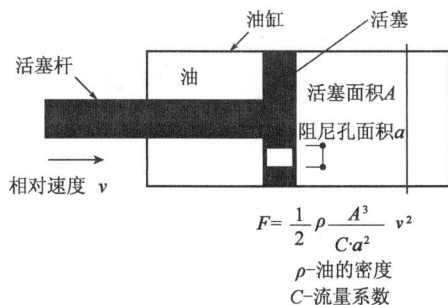

图 6.18 黏滞阻尼器的工作机理

图 6.19 典型的黏滞阻尼器

流体黏滞阻尼器(FVD)的阻尼力(F)—速度(v)之间的关系理论上可以表示为:

$$F = C \cdot \text{sgn}(v) \cdot |v|^{\alpha} \qquad (6.1)$$

式中,C 是通过试验确定的阻尼系数;α 是指数(其值范围在 0.1 ~ 2.0,从抗震角度看,常用值一般在 0.2 ~ 1.0 范围内);sgn($\cdot$) 是正负号函数。

指数 α 表征流体黏滞阻尼器的非线性特性。当 $\alpha = 1$ 时,公式(6.1) 退化为 $F = C \cdot v$,为线性阻尼器;当 $\alpha = 0$ 时,公式(6.1) 退化为 $F = C \cdot \text{sgn}(v)$,为纯摩擦阻尼器。

阻尼器的基本参数是阻尼系数 C,速度指数 α。其中,阻尼系数 C 的增加意味着阻尼力和耗能能力的增加;而速度指数 α 对阻尼力和耗能能力的影响与速度 v 有关。

图 6.20 显示了速度指数 α 对阻尼力的影响,其中,C 取为 15 000。从图中可见,当 $v < 1.0$ 时,α 越小,阻尼力越大;而 $v > 1.0$ 时则相反,α 越小,阻尼力越小。

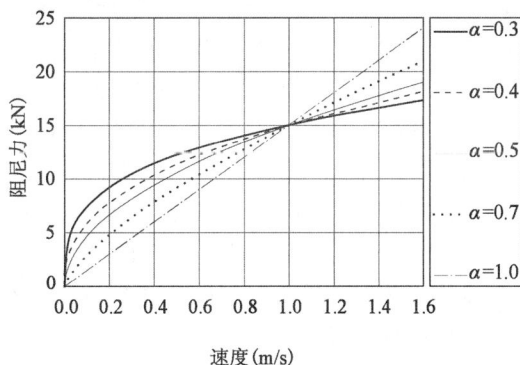

图 6.20 阻尼力与速度的关系曲线

图 6.21、图 6.22 则分别显示了当 $v < 1.0$、$v > 1.0$ 时,速度指数 α 对阻尼器滞回曲线的影响。由图可见,当 $\alpha = 1$ 时,滞回曲线近似椭圆,随着 α 的减小,滞回曲线越来越接近矩形。此外,当 $v < 1.0$ 时,α 越小,最大阻尼力越大,滞回环面积越大,耗能能力也越大;而当 $v > 1.0$ 时,α 值主要影响滞回环的形状,对滞回环面积影响不大。

另外,黏滞阻尼器在蠕变变形作用下,产生的抗力接近于零。而且黏滞阻尼器允许结构在震后恢复到原来的位置。但需要注意的是,黏滞阻尼器产生的阻尼力还和温度有关,并具有方向性。黏滞阻尼器要求制作加工精密,油压的调整、漏油、灰尘的侵入等问题需要采取相应的措施,体积较大时制作较为困难。

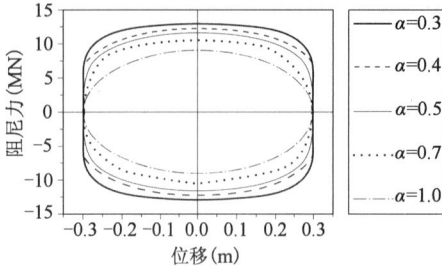

图 6.21　阻尼器的滞回曲线$(v < 1.0)$
$[\,D = 0.3 \cdot \sin(2t)\,,\ F = 15\,000 \cdot v^{\alpha}\,]$

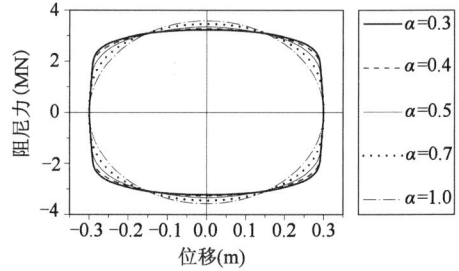

图 6.22　阻尼器的滞回曲线$(v > 1.0)$
$[\,D = 0.3 \cdot \sin(4t)\,,\ F = 3\,000 \cdot v^{\alpha}\,]$

6.3　减隔震技术的应用

减隔震技术自诞生以来,受到了广泛的重视。1973 年新西兰建成第一座减隔震桥梁之后,减隔震技术在桥梁抗震中得到了迅速的推广。至今,全世界已有 300 多座桥梁采用了减隔震技术,而且其中一些桥梁已经受了地震的考验。

6.3.1　减隔震技术在国外桥梁工程中的应用

新西兰是世界上最早进行全面的减隔震技术研究并广泛应用于实际工程的国家。经过 30 多年的努力,创造了大量的减隔震技术,并编制了专门的规范。第一座减隔震桥 Moto 桥建于 1973 年,上部结构采用滑动支承隔震,阻尼由 U 型钢弯曲梁提供。至今,新西兰已有数十座公路桥和少量铁路桥采用了减隔震技术,其中一些旧桥还采用减隔震技术进行抗震加固。在这些桥梁中,大部分采用了铅芯橡胶支座,也有一些应用了钢悬臂梁耗能器等其他的减隔震装置。

意大利也是世界上较早在桥梁中应用减隔震技术的国家。从 1974 年以来,现代减隔震技术渗透到了意大利的传统桥梁建造中,至今,意大利已建成数百座减隔震桥梁。值得注意的是,尽管早期的设计没有现代减隔震规范和官方的指南可遵循,但意大利已经采用了多种形式的隔震系统,只是相对而言,铅芯橡胶支座的应用比其他国家要少一些。

美国第一次将减隔震技术用于桥梁是在 1984 年,用于对 Sierra Point 桥进行抗震加固。而在 1990 年,新建了第一座采用减隔震技术的桥梁——Sexton 桥,该桥位于伊利诺斯 3 号公路上,横跨 Sexton 河,主体结构为 3 跨连续组合钢板梁,跨度分别为 36.6m、47m 和 36.6m。该桥采用了铅芯橡胶支座减震方案,在桥台处布置 20 个铅芯橡胶支座,桥墩上布置 20 个无铅芯的橡胶支座,目的是尽量减小作用在桥墩上的地震荷载和非地震荷载,以适应较差的地基条件。至今,美国已有一百多座桥梁采用了减隔震技术,其中包括对既有桥的加固。大部分隔震装置均为铅芯橡胶支承,也有一些采用摩擦滑动型隔震装置(FPI)、高阻尼橡胶支座等。

在日本,第一座建成的减隔震桥梁是静冈县横跨 Keta 河的宫川大桥,完成于 1990 年,是一座 3 跨连续钢桁架梁桥,桥跨布置为 32.85m + 39.0m + 32.85m,钢板型主梁结构,墙式墩,墩高为 11m,坐落在坚硬场地土上,采用刚性扩大基础,采用铅芯橡胶支承。桥梁的主体结构在横向受到挡块的约束,顺桥向有 ±150mm 的间隙可供移动,超过这一范围桥台将限制移动。适当选择、布置铅芯橡胶支座后,每个桥墩承担 37.5%、每个桥台承担 12.5% 的总惯性力。日本在阪神地震后,采用减隔震技术的桥梁日益增多,大部分桥梁采用铅芯橡胶支承、高阻尼橡胶支承,也有一些桥梁使用其他类型的减隔震装置。

从各国的桥梁减隔震应用情况来看,除意大利外,桥梁减隔震设计中最常采用的是铅芯橡胶支承、高阻尼橡胶支承,且通常安装在桥梁上部结构与桥墩或桥台之间。大部分建成的减隔震桥位于高烈度区,基础形式包括刚性扩大基础、桩基础等。值得注意的是,在日本,减隔震技术很少用于简支梁桥,多用于连续梁桥。在对简支梁桥进行加固时,通常先将简支桥面板连续化,再引入减隔震支承。为了减少伸缩缝的使用以改善运营状况,同时提高结构的抗震能力,还在许多超多跨连续梁桥中使用了减隔震支承,最长一联的长度已达到910m。

希腊 Rion-Antirion 桥横跨科林斯湾,是连接摩里亚半岛与希腊大陆的重要通道,由于大桥所处场地的自然条件非常恶劣,地震、断层活动较为强烈,在设计中采用了一系列先进的减隔震设计理念和技术,是现代大跨度桥梁减隔震设计的典型代表。大桥桥位水深为 $50\sim65m$,桥址河床上由沙砾与砾石组成的非黏质土层厚度达到 $4\sim7m$,在 Antirion 海岸一侧,非黏质土层厚度达到 $25m$,非黏质土以下分别为砂土、粉砂、粉质黏土,基岩位于水面以下 $800m$ 。桥址场地设计地面加速度峰值达到 $0.48g$,反应谱的最大加速度达到 $1.2g$,特征周期达到 $1s$,此外海峡两岸正以 $8mm/$年的速度发生着地壳的相对变化,因此在设计中还应预判断层位移,并应使大桥结构能适应这种变位的不利影响。

综合考虑各种不利因素,大桥桥型结构最终确定为四塔五跨的连续斜拉桥结构,主桥跨径布置为 $286m+3\times560m+286m$,全漂浮体系,两端是简支,主梁为钢和混凝土面板的叠合梁,见图 6.23。大桥结构的减隔震设计主要包括两个部分:一是主塔基础部分的减隔震设计;二是主梁部分的减隔震设计。

图 6.23 希腊 Rion-Antirion 桥

主桥的四个主塔通过直径 $90m$ 、高 $6.5m$ 的大型混凝土结构基础安放在海床上。由于海床下部土层由不同种类的低持力层土组成,抗剪能力较差。海床上部土层采用 $150\sim200$ 根,长 $25\sim30m$ 、直径 $2m$ 的钢管桩群进行加固,钢管上面铺垫 $3m$ 厚的砾石垫层。基础安放在砾石垫层的上面,在有地震或位移时可以产生滑动和缓冲,起到了隔震的作用,见图 6.24 和图 6.25。

斜拉桥主梁在纵向上采用全漂浮体系,在正常工作条件下的容许位移为 $2.5m$,在极端地震作用下的容许位移为 $5.0m$ 。在横向上采用由黏滞阻尼器和平行安装在阻尼器上面的保险限位器组成的减震保护装置,每个塔安装四个阻尼器(最大设计力 3 500kN,最大设计变形 $\pm1.75m$)与一个保险限位装置,见图 6.26;在过渡墩上安装两个阻尼器(最大设计力3 500kN,最大设计变形 $\pm2.6m$)和一个保险限位装置,见图 6.27。在中等的地震作用与设计风荷载作用下,保险限位装置将会使结构不会发生大的位移,在大的地震到来时,保险限位器失效,黏滞阻尼器能够自由地耗散地震的能量。

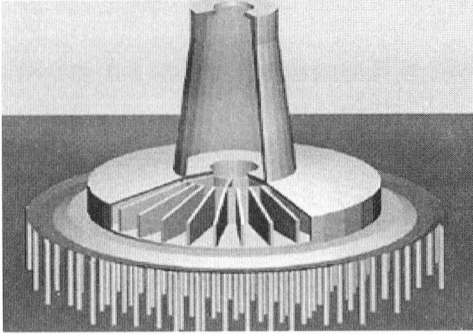

图 6.24 桥塔与基础

图 6.25 插入海床的钢管

图 6.26 过渡墩减隔震装置

图 6.27 塔梁减隔震装置

6.3.2 减隔震技术在我国桥梁工程中的应用

20 世纪,减隔震技术在我国桥梁工程中的应用还很少,只有很少数的几座桥采用了减隔震支座,如汕头海湾二桥,南京跨线桥等。进入 21 世纪以后,随着我国大跨度桥梁的大规模建设,桥梁防震减灾技术的研究与应用得到了很大的发展,其中最具有代表性的是黏滞阻尼器的应用,主要用于大跨度桥梁的减震与位移控制,如重庆鹅公岩大桥、苏通长江大桥、西侯门大桥、卢浦大桥、泰州长江大桥等 20 余座大桥,表 6.2 为部分桥梁中所选用的黏滞阻尼器设计参数。同济大学与船舶重工集团联合自主开发的大吨位全钢双曲面球形减隔震支座也得到了广泛的应用,表 6.3 列出了该支座的一些桥梁应用情况。而同济大学新研发的桥梁横向钢阻尼器也得到了一些应用,如表 6.4 所示。

黏滞阻尼器工程应用　　　　　　　　　　　　　　　　　　　　　　　　　表 6.2

项　目	数　量	最大阻尼力(kN)	最大冲程(mm)	阻尼系数 C	速度指数 ξ
重庆鹅公岩	—	2 000	±550	2 000	0.21
上海长江大桥	8	2 500	±420	2 500	0.2
东海大桥	8	2 000	±250	2 500	0.3
卢浦大桥	4	2 000	±200	2 200	0.21
南京三桥	54	1 500	±120	1 000	0.3
吉林松花江桥	16	1 800	±140	—	—
苏通大桥	8	3 025/6 580	±850	3 750	0.4
江阴大桥	4	1 000	±1 000	1 522	0.3

大吨位全钢双曲面球形减隔震支座工程应用 表6.3

工 程 名 称	型号及数量	设 计 单 位
苏通长江公路大桥	KZQZ6000~20000DX/SX/GD　400套	江苏省交通规划设计院
佛山平胜大桥	KZQZ15000DX　　　　4套	湖南省交通规划设计院
上海长江大桥	KZQZ10000、22500DX/GD　148套	上海市政工程设计研究院
玉蒙铁路	KZQZ3000DX、12500DX/GD　28套	中铁第二勘察设计院
福厦铁路乌龙江大桥	KZQZ10000ZX/DX、80000ZX/DX/HX/GD　12套	中铁第二勘察设计院
荆岳长江大桥	SMZ10000DX、55000DX/GD　24套	湖北省交通规划设计院
上海内环线改扩建	KZQZ6000ZX/DX~15000ZX/DX　30套	上海市政工程设计研究院
太原南中环	KZQZ60000、85000DX/SX/GD　10套	上海同济建筑设计院
太原火炬桥	KZQZ8000DX~32000DX/SX/GD　7套	上海同济建筑设计院
北京亦庄地铁	KQZQ2000~12500DX/ZX/HX/GD　213套	中铁大桥设计院
昆明轨道交通	KQZQ1000~17500DX/ZX/HX/GD　380套	中铁第四勘察设计院

桥梁横向钢阻尼器的工程应用 表6.4

工 程 名 称	桥　型	型号及数量	设 计 单 位
宁波春晓大桥	中承式钢拱桥	10(55,60,3),12套	上海市政工程设计研究总院
长春物流通道工程	高架桥(小箱梁桥)	3(25,38,3),86套	吉林中盛市政工程设计有限公司
银川滨河黄河大桥	自锚式悬索桥	6(100,100,3),12套	上海市政工程设计研究总院
樟树赣江二桥	斜拉桥	6(30,50,3),4套	上海市政工程设计研究总院

注:型号$N(h,b,t)$表示每个阻尼器由N块三角型钢板组成,每块板高$h(cm)$、宽$b(cm)$、厚$t(cm)$。

随着我国桥梁抗震设计规范的完善,我国桥梁抗震已由单一设防水准转变为两级设防水准,减隔震技术在常规公路桥梁和城市桥梁中的应用也日益得到了重视,越来越多的桥梁都已采用了减隔震设计技术。但总的看来,我国桥梁的减隔震应用还较少,有待于进一步地推广。

6.3.3　减隔震桥梁的震害表现

对于减隔震技术,人们最关心的是减隔震桥梁在强烈地震作用下的性能究竟如何。到目前为止,已有少量桥梁经受了地震的考验。

在新西兰,Rangtike河上的Te Teko桥经受过一次大的地震考验,这就是1987年3月发生的李氏6.37级,烈度为9度,震中在大桥以北9km处的Edgecumbe地震。Te Teko桥全长105m,宽11.4m,共5跨,全部上部结构支承在20个直径508mm、高179mm的橡胶支座上,其中只有桥墩处的16个橡胶支座中加了铅芯,每个支座承受的竖向荷载约为150t。大桥南面11km处的强震加速度仪所测得的地面水平加速度峰值为0.33g,竖向加速度为0.23g。据推测,地震时Te Teko桥场地地震加速度峰值在水平方向上有可能超过0.4g。由于该桥采用了减隔震技术,大大降低了上部结构产生的惯性力,从而减轻了震害。地震中,桥台的挡块("碰即脱"挡块)像预期的那样被推开,两岸第一跨桥墩墩脚处出现局部混凝土破坏,左岸桥台上的一个橡胶支座滑离原位,累计位移超过600mm,另一个橡胶支座也紧贴外限位圈,有局部轻微挤压破坏。地震后主要修复工作是将滑移的橡胶支座归位,以及将桥台挡块处路面修复。这座大桥是现代隔震技术产生良好抗震性能的一个例证,只是由于该桥左岸桥台处的一个橡胶支承滑离原位,因此减震效果没有预期的那样理想。

在1992年4月美国的加利福尼亚地震中,于1987年采用减隔震技术加固的Eel River桥

(简支钢桁架桥)表现很好,震后完全复位。震后调查表明,地震中主跨发生的最大纵向移动约200mm,横向移动约100mm。在它附近的 Painter Street Overcross,记录到的加速度纵向峰值为 $0.55g$,横向为 $0.39g$。

Te Teko 桥及 Eel River 桥在地震中的良好表现,使人们对桥梁结构减隔震更有了信心,同时也获得有益的教训和经验。Te Teko 桥的震害表明,为了使减隔震技术确实有效,必须重视做好包括桥梁设计(特别要重视构造设计)、制造和维护在内的各个环节,以保证减隔震装置正常工作。

在 1995 年 1 月日本的阪神大地震中,采用铅芯橡胶支座减隔震的 6 座桥梁均表现极佳,进一步证明了减隔震技术的优越性。

6.4 桥梁减隔震设计

6.4.1 减隔震设计的一般原则

科学研究和震害经验都表明:采用减隔震技术可以有效地提高桥梁结构的抗震能力。但是,减隔震技术不是在任何情况下都是有效的,有一定的适用条件和设计原则。

适宜进行减、隔震设计的情况主要有以下三种:

(1)桥梁上部结构为连续形式,下部结构刚度比较大,整个桥的基本周期比较短。

(2)桥梁下部结构高度变化不规则,刚度不均匀,引入减隔震装置可调节各桥墩刚度,因而可以避免刚度较大桥墩承担很大惯性力的情况。

(3)场地条件较好,预期地面运动具有较高的卓越频率,长周期范围所含能量较少等。

对于以下四种状况,则不适宜采用减隔震设计:

(1)基础土层不稳定,易发生液化的场地。

(2)结构的固有周期比较长。

(3)位于软弱场地,延长周期可能引起共振。

(4)支座中出现负反力。

此外,在桥梁的减隔震设计中还应注意:在不同水准地震作用下,减隔震支座都应保持良好的竖向荷载支承能力;桥梁减隔震支座应具有足够的刚度和屈服强度,以避免在正常使用条件下出现因风荷载、制动力等引起的有害振动;相邻上部结构之间应设置足够的间隙,以适应梁体的位移;桥梁的其他抗震措施不得妨碍桥梁的正常使用及减隔震装置作用的发挥;减隔震装置的构造应尽可能简单、性能可靠,且对环境温度变化不敏感,应将重点放在提高耗能能力和分散地震力上,不可过分追求加长周期;应考虑隔震装置的可替换性,并进行定期的维护和检查。

6.4.2 减隔震装置的布置

目前,桥梁减隔震装置的布置位置有两种:

(1)布置在桥墩顶部,起降低上部结构惯性力的作用。

(2)设置在桥墩底部,这类似于建筑结构隔震,能较大幅度地降低整个结构的动力反应。

通常,在地震作用下,桥梁结构的惯性力主要集中在上部结构,在上、下部结构间设置减隔震装置,可以有效地降低上部结构的惯性力,达到保护桥墩、基础等下部结构的目的。但采用墩顶隔震并没有隔绝地面运动,此时的桥墩就像一个顶部受到某种约束的独立结构一样对地震产生响应。因此,计算桥墩地震力时,有时需要考虑桥墩的质量和它自身的振动模态。对于桥墩较高且质量比较大,自身振动特性控制其设计的情况,当场地条件等允许时,宜在桥墩底部设置减隔震装置。从目前已建成的减隔震桥梁来看,减隔震装置大多数设置在桥墩顶部,这主要是由于普通桥梁也使用支座,采用桥墩顶部隔震,只需用隔震支座代替普通支座即可,因而比较经济可行。在墩底进行隔震的方式,通常较少采用,目前,国际上也只有几座桥采用了墩底隔震技术。

另外,通过合理设置减隔震装置,在降低地震力的同时,还可以调整地震力在各下部结构间的分配。如果在刚度较大的桥墩上放置刚度较低的橡胶支座,就可降低该桥墩分担的地震力,进而降低对该墩的强度或延性需求。因此,通过调整不同桥墩处减隔震装置的水平刚度,就可以合理调节下部结构间的地震力分配,避开基础条件差的桥墩或能力较弱的桥墩,使整个体系的受力更趋合理。在桥梁横桥向,也应尽可能通过设置减隔震装置协调下部结构间的横向刚度,从而改善扭转平衡,降低结构的横向反应。

6.4.3 减隔震桥梁的地震反应分析

减隔震桥梁的地震反应分析,一般情况下可采用非线性动力时程分析方法,可以实现对减隔震桥梁较为准确的地震全过程结构抗震性能评估。主体结构的建模方法与一般桥梁建模方法一致,但减隔震装置的恢复力模型是这类结构抗震分析的关键所在,需要特别注意。此外,对于符合一定条件的减隔震桥梁,采用单自由度反应谱分析方法进行地震反应分析也能获得较好的结果。

1)常用减隔震支座恢复力模型

一般情况下,弹塑性和摩擦类减隔震支座的恢复力模型可采用双线性模型代表。

铅芯橡胶支座的恢复力模型如图6.28所示,其等效刚度和等效阻尼比分别为:

$$K_{\text{eff}} = \frac{F_d}{D_d} = \frac{Q_d}{D_d} + K_d \tag{6.2}$$

$$\xi_{\text{eff}} = \frac{2Q_d(D_d - \Delta_y)}{\pi D_d^2 K_{\text{eff}}} \tag{6.3}$$

式中,D_d为铅芯橡胶支座的设计位移,指的是设防地震下支座的最大地震位移;Δ_y为铅芯橡胶支座的屈服位移;Q_d为铅芯橡胶支座的特征强度;K_{eff}为铅芯橡胶支座的等效刚度;ξ_{eff}为铅芯橡胶支座的等效阻尼比。

摩擦摆式支座的恢复力模型如图6.29所示。

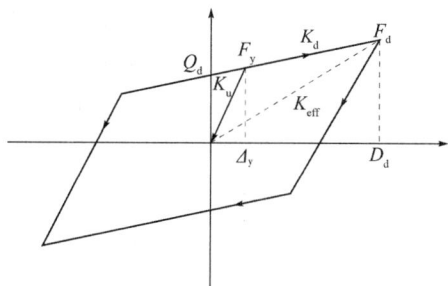

图6.28 铅芯橡胶支座的恢复力模型

K_u-初始弹性刚度;K_d-屈后刚度;K_{eff}-等效刚度

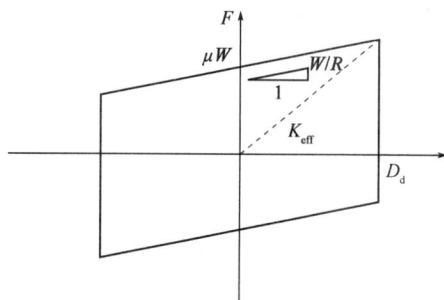

图6.29 摆式支座的恢复力模型

屈后刚度:

$$\alpha = \frac{W}{R} \qquad (6.4)$$

等效刚度(kN/m)为:

$$K_{\text{eff}} = \frac{W}{R} + \mu \frac{W}{D_{\text{d}}} \qquad (6.5)$$

等效阻尼比为:

$$\xi_{\text{eff}} = \frac{2}{\pi} \cdot \frac{\mu}{\dfrac{D_{\text{d}}}{R} + \mu} \qquad (6.6)$$

式中,W 为恒载作用下支座竖向反力;R 为滑动曲面的曲率半径;D_{d} 为支座设计位移,指的是设防地震下支座的最大地震位移;μ 为动摩擦系数。

2)单自由度反应谱分析方法

由于非线性动力时程分析过程较为复杂,研究表明,对于符合一定条件的减隔震桥梁,采用单自由度反应谱分析方法进行地震反应分析也能获得较好的结果。具体条件为:

(1)桥梁几何形状满足对规则桥梁的要求。

(2)距离最近的活动断层大于 15km。

(3)场地类型为Ⅰ、Ⅱ、Ⅲ类,且场地条件稳定。

(4)减隔震装置等效阻尼比不超过 30%。

(5)隔震桥梁的基本周期 T_1(隔震周期)为未采用隔震桥梁基本周期 T_0 的 2.5 倍以上。

减隔震桥梁采用单自由度反应谱分析适用于地震反应在考虑减隔震装置的作用后受一阶振型主导的结构,是基于等效线性化的分析理论进行的。

根据等效线性化的基本理论,单自由度结构的振型刚度可取最大变形处的割线刚度,振型阻尼可取按滞回耗能等效的黏滞阻尼,也就是说振型刚度与振型阻尼实际上与最大变形是息息相关的。因此,采用该方法进行地震反应分析时,应首先确定合适的结构最大变形,由此确定结构的一阶振型刚度与振型阻尼,并计算一阶振型周期,然后按照一般单自由度结构的反应谱分析方法进行分析,最后还要验证结构最大变形反应是否与假定的最大变形相一致。

其基本计算流程与计算公式如下。

(1)确定减隔震装置的位移:

假定梁体在地震作用下发生纵桥向(或横向)位移 D_{d},并根据下部结构的弹性刚度和相应的减隔震装置力学特性计算各墩位处的减隔震装置的位移 $D_{\text{d},i}$。由于按单自由度反应谱分析的减隔震桥梁要求隔震周期为未采用隔震时基本周期的 2.5 倍以上,表明减隔震装置的等效刚度应不超过下部结构弹性刚度的 20%,即减隔震体系中的减隔震装置的变形应占主梁变形的 80% 以上,因此也可以偏于保守地取减隔震装置的位移也为 $D_{\text{d},i} = D_{\text{d}}$。在此基础上,根据式(6.2)~式(6.6)计算减隔震装置的等效刚度和等效阻尼。

(2)计算减隔震桥梁的等效线性化刚度:

$$\sum K_{\text{eq},i} = \sum \frac{k_{\text{eff},i} \cdot k_{\text{p},i}}{k_{\text{eff},i} + k_{\text{p},i}} \qquad (6.7)$$

式中，$K_{eq,i}$ 为第 i 桥墩或桥台与其上部的减隔震装置等效刚度串联的刚度值；$k_{eff,i}$ 为第 i 桥墩或桥台上减隔震装置的等效刚度；$k_{p,i}$ 为第 i 桥墩或桥台的剪切刚度。

(3)计算隔震桥梁的等效阻尼比 ξ_{eq}：

可根据第 i 个桥墩上减隔震装置的等效阻尼比 $\xi_{eff,i}$ 与第 i 个桥墩的阻尼比 $\xi_{p,i}$，按下式计算：

$$\xi_{eq} = \frac{\sum k_{eff,i}(D_{d,i})^2 \left(\xi_{eff,i} + \dfrac{\xi_{p,i}k_{eff,i}}{k_{p,i}}\right)}{\sum k_{eff,i}(D_{d,i})^2 \left(1 + \dfrac{k_{eff,i}}{k_{p,i}}\right)} \tag{6.8}$$

式中，$D_{d,i}$ 为第 i 个桥墩减隔震装置的水平位移；$k_{eff,i}$ 为第 i 个桥墩或桥台上减隔震装置的等效刚度。

(4)减隔震桥梁等效周期 T_{eq} (s)，可按下式计算：

$$T_{eq} = 2\pi \sqrt{\frac{M_t}{\sum K_{eq,i}}} \tag{6.9}$$

式中，M_t 为一联桥梁梁体总质量。

(5)减隔震桥梁顺桥向、横桥向的水平地震力，可按下列公式计算：

$$E_{hp} = SM_t \tag{6.10}$$

梁体的纵桥向(或横桥向)位移反应可按下式计算：

$$D_d = \frac{T_{eq}^2}{4\pi^2}S \tag{6.11}$$

式中，S 为相应于减隔震桥等效周期(纵桥向或横桥向)，采用等效阻尼比修正的反应谱值。

(6)比较梁体的位移反应与假设的位移，重复(1)~(5)步，直至两者一致。

6.4.4 减隔震体系的抗震验算

对于桥梁减隔震设计，关键应确保减隔震装置的可靠性能并使其在结构抗震中充分发挥作用，即桥梁结构的大部分耗能、塑性变形应集中于这些装置，允许这些装置在较强的地震作用下发生大的塑性变形和存在一定的残余位移，而结构其他构件，包括主梁、墩柱以及基础等的反应基本为弹性，以减小结构主体的地震损伤，避免结构倒塌或震后需要复杂而又昂贵的修复工作。

我国《公路桥梁抗震设计细则》(JTG/T B02-01—2008)要求对减隔震桥梁分别进行 E1 和 E2 地震作用下的分析与验算，要求橡胶型减隔震支座在 E1 地震作用下产生的剪切应变应在 100% 以下，在 E2 地震作用下产生的剪切应变应在 250% 以下，并校核其稳定性；非橡胶型减隔震装置，应根据具体的产品性能指标进行验算。对于桥梁墩台与基础的验算，则要求按现行行业标准《公路钢筋混凝土及预应力混凝土桥涵设计规范》(JTG D62—2004)和《公路桥涵地基与基础设计规范》(JTG D63—2007)进行强度检算。

我国《城市桥梁抗震设计规范》(CJJ 166—2011)仅要求进行 E2 地震作用下的分析与检

算,并要求橡胶型隔震支座在 E2 地震作用下产生的剪切应变必须在 250% 以下,并校核其稳定性;非橡胶型减隔震装置,应根据具体的产品性能指标进行验算。此外,对于桥梁墩台与基础的验算,则要求将减隔震装置传递的水平地震力除以 1.5 的折减系数后(直接引用美国 AASHTO《Guide Specifications for Seismic Isolation Design》的规定),按现行行业标准《公路钢筋混凝土及预应力混凝土桥涵设计规范》和(JTG D62—2004)《公路桥涵地基与基础设计规范》(JTG D63—2007)进行,这主要是考虑这些结构构件的实际强度存在一定的超强性。

6.4.5 其他构件和细部构造的设计

在减隔震设计中,要使减隔震装置充分发挥减震耗能的作用,必须使非弹性变形和耗能主要集中在减隔震装置。为了使大部分变形集中于减隔震装置,不仅要使减隔震装置的水平刚度远低于桥墩、桥台、基础的刚度,还要避免桥墩屈服先于减隔震装置屈服。一些减隔震设计规范强行规定减隔震结构的周期至少应为非减隔震结构的 2 倍以上,就是为了确保减隔震装置的柔性。另外,通常选择将减隔震装置布置在刚度较大的桥墩、桥台处。而为了避免桥墩屈服先于减隔震装置屈服,应将桥墩的强度设计得稍高于减隔震装置的设计变形所对应的抗力。此外,还应通过提供足够的强度避免在桥台、基础以及其他连接装置中发生不希望的破坏。

另一方面,震害调查表明,构造措施对减隔震桥梁的动力特性和抗震性能有重要影响。因此,在减隔震设计中,还应充分注意一些构造细节的设计,并对施工质量给予明确规定。如:应尽可能使上部结构具有较强的连续性;当上部结构不连续时,应限制各段之间的最大相对位移;要提供缓冲挡块和连接件等来限制上部结构与支座之间的最大相对位移;在对伸缩缝施工时,应避免伸缩缝被阻塞。此外,在设计中还需要考虑到对减隔震装置定期维护和更换的要求。

6.5 减隔震桥梁设计实例

减隔震桥梁一般应视为非规则桥梁,《公路桥梁抗震设计细则》(JTG/T B02-01—2008)要求进行非线性时程分析,《城市桥梁抗震设计规范》(CJJ 166—2011)对部分符合 6.4.3 节中的相关条件要求的桥梁采用单自由度反应谱分析方法。本节选取一座城市快速路的四跨高架连续梁桥为分析对象,按《城市桥梁抗震设计规范》(CJJ 166—2011)的相关要求进行减隔震设计,并分别采用单自由度反应谱分析方法和时程分析方法进行结构地震反应分析。

6.5.1 工程概况

1)结构概况

某一城市快速路高架桥中的一联连续梁桥,跨径组合为 $4 \times 29m$,一联总长为 116m,立面布置见图 6.30。梁宽 24.3m,主梁为单箱四室截面;下部结构为带系梁双柱墩,墩高为 10m,墩柱采用实心钢筋混凝土截面,尺寸为 $1.3m \times 1.8m$,墩柱轴线横向间距为 5.7m;矩形承台,$11.6m \times 7.2m$,高 2.5m,重 522t;群桩基础,桩长 40m,桩数 12 根,桩径 1.0m,单桩配筋率 1.0%,横断面布置如图 6.31 所示。

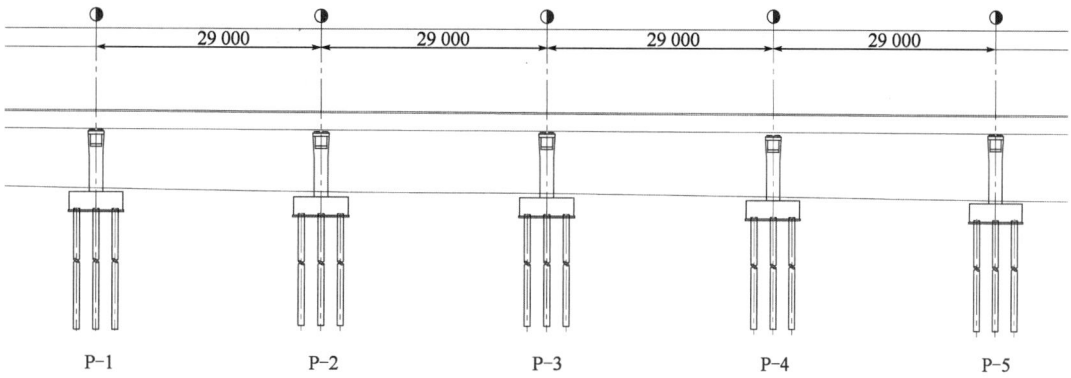

图6.30 桥梁立面图(尺寸单位:mm)

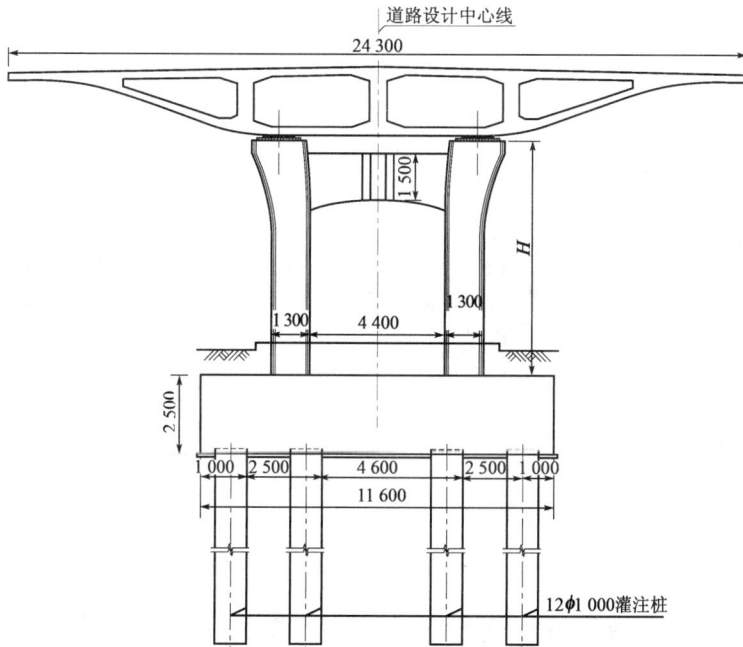

图6.31 桥梁横断面(尺寸单位:mm)

上部结构、立柱、基础分别采用 C50、C40、C35 混凝土。上部结构和二期恒载等总质量为 6 667t,中墩墩顶反力为 14 520kN,次边墩墩顶反力为 18 650kN,边墩墩顶反力为 7 425kN,单桩抗压承载力标准值为 2 400kN。

对这样一座连续梁桥,拟采用摩擦摆式支座实现桥梁的减隔震设计。

2)地震动输入

设计地震分组取第二组,抗震设防烈度为 7 度,设计基本地震加速度值为 $0.10g$,场地特征周期为 0.55s。该桥是交通枢纽位置上的桥梁,为乙类,结合设防烈度,选用 A 类抗震设计方法。E2 地震作用的地震调整系数为 2.2,水平设计反应谱方程(图6.32)为:

$$S = \begin{cases} 10(\eta_2 - 0.45)S_{max}T + 0.45S_{max} & 0 < T \le 0.1s \\ \eta_2 S_{max} & 0.1s < T \le T_g \\ \eta_2 S_{max}\left(\dfrac{T_g}{T}\right)^{\gamma} & T_g < T \le 5T_g \\ [\eta_2 0.2^{\gamma} - \eta_1(T - 5T_g)]S_{max} & 5T_g < T \le 6s \end{cases}$$

其中,水平设计加速度反应谱最大值 $S_{max} = 2.25A$,A 为地震加速度峰值。

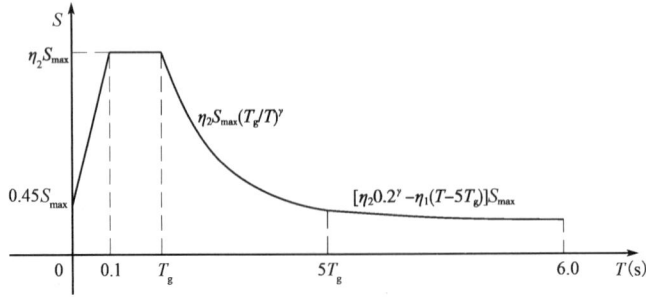

图 6.32 水平设计加速度反应谱

图 6.33 为与水平加速度反应谱相匹配的地震加速度时程曲线,共计三条。

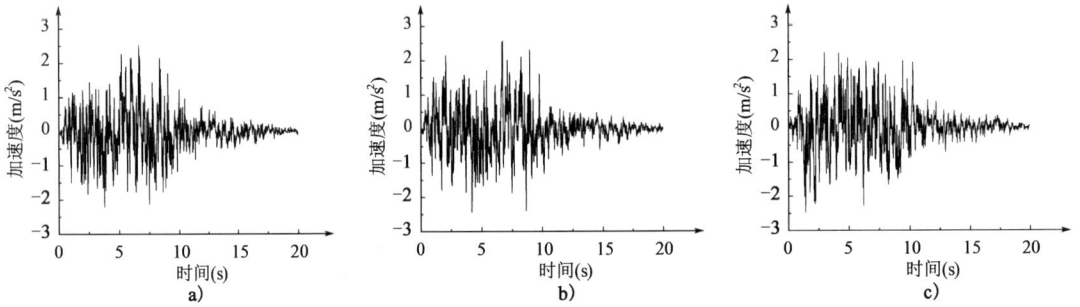

图 6.33 E2 地震加速度时程图

由于采用摩擦摆式支座的减隔震桥梁在纵桥向和横桥向的减震机理是一致的,本节仅给出纵向地震输入下的计算结果,同时不考虑竖向地震作用的输入。

6.5.2 基于单自由度反应谱方法的结构地震反应分析与验算

1)结构等效刚度与等效阻尼比分析

假设每一墩上均设置两个摩擦摆式支座,每一支座的水平位移为:$\Delta_{max} = 0.2m$,滑动曲面曲率半径为 5m,动摩擦系数为 2%。

摩擦摆式支座的等效刚度与等效阻尼比(按两个支座合计):

$$K_{eff,1} = K_{eff,5} = \frac{W}{R} + \mu\frac{W}{\Delta_{max}} = \frac{7\,425}{5} + 0.02 \times \frac{7\,425}{0.2} = 2\,227.5\,(kN/m)$$

$$K_{eff,2} = K_{eff,4} = \frac{W}{R} + \mu\frac{W}{\Delta_{max}} = \frac{18\,650}{5} + 0.02 \times \frac{18\,650}{0.2} = 5\,595\,(kN/m)$$

$$K_{eff,3} = \frac{W}{R} + \mu\frac{W}{\Delta_{max}} = \frac{14\,520}{5} + 0.02 \times \frac{14\,520}{0.2} = 4\,356\,(kN/m)$$

$$\xi_{\text{eff}} = \frac{2}{\pi} \cdot \frac{\mu}{\Delta_{\max}/R + \mu} = \frac{2}{\pi} \times \frac{0.02}{0.2/5 + 0.02} = 0.2123$$

2）结构地震反应分析

单墩（双立柱）剪切刚度：

$$k_{\text{p}} = 2 \frac{3EI}{l^3} = 2 \times \frac{3 \times 3.25 \times 10^7 \times 0.6318}{10^3} = 1.232 \times 10^5 (\text{kN/m})$$

桥墩等效刚度（桥墩与摩擦摆式支座串联）：

$$K_{\text{eq},1} = K_{\text{eq},5} = \frac{n \cdot k_{\text{eff},1} \cdot k_{\text{p}}}{n \cdot k_{\text{eff},1} + k_{\text{p}}} = \frac{2227.5 \times 1.23 \times 10^5}{2227.5 + 1.23 \times 10^5} = 2187.9(\text{kN/m})$$

$$K_{\text{eq},2} = K_{\text{eq},4} = \frac{n \cdot k_{\text{eff},2} \cdot k_{\text{p}}}{n \cdot k_{\text{eff},2} + k_{\text{p}}} = \frac{5595 \times 1.23 \times 10^5}{5595 + 1.23 \times 10^5} = 5352.0(\text{kN/m})$$

$$K_{\text{eq},3} = \frac{n \cdot k_{\text{eff},3} \cdot k_{\text{p}}}{n \cdot k_{\text{eff},3} + k_{\text{p}}} = \frac{4356 \times 1.23 \times 10^5}{4356 + 1.23 \times 10^5} = 4207.2(\text{kN/m})$$

桥梁等效阻尼比：

$$\xi_{\text{eq}} = \frac{\sum k_{\text{eff},i}(D_{\text{d}})_i^2 \left(\xi_{\text{eff},i} + \frac{\xi_{\text{p},i} k_{\text{eff},i}}{k_{\text{p},i}} \right)}{\sum k_{\text{eff},i}(D_{\text{d}})_i^2 \left(1 + \frac{k_{\text{eff},i}}{k_{\text{p},i}} \right)}$$

$$= \frac{0.2^2 \times \left[2 \times 2227.5 \times \left(0.2123 + \frac{0.05 \times 2227.5}{1.23 \times 10^5} \right) + 2 \times 5595 \times \left(0.2123 + \frac{0.05 \times 5595}{1.23 \times 10^5} \right) + 4356 \times \left(0.2123 + \frac{0.05 \times 4356}{1.23 \times 10^5} \right) \right]}{0.2^2 \times \left[2 \times 2227.5 \times \left(1 + \frac{2227.5}{1.23 \times 10^5} \right) + 2 \times 5595 \times \left(1 + \frac{5595}{1.23 \times 10^5} \right) + 4356 \times \left(1 + \frac{4356}{1.23 \times 10^5} \right) \right]}$$

$$= 0.2066$$

桥梁等效周期：

$$T_{\text{eq}} = 2\pi \sqrt{\frac{M_{\text{t}}}{\sum K_{\text{eq},i}}} = 2\pi \times \sqrt{\frac{6667}{2 \times (2187.9 + 5352.0) + 4207.2}} = 3.69(\text{s})$$

确定桥梁反应谱倾斜段斜率及阻尼调整系数：

$$\eta_1 = 0.02 + (0.05 - \zeta)/8 = 0.02 + (0.05 - 0.2066)/8 = 0.00043$$

$$\eta_2 = 1 + \frac{0.05 - \zeta}{0.06 + 1.7\zeta} = 1 + \frac{0.05 - 0.2066}{0.06 + 1.7 \times 0.2066} = 0.619$$

$$\gamma = 0.9 + \frac{0.05 - \zeta}{0.5 + 5\zeta} = 0.9 + \frac{0.05 - 0.2066}{0.5 + 5 \times 0.2066} = 0.80$$

桥梁上部结构位移：

$$D_{\text{d}} = \frac{T_{\text{eq}}^2}{4\pi^2} S = \frac{3.69^2}{4 \times 3.14^2} \times \left[0.619 \times (0.2)^{0.8} - 0.00043 \times (3.69 - 5 \times 0.55) \right] \times 2.25 \times$$

$$2.2 \times 0.1 \times 9.8 = 0.29(\text{m})$$

假定支座位移为0.29m，重复上述过程，最终迭代得到：

$$D_{\text{d}} = 0.33(\text{m})$$

作用在减隔震桥梁墩顶的水平地震力为：

$$E_{\text{Id},1} = E_{\text{Id},5} = K_{\text{eff},1}\Delta = \left(\frac{7425}{5} + 0.02 \times \frac{7425}{0.33} \right) \times 0.33 = 638.6(\text{kN})$$

$$E_{\text{Id},2} = E_{\text{Id},4} = K_{\text{eff},2}\Delta = \left(\frac{18650}{5} + 0.02 \times \frac{18650}{0.33} \right) \times 0.33 = 1603.9(\text{kN})$$

$$E_{1d,3} = K_{eff,3}\Delta = \left(\frac{14\,520}{5} + 0.02 \times \frac{14\,520}{0.33}\right) \times 0.33 = 1\,248.7(kN)$$

6.5.3 基于非线性时程分析的结构地震反应分析与验算

1)结构建模

根据结构设计方案,建立空间三维结构动力有限元分析模型,其中主梁、盖梁、桥墩模拟为空间梁柱单元;承台模拟为质点,二期恒载模拟为线分布质量;桩基础采用6×6子结构刚度模拟桩土相互作用,土弹簧刚度根据"m法"进行确定;支座根据摩擦摆式支座的受力特性给出相应的刚塑性本构模型。全桥动力分析模型如图6.34所示。

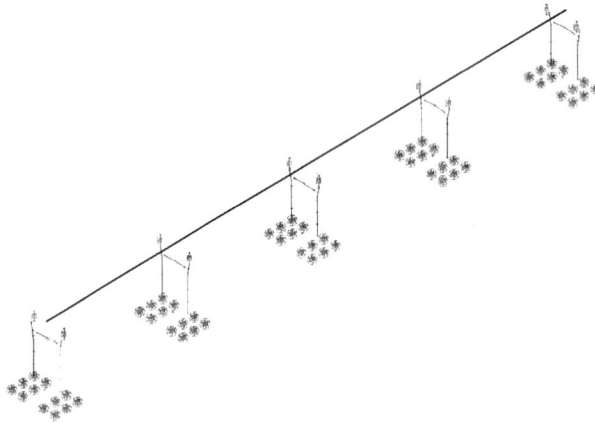

图6.34 全桥动力分析模型

2)结构地震反应分析

采用前述的三条地震加速度时程分别进行纵向输入,对图6.34所示的计算模型进行地震反应分析,地震反应分析结果取最大值。表6.5~表6.7分别列出了各墩底内力、单桩内力和支座反应的最大值。

墩 柱 底 内 力　　　　　　　　　　　表6.5

墩　　号	轴力　(kN)	剪　力　(kN)	弯矩(kN·m)
P-1	3.130	1 135.510	9 082.771
P-2	3.566	1 593.032	14 158.058
P-3	3.216	1 394.066	12 068.865
P-4	3.566	1 593.032	14 158.058
P-5	3.130	1 135.510	9 082.771

注:表中数据为两个立柱的和。

单 桩 内 力　　　　　　　　　　　表6.6

基 础 墩 号	最大轴力(kN)	最小轴力(kN)	剪　力　(kN)	弯矩(kN·m)
P-1	2 172.758	191.076	990.841	258.368
P-2	3 384.798	849.868	1 267.465	301.878
P-3	2 889.828	656.506	1 116.661	286.123
P-4	3 384.798	849.868	1 267.465	301.878
P-5	2 172.758	191.076	990.841	258.368

支座地震反应 表6.7

基 础 墩 号	剪切变形（m）	剪 力 （kN）
P-1	0.232	487.954
P-2	0.222	1 190.412
P-3	0.226	938.004
P-4	0.222	1 190.412
P-5	0.232	487.954

注:表中数据为两个支座的和。

对比单自由度反应谱分析与非线性时程分析结果,可以看出,两者在减隔震支座的需求结果分析上还是存在一定的偏差,其中单自由度反应谱分析的结果更偏于安全。究其误差原因,主要应包含以下几个方面:

(1)单自由度反应谱分析,对于减隔震支座的阻尼效应,主要是通过反应谱修正系数来实现的,这与实际的滞回耗能及其影响存在一定的偏差。

(2)单自由度反应谱分析实际上是基于等效线性化理论,即把减隔震支座实际的非线性本构关系等效为具有割线刚度的线性关系和附加阻尼效应,这种简化处理方法也不可避免地存在误差。

(3)从单自由度反应谱分析方法的实现过程不难看出,迭代分析中将减隔震支座的设计位移近似等同于主梁的位移,忽略了墩身和基础部分变形对主梁位移的贡献,也会导致一定的误差。

6.5.4 抗震验算

根据《城市桥梁抗震设计规范》(CJJ 166—2011)第9.4.1条规定,作用在减隔震桥梁墩顶水平地震力考虑1.5的折减系数,并与恒载轴力进行内力组合,得到各桥墩减隔震支座传递的水平地震力。为简化起见,本节仅针对按单自由度反应谱分析方法的结果进行验算。

1)墩柱截面强度验算

根据《公路钢筋混凝土及预应力混凝土桥涵设计规范》(JTG D62—2004)对墩柱进行正截面抗弯强度验算,如表6.8所示。

墩柱截面正截面抗弯强度验算 表6.8

墩 位	水平地震力（kN）	弯矩需求（kN·m）	弯矩能力（kN·m）	验 算 结 果
P-1	425.7	4 257		通过
P-2	1 069.3	10 693		通过
P-3	832.5	8 325	53 726.4	通过
P-4	1 069.3	10 693		通过
P-5	425.7	4 257		通过

注:表中数据为两个立柱的和。

2)桩基础强度验算

基础的验算主要是确定基础的最大设计荷载,以P-1号墩为例将地震力与恒载组合作用于承台底内力:

$$N = G_{上部} + G_{墩} + G_{承台} = 7\,425 + 1\,538 + 5\,220 = 14\,183(kN)$$
$$V = 425.7 + 522 \times 0.1 \times 10 \times 2.2 = 1\,574.1(kN)$$
$$M = 425.7 \times 12.5 + 522 \times 0.1 \times 10 \times 2.2 \times 1.25 = 6\,756.8(kN \cdot m)$$

同法可求得其余承台底内力,结果列于表6.9。

承 台 底 内 力

表6.9

基 础 墩 号	轴 力 (kN)	剪 力 (kN)	弯 矩 (kN·m)
P-1	14 183	1 574.1	6 756.8
P-2	25 408	2 217.7	14 801.8
P-3	21 278	1 980.9	11 841.75
P-4	25 408	2 217.7	14 801.8
P-5	14 183	1 574.1	6 756.8

进一步计算各单桩的内力,结果列于表6.10。

单桩截面内力

表6.10

基 础 墩 号	最大轴力(kN)	最小轴力(kN)	剪力需求(kN)	弯矩需求(kN·m)
P-1	1 654.9	708.9	131.2	225.2
P-2	3 021.0	1 213.6	184.8	272.6
P-3	2 518.4	1 028.0	165.1	255.2
P-4	3 021.0	1 213.6	184.8	272.6
P-5	1 654.9	708.9	131.2	225.2

考虑最不利受力的影响,对单桩轴力最小状况进行桩身抗弯强度验算,验算结果列于表6.11,其中,桩身截面的抗弯强度基于材料标准强度采用XTRACT程序进行截面的弯矩—曲率分析得到。对单桩轴力最大状况进行单桩承载力验算,验算结果列于表6.12,其中,桩基竖向承载力调整系数取2.0。

单桩最不利截面抗弯能力验算

表6.11

基 础 墩 号	最小轴力(kN)	弯矩需求(kN·m)	等效屈服弯矩(kN·m)	验 算 结 果
P-1	708.9	225.2	1 055.9	通过
P-2	1 213.6	272.6	1 178.1	通过
P-3	1 028.0	255.2	1 134.6	通过
P-4	1 213.6	272.6	1 178.1	通过
P-5	708.9	225.2	1 055.9	通过

单桩承载力验算

表6.12

基 础 墩 号	最大轴力(kN)	单桩容许承载力(kN)	验 算 结 果
P-1	1 654.9	4 800	通过
P-2	3 021.0	4 800	通过
P-3	2 518.4	4 800	通过
P-4	3 021.0	4 800	通过
P-5	1 654.9	4 800	通过

由此可见,采用减隔震设计后,墩柱和桩基的强度都满足要求,且有较大余量。

6.5.5　防落梁构造设计

减隔震防落梁构造设计按《城市桥梁抗震设计规范》(CJJ 166—2011)第 11 章设计,此处略。

本章参考文献

［1］ 范立础. 桥梁抗震［M］. 上海:同济大学出版社,1997.

［2］ 范立础,王志强. 桥梁减隔震设计［M］. 北京:人民交通出版社,2001.

［3］ R. I. Skinner, W. H. Robinson, G. H. Mcverry(谢礼利等译). 工程隔震概论［M］. 北京:地震出版社,1996.

［4］ Priestley M. J. N., Seible F., Calvi G. M. Seismic design and retrofit of bridges［M］. New York: John Wiley & Sons, 1996.

［5］ 日本免震构造协会. 图解隔震结构入门［M］. 叶列平,译. 北京:科学技术出版社,1998.

［6］ 中华人民共和国行业标准. JTG B02—2013　公路工程抗震规范［S］. 北京:人民交通出版社,2014.

［7］ AASHTO. Specifications for LRFD seismic bridge design［S］. Washington DC: American Association of State Highway and Transportation Officials, 2007.

［8］ AASHTO. Guide specifications for seismic isolation design［S］. Washington DC: American Association of State Highway and Transportation Officials, 2000.

［9］ Eurocode 8. Design provisions for earthquake resistance of structures［S］. London: European Committee for Standardization, 1994.

［10］ 中华人民共和国行业标准. JTG/T B02-1—2008　公路桥梁抗震设计细则［S］. 北京:人民交通出版社,2008.

［11］ 中华人民共和国行业标准. CJJ 166—2011　城市桥梁抗震设计规范［S］. 北京:中国建筑工业出版社,2011.

［12］ Ian G. Buckle, Michael C. Constantinou, Mirat Dicleli,et al. Seismic isolation of highway bridges［J］. Buffalo: MCEER report No. 06-SP07, 2006.

［13］ J. M. Kelly, R. I. Skinner, A. J. Heine. Mechanisms of Energy Absorption in Speciai Devices for Use in Earthquake Resistant Structures, Bulletin of New Zealand National Society for Earthquake Engineering, 5 (1971) 63-88.

［14］ A. Camara. Seismic Behaviour of Cable-Stayed Bridges: Design, Analysis and Seismic Devices, in: Department of continuum mechanics and theory of structures, Technical University of Madrid (UPM), 2011.

［15］ R. I. Skinney, R. G. Tyler, A. J. Heine, et al. Hysteresis Dampers for the Protection of Structures from Earthquakes［J］. Buiietin of New Zeaiand National Society for Earthguake Engineering, 13 (1980) 22-26.

［16］ R. I. Skinner, J. L. Beck, G. N. Bycroft. A Practical System for Isolating Structures from

Earthquake Attack[J]. Earthquake Engineering and Structure Dynamics(EESD), 3 (1975) 297-309.

[17] R. I. Skinney, J. M. Kelly, A. J. Heine. Hysteresis Dampers for Earthquake Resistant Structures[J]. Earthquake Engineering and Structure Dynamics(EESD), 3 (1975) 287-296.

[18] R. G. Tyler. Tapered Steel Energy Dissipators for Earthquake Resistant Structures[J]. Bulletin of New Zealand National Society for Earthquake Engineering, 11 (1978) 282-194.

[19] R. G. Tyler. Further Notes on Steel Energy – Absorbing Element for Braced Frameworks[J]. Buiietin of New Zeaiand National Society for Earthguake Engineering, 18 (1985) 270-279.

[20] P. Albert, M. Marco. Seismic isolation of bridges in Italy[J]. Bulletin of the New Zealand National Society for Earthquake Engineering, 25 (1992) 193-202.

[21] A. Marioni. Development of a nw type of hysteretic damper for the seismic protection of bridges[J]. Proceedings of the 4th World Congress On Joint Sealing and Bearing Systems for Concrete Structures, American Concrete Institute, 1997,955-976.

人民交通出版社股份有限公司 公路教育出版中心
土木工程/道路桥梁与渡河工程类本科及以上教材

注:◆教育部普通高等教育"十一五"、"十二五"国家级规划教材
　　▲建设部土建学科专业"十一五"规划教材

教材详细信息,请查阅"中国交通书城"(www.jtbook.com.cn)
咨询电话:(010)85285865,85285984
道路工程课群教学研讨QQ群(教师) 328662128　　桥梁工程课群教学研讨QQ群(教师) 138253421
交通工程课群教学研讨QQ群(教师) 185830343　　交通专业学生讨论QQ群 345360030